U0896208

CNEY

中国核能年鉴

2023年卷

中国核能行业协会 编

CHINA
NUCLEAR
ENERGY
YEARBOOK

中国原子能出版社

编辑说明

一、《中国核能年鉴》是由中国核能行业协会(以下简称协会)组织编纂的综合性资料年刊，于2009年创刊。创办此刊旨在如实记载我国核能行业各个领域改革发展的历程和情况，力求全面、系统、详实、准确、权威。《中国核能年鉴》的出版发行，可以为政府有关部门和各级领导科学决策提供支持，为广大会员单位提供丰富的行业信息资源，也为国内外各界人士了解、认识我国核能行业开启一扇窗口。

协会高度重视核能年鉴编纂工作，持续巩固和提升《中国核能年鉴》出版物品质，着力打造核能年鉴品牌，彰显核能年鉴时代特色、年度特点，展现核能行业优秀文化内涵，使之成为面向行业信息共享及文化宣传的协会窗口之一。

二、《中国核能年鉴》2023年卷采用分类编辑法，主体内容分为栏目、分目、条目3个层次，少数条目下设子目。全书除了“编辑说明”“《中国核能年鉴》编委会、编辑部组成人员名单”之外，共设特载、核能行业概况、核能骨干企业、大事记、附录等5个栏目。

三、本卷为《中国核能年鉴》2023年卷。文中记述时间截至2022年12月31日。年鉴资料均取自政府有关部门、中国核能行业协会和协会会员单位提供的材料。

四、由于编辑水平有限，缺点错误在所难免，敬请广大读者批评指正。《中国核能年鉴》编辑部将坚持中国核能行业协会的宗旨，不断提高年鉴质量，更好地为政府服务，为企业服务，为我国核能事业的发展服务。

本卷年鉴在编辑出版的过程中，得到了广大会员单位和政府有关部门的大力支持。在此，谨表诚挚的谢意。

《中国核能年鉴》2023年卷编辑部

《中国核能年鉴》2023 年卷编辑委员会

《中国核能年鉴》2023 年卷编辑部

2022 年 3 月 25 日，福清核电 6 号机组投入商运

2022 年 6 月 23 日，红沿河核电 6 号机组投入商运

2022 年 12 月 9 日，华能石岛湾高温气冷堆示范工程反应堆达到初始满功率

2022 年 4 月 26 日，我国首套全国产化 CAP1000 模拟燃料组件成功下线

2022 年 5 月 27 日，以田湾核电 3、4 号机组蒸汽为热源的工业供汽工程在田湾核电全面开工

中国新一代“人造太阳”装置（HL-2M）等离子体电流突破 100 万安培

全球首台大坡度螺旋隧道硬岩掘进机——“北山一号”

中国核能行业协会再次荣获民政部“全国先进社会组织”称号并在表彰大会上做经验交流发言，成为民政部首批推介10家典型协会商会之一

目　录

特　载

核能行业概况

核能骨干企业

大事记

附 录

特　　载

党和国家领导人

对发展我国核能事业的关怀及重要指示

习近平：积极安全有序发展核电

2022 年 1 月 24 日下午，中共中央政治局就努力实现碳达峰碳中和目标进行第三十六次集体学习。

习近平在主持学习时发表了重要讲话。其中提到推动能源革命。要立足我国能源资源禀赋，坚持先立后破、通盘谋划，传统能源逐步退出必须建立在新能源安全可靠的替代基础上。要加大力度规划建设以大型风光电基地为基础、以其周边清洁高效先进节能的煤电为支撑、以稳定安全可靠的特高压输变电线路为载体的新能源供给消纳体系。要坚决控制化石能源消费，尤其是严格合理控制煤炭消费增长，有序减量替代，大力推动煤电节能降碳改造、灵活性改造、供热改造“三改联动”。要夯实国内能源生产基础，保障煤炭供应安全，保持原油、天然气产能稳定增长，加强煤气油储备能力建设，推进先进储能技术规模化应用。要把促进新能源和清洁能源发展放在更加突出的位置，积极有序发展光能源、硅能源、氢能源、可再生能源。要推动能源技术与现代信息、新材料和先进制造技术深度融合，探索能源生产和消费新模式。要加快发展有规模有效益的风能、太阳能、生物质能、地热能、海洋能、氢能等新能源，统筹水电开发和生态保护，**积极安全有序发展核电**。

习近平会见阿根廷总统费尔南德斯，积极评价双方在和平利用核能方面开展的战略合作

2022 年 2 月 6 日，习近平在北京人民大会堂会见阿根廷总统阿尔韦托 · 费尔南德斯。双方发表《中华人民共和国和阿根廷共和国关于深化中阿全面战略伙伴关系的联合声明》。声明指出，双方积极评价在和平利用核能方面开展的战略合作，重申该领域签署的相关政府间合作协议，鼓励开展核医学、放射性同位素及其他核技术领域的新项目。

习近平在党的二十大报告中列举核电技术等成果表明我国已进入创新型国家行列

2022 年 10 月 16 日，习近平总书记在党的二十大报告中阐述过去五年的工作和新时代十年的伟大变革时指出，基础研究和原始创新不断加强，一些关键核心技术实现突破，战略性新兴产业发展壮大，载人航天、探月探火、深海深地探测、超级计算机、卫星导航、量子信息、**核电技术**、新能源技术、大飞机制造、生物医药等取得重大成果，进入创新型国家行列。

习近平总书记在党的二十大报告中还提出：推动绿色发展，促进人与自然和谐共生。深入推进能源革命，加强煤炭清洁高效利用，加大油气资源勘探开发和增储上产力度，加快规划建设新型能源体系，统筹水电开发和生态保护，**积极安全有序发展核电**，加强能源产供储销体系建设，确保能源安全。

习近平对中国—海湾阿拉伯国家和平利用核能合作提出要求

2022 年 12 月 9 日，习近平在中国－海湾阿拉伯国家合作委员会峰会上发表《继往开来，携手奋进 共同开创中海关系美好未来》的主旨讲话。

习近平主席提出：未来 3 到 5 年，中国愿同海合会国家在以下重点合作领域作出努力：

第一，构建能源立体合作新格局。中国将继续从海合会国家持续大量进口原油，扩大进口液化天然气，加强油气上游开发、工程服务、储运炼化合作。充分利用上海石油天然气交易中心平台，开展油气贸易人民币结算。加强氢能、储能、风电光伏、智能电网等清洁低碳能源技术合作和新能源设备本地化生产合作。**设立中海和平利用核技术论坛，共建中海核安保示范中心，为海合会国家培养 300 名和平利用核能与核技术人才。**

国务院常务会议核准浙江三门、山东海阳、广东陆丰三个核电新建机组

2022 年 4 月 20 日，国务院总理李克强主持召开国务院常务会议。会议指出，要在严格监管、确保绝对安全的前提下有序发展核电。对经过多年准备和全面评估审查、已纳入国家规划的浙江三门二期、山东海阳二期、广东陆丰三个核电新建机组项目予以核准。

国务院常务会议核准福建漳州二期、广东廉江一期核电项目

2022 年 9 月 13 日，李克强主持召开国务院常务会议。为提升能源保障能力和促进绿色发展，会议决定，核准已列入规划、条件成熟的福建漳州二期、广东廉江一期核电项目。强化全过程监管，确保安全万无一失。

李克强向第二十三届太平洋地区核能大会致贺信

2022 年 11 月 1 日，国务院总理李克强向第二十三届太平洋地区核能大会致贺信。

李克强在贺信中表示，核能是安全、稳定、高效的清洁能源。核能的和平开发利用不仅为人类发展增添了新的动力，也为保障能源安全、应对气候变化、促进能源绿色低碳转型、带动高端装备制造业发展发挥了重要作用。

李克强指出，中国政府坚定支持在确保绝对安全的前提下积极有序发展核能，大力推动核能技术进步和产业发展，愿同各国在平等互利基础上积极深化国际核能交流与合作，更好助力经济社会发展转型、更好为各国人民造福。与此同时，各国应当以民众福祉为念，切实履行核安全领域国际法律文书规定的义务，共同维护以《不扩散核武器条约》为基石的国际核不扩散体系。

国务委员王勇赴中核四川环保有限公司检查

2022 年 7 月 14 日，国务委员、国务院党组成员王勇在四川调研检查安全生产和防汛减灾工作期间赴中核四川环保有限公司“飞行”检查，现场查看了高放废液玻璃固化设施运行情况，充分肯定了玻璃固化设施维修运行、老旧核设施退役治理等相关工作。

政策法规

中共中央办公厅　国务院办公厅印发《关于新时代进一步加强科学技术普及工作的意见》

新华社北京9月4日电　近日，中共中央办公厅、国务院办公厅印发了《关于新时代进一步加强科学技术普及工作的意见》，并发出通知，要求各地区各部门结合实际认真贯彻落实。

《关于新时代进一步加强科学技术普及工作的意见》（略）。

链接：http://www.gov.cn/xinwen/2022-09/04/content_5708260.htm

国家发展改革委　国家能源局关于印发《“十四五”现代能源体系规划》的通知

发改能源〔2022〕210号

各省、自治区、直辖市人民政府，新疆生产建设兵团，中央和国家机关有关部门，中央军委后勤保障部，有关中央企业：

《“十四五”现代能源体系规划》已经国务院批复同意，现印发给你们，请认真贯彻实施。

国家发展改革委

国家能源局

2022年1月29日

附件：《“十四五”现代能源体系规划》（略）

链接：http://www.ndrc.gov.cn/xxgk/zcfb/ghwb/202203/t20220322_1320016.html

国家发展改革委　国家能源局联合印发《氢能产业发展中长期规划（2021—2035年）》

2022 年 3 月，国家发展改革委、国家能源局为助力实现碳达峰、碳中和目标，深入推进能源生产和消费革命，构建清洁低碳、安全高效的能源体系，促进氢能产业高质量发展，根据《中华人民共和国国民经济和社会发展第十四个五年规划和 2035 年远景目标纲要》，编制了《氢能产业发展中长期规划（2021—2035 年）》。规划期限为 2021—2035 年。

《氢能产业发展中长期规划（2021—2035年）》（摘录与核能相关内容）

五、统筹推进氢能基础设施建设

统筹全国氢能产业布局，合理把握产业发展进度，避免无序竞争，有序推进氢能基础设施建设，强化氢能基础设施安全管理，加快构建安全、稳定、高效的氢能供应网络。

（一）合理布局制氢设施

结合资源禀赋特点和产业布局，因地制宜选择制氢技术路线，逐步推动构建清洁化、低碳化、低成本的多元制氢体系。在焦化、氯碱、丙烷脱氢等行业集聚地区，优先利用工业副产氢，鼓励就近消纳，降低工业副产氢供给成本。在风光水电资源丰富地区，开展可再生能源制氢示范，逐步扩大示范规模，探索季节性储能和电网调峰。推进固体氧化物电解池制氢、光解水制氢、海水制氢、核能高温制氢等技术研发。探索在氢能应用规模较大的地区设立制氢基地。

链接： https://www.ndrc.gov.cn/xxgk/jd/jd/202203/t20220323_1320045.html

生态环境部　国家发展和改革委员会等17部门关于印发《国家适应气候变化战略2035》的通知

环气候〔2022〕41 号

各省、自治区、直辖市及新疆生产建设兵团生态环境厅（局）、发展改革委、科技厅（委、局）、财政厅（局）、自然资源主管部门、住房和城乡建设厅（委、局）、交通运输厅（局、委）、水利（水务）厅（局）、农业农村厅（局、委）、文化和旅游厅（局）、卫生健康委、应急管理厅（局）、气象局、能源局、林草局，人民银行上海总部、各分行、营业管理部、各省会（首府）城市中心支行：

为贯彻实施积极应对气候变化国家战略，强化适应气候变化行动举措，有效防范气候变化不利影响和风险，我们研究制定了《国家适应气候变化战略 2035》，现印发给你们，请认真贯彻执行。各省、自治区、直辖市及新疆生产建设兵团生态环境厅（局）要根据战略要求，牵头研究编制省级适应气候变化行动方案，并会同有关部门做好组织实施。

生态环境部 国家发展和改革委员会
科学技术部 财政部
自然资源部 住房和城乡建设部
交通运输部 水利部
农业农村部 文化和旅游部
国家卫生健康委员会 应急管理部
中国人民银行 中国科学院
中国气象局 国家能源局
国家林业和草原局
2022 年 5 月 10 日

附件：《国家适应气候变化战略 2035》（略）

链接：http://www.mee.gov.cn/xxgk2018/xxgk/xxgk03/202206/t20220613_985261.html

生态环境部关于发布国家生态环境标准《核技术利用放射性废物库选址、设计与建造技术规范》的公告

2022年 第14号

为贯彻《中华人民共和国放射性污染防治法》《放射性同位素与射线装置安全和防护条例》，保护人民健康和环境安全，规范核技术利用放射性废物库的选址、设计、建造工作，确保核技术利用放射性废物和废（旧）放射源的安全贮存，现批准《核技术利用放射性废物库选址、设计与建造技术规范》为国家生态环境标准，并予发布。

标准名称、编号如下。

《核技术利用放射性废物库选址、设计与建造技术规范》（HJ 1258—2022）

该标准自2022年7月1日起实施。

标准内容可在生态环境部网站（http://www.mee.gov.cn）查询。

生态环境部

2022年6月9日

链接：https://www.mee.gov.cn/xxgk2018/xxgk/xxgk01/202206/t20220613_985259.html

生态环境部等7部门关于印发《减污降碳协同增效实施方案》的通知

环综合〔2022〕42 号

各省、自治区、直辖市和新疆生产建设兵团生态环境厅（局）、发展改革委、工业和信息化主管部门、住房和城乡建设厅（局）、交通运输厅（局、委）、农业农村（农牧）厅（局、委）、能源局：

《减污降碳协同增效实施方案》已经碳达峰碳中和工作领导小组同意，现印发给你们，请结合实际认真贯彻落实。

生态环境部 国家发展和改革委员会
工业和信息化部 住房和城乡建设部
交通运输部 农业农村部
国家能源局
2022 年 6 月 10 日

附件：《减污降碳协同增效实施方案》（略）

链接：http://www.gov.cn/zhengce/zhengceku/2022-06/17/content_5696364.htm

生态环境部
关于发布国家放射性污染防治标准《低水平放射性废物包特性鉴定—水泥固化体》的公告

2022 年 第 23 号

为贯彻《中华人民共和国环境保护法》《中华人民共和国放射性污染防治法》《中华人民共和国核安全法》，保护环境，保障低水平放射性废物处理处置安全，现批准《低水平放射性废物包特性鉴定—水泥固化体》为国家放射性污染防治标准，并由生态环境部与国家市场监督管理总局联合发布。

标准名称、编号如下：

《低水平放射性废物包特性鉴定—水泥固化体》（GB 41930—2022）

按有关法律规定，本标准具有强制执行的效力。

本标准自 2023 年 1 月 1 日起实施。

本标准内容可在生态环境部网站（http://www.mee.gov.cn）查询。

特此公告。

（此公告业经国家市场监督管理总局罗文会签）

生态环境部

2022 年 9 月 9 日

附件：《低水平放射性废物包特性鉴定—水泥固化体》（GB 41930—2022）（略）

链接：http://www.mee.gov.cn/xxgk2018/xxgk/xxgk01/202210/t20221025_997702.html

国家能源局
关于印发《核电厂消防验收评审实施细则》的通知

国能发核电规〔2022〕45号

中国核工业集团有限公司、中国华能集团有限公司、国家电力投资集团有限公司、中国广核集团有限公司：

为进一步加强核电厂消防安全管理，规范核电厂消防验收工作，保障核电厂安全，根据《中华人民共和国消防法》《核电厂消防安全监督管理暂行规定》《国家能源局关于进一步规范核电厂消防设计和验收审批有关工作的通知》等有关规定，我局制定了《核电厂消防验收评审实施细则》，现印发你们，请遵照执行。

国家能源局

2022年4月12日

附件：《核电厂消防验收评审实施细则》（略）

链接：http://zfxxgk.nea.gov.cn/2022-04/12/c_1310599406.htm

国家能源局关于印发《核电厂操纵人员培训和再培训大纲编制规范》的通知

国能发核电规〔2022〕60 号

中国核工业集团有限公司、中国华能集团有限公司、国家电力投资集团有限公司、中国广核集团有限公司：

为进一步规范和加强核电厂操纵人员培训工作，根据《民用核设施安全监督管理条例》《民用核设施操作人员资格管理规定》《核电厂操纵人员培训与执照考核管理办法》等有关规定，我局制定了《核电厂操纵人员培训和再培训大纲编制规范》，现予印发，请遵照执行。

国家能源局

2022 年 6 月 30 日

附件：《核电厂操纵人员培训和再培训大纲编制规范》（略）

链接：http://zfxxgk.nea.gov.cn/2022-06/30/c_1310657531.htm

国家核安全局
关于发布核安全导则《核设施退役安全评价》的通知

国核安发〔2022〕1号

为进一步完善我国核与辐射安全法规体系，规范核设施退役安全评价工作，我局组织制定了核安全导则《核设施退役安全评价》（HAD401/15—2021）。现予公布，自公布之日起实施。

国家核安全局

2022年1月5日

附件：《核设施退役安全评价》（HAD 401/15—2021）（略）

链接：https://www.mee.gov.cn/xxgk2018/xxgk/xxgk09/202201/t20220112_966824.html

国家核安全局
关于发布《核动力厂调试和运行安全规定》的通知

国核安发〔2022〕97号

为进一步提高我国核动力厂安全水平，贯彻落实《中华人民共和国核安全法》的要求，在研究汲取日本福岛核事故的经验和教训、借鉴国际和国内核安全监督管理经验、结合我国三十多年来核动力厂运行良好实践的基础上，经广泛征求国内有关部门、单位及专家意见，我局重新修订了《核动力厂调试和运行安全规定》（HAF103），现予以发布，自发布之日起施行。

为指导HAF103的贯彻执行，我局将陆续修订有关核安全导则。在新修订的导则发布前，各有关单位可根据具体情况，经我局同意后，参照我国已发布的核安全导则或者国际原子能机构的相关导则执行。

附件：核动力厂调试和运行安全规定（略）

国家核安全局

2022年6月9日

链接：http://www.gov.cn/zhengce/zhengceku/2022-06/16/content_5695982.htm

国家核安全局
关于废止核安全导则《城市放射性废物库安全防范系统要求》的通知

国核安发〔2022〕101 号

经研究，决定废止核安全导则《城市放射性废物库安全防范系统要求》（HAD802/01），现予公布，自公布之日起生效。

特此通知。

国家核安全局

2022 年 6 月 15 日

附件：《城市放射性废物库安全防范系统要求》（HAD802/01）（略）

链接：http://www.mee.gov.cn/xxgk2018/xxgk/xxgk09/202206/t20220617_985891.html

国家核安全局关于发布核安全导则《核动力厂运行经验反馈》的通知

国核安发〔2022〕165 号

为进一步完善我国核与辐射安全法规体系，指导核动力厂有效开展经验反馈工作，我局组织制定了核安全导则《核动力厂运行经验反馈》（HAD103/13—2022），现予公布，自公布之日起实施。

国家核安全局

2022 年 9 月 1 日

附件：核安全导则《核动力厂运行经验反馈》（HAD103/13—2022）（略）

链接：http://www.mee.gov.cn/xxgk2018/xxgk/xxgk09/202209/t20220905_993247.html

国家核安全局
关于发布核安全导则《核动力厂二级概率安全分析》的通知

国核安发〔2022〕191号

为进一步完善我国核与辐射安全法规体系，加强核动力厂的核安全监管，我局组织制定了核安全导则《核动力厂二级概率安全分析》，现予公布，自公布之日起实施。

国家核安全局

2022年9月21日

附件：《核动力厂二级概率安全分析》（略）

链接：http://www.mee.gov.cn/xxgk2018/xxgk/xxgk09/202209/t20220929_995336.html

国家核安全局
关于发布核安全导则
《核动力厂辅助系统和支持系统设计》的通知

国核安发〔2022〕220号

为进一步完善我国核与辐射安全法规体系，加强核动力厂的核安全监管，我局组织制定了核安全导则《核动力厂辅助系统和支持系统设计》（HAD102/22—2022），现予公布，自公布之日起实施。

国家核安全局

2022年11月2日

附件：《核动力厂辅助系统和支持系统设计》（HAD102/22—2022）（略）

链接：http://www.mee.gov.cn/xxgk2018/xxgk/xxgk09/202211/t20221104_1001325.html

国家核安全局关于发布核安全导则《核燃料后处理厂核材料衡算》的通知

国核安发〔2022〕237 号

为进一步完善我国核与辐射安全法规体系，进一步规范核燃料后处理厂的核材料衡算工作，加强对该项工作的监督管理，我局组织制定了核安全导则《核燃料后处理厂核材料衡算》（HAD501/09—2022），现予公布，自公布之日起实施。

国家核安全局

2022 年 11 月 18 日

附件：《核燃料后处理厂核材料衡算》（HAD501/09—2022）（略）

链接：http://www.mee.gov.cn/xxgk2018/xxgk/xxgk09/202211/t20221124_1006004.html

国家核安全局关于发布核安全导则《压水堆核动力厂应急行动水平制定》的通知

国核安发〔2022〕239号

为进一步完善我国核与辐射安全法规体系，规范压水堆核动力厂应急行动水平制定，我局组织制定了核安全导则《压水堆核动力厂应急行动水平制定》，现予公布，自公布之日起实施。

国家核安全局

2022年11月21日

链接：https://www.mee.gov.cn/xxgk2018/xxgk/xxgk09/202211/t20221124_1006006.html

核能行业概况

综　述

一、核能科技创新

2022 年，我国核能科技创新取得一系列新的进展。

大型先进压水堆核电厂科技重大专项围绕关键设备材料国产化替代、在役机组安全性能提升、核电自主软件开发取证等积极推进研发工作，并取得一系列新突破。包括主泵在内的一批关键设备实现如期交付，有效支撑了“国和一号”示范工程建设顺利推进。

高温气冷堆核电厂科技重大专项示范工程实现了初始满功率运行。围绕提升高温气冷堆核电技术经济性和运维可靠性等关键技术正在开展研究，并从标准体系建立、核能综合利用等多维度积极开展研发布局。

通过示范工程的经验反馈，“华龙一号”在工程建设、安全运行方面数字化水平不断提升，设计优化改进方案实现固化，自主软件取证持续推进。一批自主化关键设备、材料已在“华龙一号”在建项目中实现应用。

小型压水反应堆发展取得重要进展。海南昌江多用途模块式小型堆科技示范工程建设顺利推进，海上小堆技术研发不断深化，供热堆型号设计和示范工程积极推进，各集团积极推进新型小堆技术研发。

快中子堆取得积极进展。示范快堆工程建设顺利推进的同时，一体化闭式循环快堆核能系统研发和小型钠冷快堆核电源研发都取得阶段性成果。铅冷快堆研究在热工水力、材料测试、软件验证、设备研制等方面取得了新突破。2 MW（热功率）液态燃料钍基熔盐实验堆已完成堆本体整体吊装和设备安装，为后续调试运行奠定坚实基础。

聚变堆研发积极推进。中国环流器 2 号 M 装置（HL-2M）实现等离子体电流突破 100 万安培，为我国开展堆芯级等离子体实验研究奠定了坚实基础。东方超环（EAST）成功实现了 310 秒长脉冲高约束稳态等离子体运行，聚变堆主机关键系统综合研究设施（CRAFT）主体工程建设顺利推进。

二、核电生产运行

我国商运核电机组装机规模持续增长。2022 年，新增商运机组 2 台，分别为福清核电 6 号机组、红沿河核电 6 号机组；秦山二期 2 号机组额定功率由 65 万千瓦提升为 67 万千瓦，3、4 号机组额定功率由 66 万千瓦提升为 67 万千瓦。截至 2022 年 12 月 31 日，我国商运核电机组数为 53 台[1]，总装机容量为 5563 万千瓦，仅次于美国、法国，位列全球第三，核电

1　本文的我国核电信息均未包含台湾地区核电数据。此外，石岛湾核电 1 号机组和防城港核电 3 号机组已装料带核运行，但尚未正式投入商运。

总装机容量占全国电力装机总量的2.2%。

2022年，我国核电发电量为4 177.8亿千瓦时，同比增加2.5%，约占全国总发电量的4.7%，累计上网电量为3 917.9亿千瓦时。与燃煤发电相比，核电发电相当于减少燃烧标准煤11 812.5万吨[1]，减少排放二氧化碳30 948.7万吨、二氧化硫100.4万吨、氮氧化物87.4万吨[2]。十年来，我国核电发电量持续增长，为保障电力供应安全和推动降碳减排作出了重要贡献。

2022年，我国核电市场化交易电量1 689.2亿千瓦时，约占上网电量的43.1%。全年核电设备利用小时数为7 547.7小时，同比下降了3.1%；机组平均能力因子为91.7%，同比下降了0.7%。

2022年1—12月，我国运行核电厂严格控制机组的运行风险，未发生国际核事件分级（INES）1级及以上的运行事件。我国运行核电厂放射性流出物的排放量均低于国家核安全局批准限值，各运行核电基地外围监督性监测自动站测出的环境空气吸收剂量率在当地本底辐射水平正常范围内，未监测到因核电机组运行引起的异常。

根据世界核电运营者协会（WANO）发布的2022年业绩指标数据统计，我国核电厂满足WANO综合指数计算条件的51台机组中，有37台机组WANO综合指数达到满分100，占世界满分机组（74台）的50%。我国核电机组的WANO综合指数满分比例和WANO综合指数平均值优于全球机组的平均水平。

2022年，我国核能综合利用稳步推进，核能供暖总面积达到559万平米。山东海阳核电厂实现海阳主城区核能供暖“全覆盖”，并圆满完成首个供暖季供暖任务；辽宁红沿河核能供暖示范项目、浙江海盐核能工业供热示范项目正式建成投用。此外，江苏田湾核电蒸汽供能项目正式开工建设，这是我国继核能供暖后，在核能综合利用领域开展的又一积极探索。

三、核电工程建设

2022年，我国新核准5个核电项目共计10台核电机组，分别是浙江三门、山东海阳、广东陆丰、福建漳州二期、广东廉江一期核电项目。当年新开工核电机组5台，分别是田湾核电厂8号机组，徐大堡核电厂4号机组，三门核电厂3号机组，海阳核电厂3号机组和陆丰核电厂5号机组。截至2022年12月底，我国在建核电机组23台，总装机容量2 549万千瓦，在建机组装机容量继续保持全球第一。国内在建核电工程整体上稳步推进，项目安全、质量、技术、环境保护等方面均得到有效控制。在建核电项目情况如表1所示。

1 国家能源局2023年1月18日发布信息显示，2022年我国火电供电煤耗为301.5克标准煤/千瓦时。

2 减排计算方法来源于我国火电行业通用计算标准，按照工业锅炉每燃烧一吨标准煤产生二氧化碳2620千克，二氧化硫8.5千克，氮氧化物7.4千克计算。

表 1　国内在建核电项目情况（截至 2022 年 12 月 31 日）

序号	机组	堆型	额定容量 /MW	开工时间
1	山东石岛湾 1 号机组	高温气冷堆 HTR-PM	211	2012.12.09
2	广西防城港 3 号机组	压水堆 HPR1000	1 188	2015.12.24
3	广西防城港 4 号机组	压水堆 HPR1000	1 188	2016.12.23
4	福建漳州 1 号机组	压水堆 HPR1000	1 212	2019.10.16
5	广东太平岭 1 号机组	压水堆 HPR1000	1 202	2019.12.26
6	福建漳州 2 号机组	压水堆 HPR1000	1 212	2020.09.04
7	广东太平岭 2 号机组	压水堆 HPR1000	1 202	2020.10.15
8	浙江三澳 1 号机组	压水堆 HPR1000	1 210	2020.12.31
9	海南昌江 3 号机组	压水堆 HPR1000	1 198	2021.03.31
10	江苏田湾 7 号机组	压水堆 VVER-1200	1 265	2021.05.19
11	海南昌江小堆示范工程	压水堆 ACP100	125	2021.07.13
12	辽宁徐大堡 3 号机组	压水堆 VVER-1200	1 274	2021.07.27
13	海南昌江 4 号机组	压水堆 HPR1000	1 198	2021.12.28
14	浙江三澳 2 号机组	压水堆 HPR1000	1 210	2021.12.30
15	江苏田湾 8 号机组	压水堆 VVER-1200	1 265	2022.02.25
16	辽宁徐大堡 4 号机组	压水堆 VVER-1200	1 274	2022.05.19
17	浙江三门 3 号机组	压水堆 CAP1000	1 251	2022.06.28
18	山东海阳 3 号机组	压水堆 CAP1000	1 253	2022.07.07
19	广东陆丰 5 号机组	压水堆 HPR1000	1 200	2022.09.08

四、核燃料循环产业

2022 年，我国核燃料循环产业保持稳健发展态势，资源保障能力进一步夯实，生产能力持续巩固，在建生产项目建设有序推进，为核能发展提供了坚实保障。

铀矿勘查开发取得新进展。圆满完成

全年铀矿钻探任务，探明资源量进一步增加，新区、新类型、新层位找矿取得重要进展；国内外铀资源开发、生产、供应持续再创新高。新疆伊犁大基地高效稳定运行，内蒙古通辽、鄂尔多斯千吨级大基地建设加快推进，湖山矿、罗辛矿高效运行，克服疫情，完成生产任务。

核燃料加工生产能力进一步巩固。具有我国自主知识产权的高性能核燃料组件CF3首次实现商业应用；完成N45包壳特征化CF4组件研制；自主燃料棒性能分析软件JASMINE完成开发，具备工程应用条件。

核电厂乏燃料及放射性废物管理体系能力进一步加强。公海铁乏燃料运输体系启动正式运行。大亚湾干式贮存设施首次正式装料，后处理科研专项及示范工程建设稳步推进。龙和国家集中处置场一期工程建成投运，广东阳江中低放固体废物处置场建设有序推进，广西防城港、辽宁徐大堡、山东海阳处置场继续开展项目前期工作，放射性废物集中处置与区域处置相结合的格局正在形成。

五、核电装备制造

2022年，装备制造企业持续推进三代核电装备的制造技术工艺改进、完善和标准化工作，通过数字化技术推进精益化的项目管理和质量管控，“华龙一号”“国和一号”“玲龙一号”和示范快堆等重点核电项目设备制造进展顺利。特别是“国和一号”湿绕组电机主泵和屏蔽电机主泵等一批核电关键装备首台套交付；聚变堆CRAFT TF线圈盒项目的研发工作取得阶段性成果，表明我国核电装备制造技术及研发能力达到了世界先进水平。

2022年，国内核电主设备累计交付54台套，维持高位水平，具体情况见表2和图1。

表2 2022年国内核电主设备出产情况

堆型	设备	交付数量
“国和一号”	蒸汽发生器	2
	堆内构件	1
	控制棒驱动机构	1
	湿绕组电机主泵	3
	屏蔽电机主泵	1
	发电机	1
	汽轮机	1

续表

堆型	设备	交付数量
“华龙一号”	反应堆压力容器	4
	蒸汽发生器	15
	稳压器	2
	堆内构件	2
	控制棒驱动机构	2
	主泵	3
	安注箱	9
	主管道	2
	汽轮机	1
	发电机	1
	凝汽器 / 低加 /MSR	2
“玲龙一号”	反应堆压力容器	1
合计		54

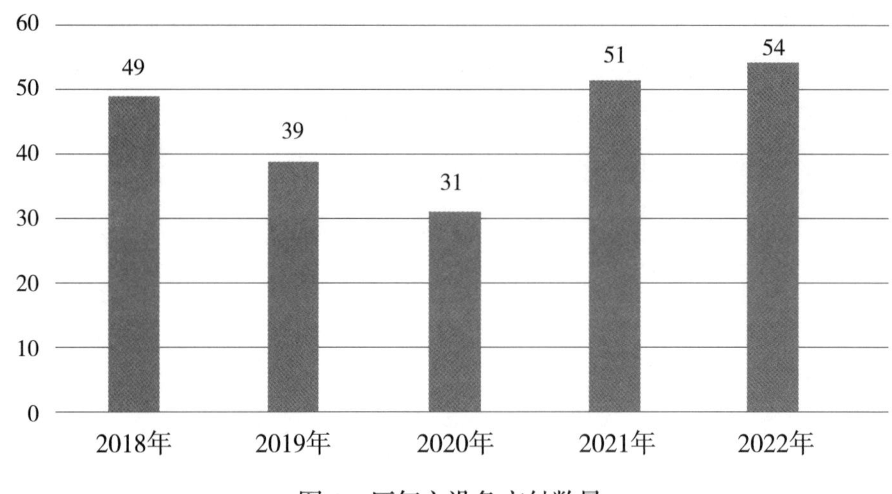

图 1　历年主设备交付数量

六、核技术应用

2022 年，我国核技术应用在同位素、医学、工业、安保等领域取得了较大进展，同位素自主研发与生产发展进入了新空间，核医疗开发取得突破，工业领域应用持续扩大，核安保产业蓬勃发展。

同位素自主化生产取得较大进展。首批碳 -14 辐照生产靶件入堆，商用堆辐照生产钇 -90（^{90}Y）、镥 -177(^{177}Lu)、锶 -89

（^{89}Sr）、碘-131（^{131}I）技术开发工作取得新进展。在产能方面，国内相关主体单位全面布局，推动医用同位素自主化生产相关设施的建设，^{99}Mo、^{131}I、^{177}Lu 等国内需求较高的主要医用同位素的自主化生产与供应有望在 5 年内实现。

核医疗装备国产化加快推进，放射性药物研制取得新突破。我国首台质子治疗系统获国家药品监督管理局批准上市，SPECT/CT 研发项目完成样机研制，智能化钴-60 锥束聚焦立体定向治疗系统完成首台临床试验装机，伽马刀项目完成首台临床试验装机，BNCT 主要关键技术已实现全面突破，医用血管造影 X 射线机获国家药品监督管理局批准上市。医药钇（^{90}Y）微球注射液获批上市，氟（^{18}F）化钠注射液项目完成临床试验；钇-89（^{89}Y）玻璃微球制备工艺研发已完成；^{177}Lu-DOTATATE 研发项目完成临床前研究工作，（^{90}Y）炭微球注射液等一批新开发的核药产品获国家药品监督管理局批准临床试验。

工业领域应用场景不断推广，应用范围不断扩大。电子束杀灭冷链食品外包装新冠病毒方法及装置具备现场推广应用条件，电子束 EB 固化实现产业化，辐照加速器生产基地正式投产，放射源研发生产基地建设项目正式开工。

核安保产业发展迈上新台阶。研制出世界首套静态 CT 智能查验系统，先后通过中国民航和欧盟 ECAC 最高标准认证；推出了背散射安检机器人、Wedrop 自助行李交运系统等一批新型先进安保设备。

七、核能国际合作

国际核能工程合作取得新进展。自主三代核电“华龙一号”全球第四台、海外第二台机组——巴基斯坦卡拉奇 K3 机组通过临时验收，“华龙一号”海外首个工程全面建成。“华龙一号”英国通用设计审查（GDA）正式通过，参股投资的欣克利角 C（HPC）项目土建施工顺利推进。阿根廷阿图查 3 号核电厂项目设计采购和施工合同正式签署。

加大核能全产业链国际合作力度。纳米比亚湖山铀矿产量创历史新高，哈萨克斯坦权益铀矿保持稳定运行。自主 CF3 燃料在巴基斯坦 K2 机组实现首次工程化应用，国际分离功订单总量达到万吨级别。与哈萨克斯坦联合建设的乌里宾核燃料组件厂顺利投运，首批燃料组件成功交付阳江核电。K2 机组首次大修顺利完成，恰希玛机组 3 次换料大修均提前完成，运维服务再创佳绩。举办首届中国—东盟和平利用核技术论坛，促成合作签约近 60 亿元。

全方位深化核科技创新国际合作。与俄罗斯、法国合作推动快堆、闭式燃料循环等领域核科技创新合作，国际原子能机构“放药及放射源协作中心”落地中国。ITER 现场第一个超导接头的组装连接工作圆满完成，自主研制的包层第一壁半原型部件在国际上率先通过 ITER 国际组织认证。圆满完成“中国政府原子能奖学金”一期项目，接收发展中国家优秀青年学生来华接受核工程、核技术等相关专业研究生教育。成功举办了第29届国际核工程大会、第23届太平洋地区核能大会，促进了国际核科学学术交流。

积极参与全球核领域治理活动。出席《核材料实物保护公约》修订案缔约国大会、IAEA“核法律:全球辩论”国际大会、第66届国际原子能机构大会、第5届21世纪核能部长级大会。首届中国—海湾阿拉伯国家合作委员会峰会成功举行，提出设立中海和平利用核技术论坛，共建中海核安保示范中心。参与IAEA日本福岛核污染水处置问题评估监督技术工作组。派出十多名优秀人才赴IAEA、OECD、ITER等国际组织任职，深度参与国际组织事务，稳步提升中国核能行业国际软实力。

八、人才队伍建设

2022年，我国核能人才队伍规模及质量不断提升，人才培养工作体系化、制度化和标准化进一步增强，人才发展的体制机制持续优化，人才激励和保障措施全面加强。通过加强和优化各类人才引进和培养机制，我国主要涉核企业（中核集团、中国广核集团、国家电投、中国华能）形成了一支规模21万余人的高素质核能人才队伍，为我国核电、核燃料循环、核技术应用等领域科技创新与产业发展提供了坚实保障。

核能人才发展的环境不断改善。涉核企业深化人才使用的体制机制改革，激发人才发展体系活力；健全人才管理制度，完善各类人才职业生涯发展多通道机制；实施分层分类人才培养计划，创新人才引进路径，进一步推进校企合作和人才共育。通过实施高水平、多样化的人才工程，完善了核领域人才发展体系。

培养了一批高技能人才。2022年，行业主管部门批准操纵人员、特种工艺人员、注册核安全工程师6993人次，其中，通过核电站反应堆操纵员人数（RO）289人，高级操纵员(SRO)人数235人。2022年12月，人社部发布《关于表彰第十六届中华技能大奖和全国技术能手的决定》，核能行业共有11名技能人才上榜，2人获得“中华技能大奖”称号，9人获得“全国技术能手”称号。

九、核能行业管理与安全保障

习近平总书记在党的二十大报告中重申，积极安全有序发展核电。国务院共核准5个核电新建项目共10台机组。相关政府部门正在积极推动《原子能法》出台、《放射性污染防治法》修订，继续开展核损害赔偿立法研究工作。国家原子能机构、国家能源局、国家核安全局共发布5项涉核部门规章。

国家发展改革委、国家能源局发布《“十四五”现代能源体系规划》，国家能源局、科学技术部发布《“十四五”能源领域科技创新规划》，国家能源局印发《能源碳达峰碳中和标准化提升行动计划》，对“十四五”核能发展、核能科技创新、进一步完善核电标准体系提出了明确要求。国家原子能机构发布核能开发科研项目指南，吸引社会力量投入核心技术攻关。部署新一轮铀矿找矿行动，积极推动乏燃料公海铁联运体系、中低放固体废物处置场、核退役治理能力建设，以及医用同位素中长期发展规划实施。

核安全、核应急、核安保工作取得实质性进展。《“十四五”核安全与放射性污染防治规划》获批印发，核与辐射安全隐患排查三年行动顺利收官，核安全法律法规标准体系进一步完善。全国55台装料运行核电机组、17座在役民用研究堆、19座民用核燃料循环设施运行安全，在建核电机组和研究堆建造质量受控。完善核应急预案定期评估制度，推进实现预案动态优化、标准化、数字化管理。正式发布《“十四五”核安保工作指导意见》，提出了“十四五”期间发展目标和19项重点任务。

（以上“综述”内容引自《中国核能发展报告（2023）》蓝皮书）

核 电

在役核电厂运行情况

2022 年 3 月 25 日，红沿河核电厂 6 号机组首次装料；11 月 25 日，防城港核电厂 3 号机组首次装料。至此，我国运行核电机组数量达到 55 台[1]，总装机容量为 56 993.34 兆瓦，截至 2022 年 12 月 31 日，总运行堆年为 523.88 堆年，机组数量及装机容量均列世界第三。

2022 年，我国运行核电机组继续保持安全、稳定运行，取得了良好业绩。全年运行核电机组发电量（含调试发电量）为 4 177.86 亿千瓦时，同比增长 2.52%；上网电量（含调试上网电量）为 3 917.90 亿千瓦时，同比增长 2.45%；核电装机容量约占全国电力总装机容量的 2.22%，发电量占全国总发电量的 4.72%；与燃煤发电相比，核能发电相当于减少燃烧标准煤约 11 812.47 万吨[2]，减少排放二氧化碳约 30 948.67 万吨、二氧化硫约 100.41 万吨、氮氧化物约 87.41 万吨。

截至 2022 年，我国运行核电机组自首次并网以来累计发电量为 35 236.87 亿千瓦时，累计上网电量为 33 065.31 亿千瓦时。

2022 年，我国运行核电机组有 9 台核电机组共计发生 12 起非计划自动停堆、46 台核电机组未发生非计划自动停堆，共有 35 台核电机组按计划执行机组换料大修，共发生 28 起国际核事件分级表（INES）0 级运行事件。

2022 年，各核电厂人员的个人剂量和集体剂量均远低于国家标准规定的限值，放射性流出物排放总量低于国家监管部门批准排放年限值，环境空气吸收剂量率在当地本底辐射水平正常涨落范围之内，没有发生影响环境与公众健康的事件。

---

1 本报告将我国已进行首次装料核电机组列入运行核电机组进行统计。

2 国家能源局 2022 年 1 月 16 日发布信息显示，2022 年我国火电供电煤耗（6 000 千瓦及以上电厂）为 301.5 克标准煤 / 千瓦时。减排计算方法来源于国家统计局网站，按照工业锅炉每燃烧 1 吨标准煤产生二氧化碳 2 620 千克，二氧化硫 8.5 千克，氮氧化物 7.4 千克计算。

一、2022 年全国发电量[1]统计

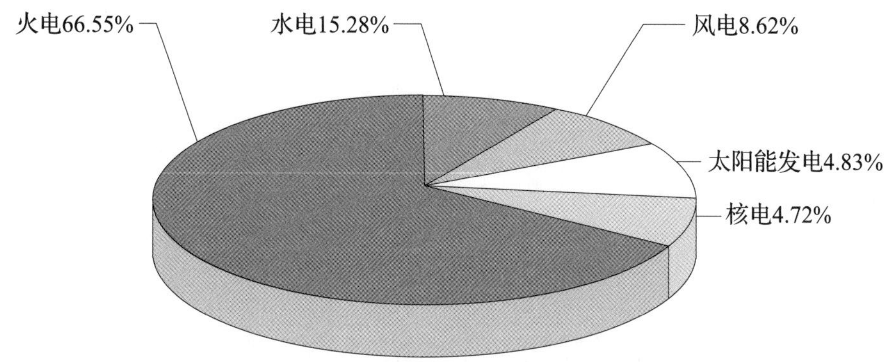

二、2013—2022 年中国核电运行机组数量和装机容量统计

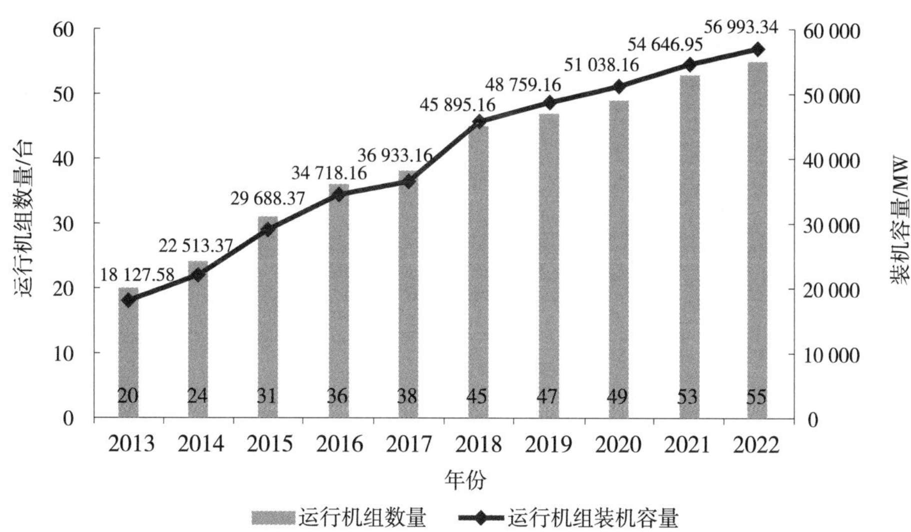

1 数据来源于国家统计局网站，2022 年 2 月 28 日查询。

三、2013—2022 年中国运行核电机组发电量和上网电量统计

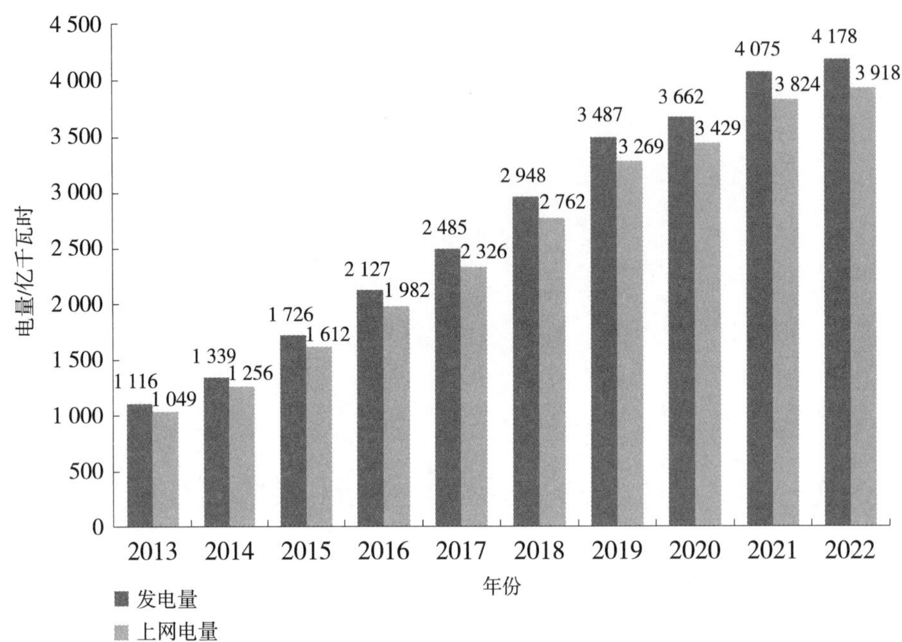

四、2022 年中国运行核电机组

2022 年中国运行核电机组一览表

核电厂	机组	机组 CN 号[1]	隶属集团[2]	堆型	额定功率/MW	开工日期	首次装料日期	首次并网日期	商业运行日期
秦山核电厂	1号机组	CN-01	中核集团	压水堆	330	1985-03-20	1991-08-02	1991-12-15	1994-04-01
大亚湾核电厂	1号机组	CN-02	中国广核集团	压水堆	2×984	1987-08-07	1993-06-01	1993-08-31	1994-02-01
	2号机组	CN-03				1988-04-07	1993-11-26	1994-02-07	1994-05-06
秦山第二核电厂	1号机组	CN-04	中核集团	压水堆	2×650	1996-06-02	2001-10-09	2002-02-06	2002-04-15
	2号机组	CN-05				1997-04-01	2004-01-29	2004-03-11	2004-05-03
	3号机组	CN-14			2×660	2006-04-28	2010-05-30	2010-08-01	2010-10-05
	4号机组	CN-15				2007-01-28	2011-10-21	2011-11-25	2011-12-30
岭澳核电厂	1号机组	CN-06	中国广核集团	压水堆	2×990	1997-05-15	2001-12-08	2002-02-26	2002-05-28
	2号机组	CN-07				1997-11-28	2002-07-15	2002-09-14	2003-01-08
	3号机组	CN-12			2×1 086	2005-12-15	2010-04-21	2010-07-15	2010-09-15
	4号机组	CN-13				2006-06-15	2011-01-05	2011-05-03	2011-08-07
秦山第三核电厂	1号机组	CN-08	中核集团	重水堆	2×728	1998-06-08	2002-07-18	2002-11-19	2002-12-31
	2号机组	CN-09				1998-09-25	2003-03-16	2003-06-12	2003-07-24
田湾核电站	1号机组	CN-10	中核集团	压水堆	2×1 060	1999-10-20	2005-10-18	2006-05-12	2007-05-17
	2号机组	CN-11				2000-09-20	2007-03-16	2007-05-14	2007-08-16
	3号机组	CN-45			2×1 126	2012-12-27	2017-08-18	2017-12-30	2018-02-15
	4号机组	CN-46				2013-09-27	2018-08-25	2018-10-27	2018-12-22
	5号机组	CN-53			2×1 118	2015-12-27	2020-07-09	2020-08-08	2020-09-08
	6号机组	CN-54				2016-09-07	2021-04-14	2021-05-11	2021-06-02

1 机组 CN 号为国际原子能机构核动力堆信息系统（IAEA—PRIS）对我国核电机组的统一编号。

2 表中各集团公司名称均为简称，“中核集团”全称“中国核工业集团有限公司”“中国广核集团”全称“中国广核集团有限公司”“国家电投”全称“国家电力投资集团有限公司”“华能集团”全称“中国华能集团有限公司”。

续表

核电厂—机组		机组 CN 号	隶属集团	堆型	额定功率 /MW	开工日期	首次装料日期	首次并网日期	商业运行日期
红沿河核电厂	1号机组	CN-16	中国广核集团 国家电投	压水堆	6 × 1 118.79	2007-08-18	2012-11-26	2013-02-17	2013-06-06
	2号机组	CN-17				2008-03-28	2013-09-03	2013-11-23	2014-05-13
	3号机组	CN-26				2009-03-07	2014-09-18	2015-03-23	2015-08-16
	4号机组	CN-27				2009-08-15	2016-01-18	2016-04-01	2016-06-08
	5号机组	CN-49				2015-03-29	2021-05-15	2021-06-25	2021-07-31
	6号机组	CN-50				2015-07-24	2022-03-25	2022-05-02	2022-06-23
宁德核电厂	1号机组	CN-18	中国广核集团	压水堆	4 × 1 089	2008-02-18	2012-09-29	2012-12-28	2013-04-15
	2号机组	CN-19				2008-11-12	2013-11-08	2014-01-04	2014-05-04
	3号机组	CN-34				2010-01-08	2015-01-29	2015-03-21	2015-06-10
	4号机组	CN-35				2010-09-29	2015-12-31	2016-03-29	2016-07-21
福清核电厂	1号机组	CN-20	中核集团	压水堆	4 × 1 089	2008-11-21	2014-05-30	2014-08-20	2014-11-22
	2号机组	CN-21				2009-06-17	2015-05-15	2015-08-06	2015-10-16
	3号机组	CN-42				2010-12-31	2016-04-01	2016-09-07	2016-10-24
	4号机组	CN-43				2012-11-17	2017-06-13	2017-07-29	2017-09-17
	5号机组	CN-51			2 × 1 161	2015-05-07	2020-09-04	2020-11-27	2021-01-30
	6号机组	CN-52				2015-12-22	2021-11-06	2022-01-01	2022-03-25
阳江核电厂	1号机组	CN-22	中国广核集团	压水堆	6 × 1 086	2008-12-16	2013-10-25	2013-12-31	2014-03-25
	2号机组	CN-23				2009-06-04	2015-01-25	2015-03-10	2015-06-05
	3号机组	CN-40				2010-11-15	2015-09-09	2015-10-18	2016-01-01
	4号机组	CN-41				2012-11-17	2016-11-19	2017-01-08	2017-03-15
	5号机组	CN-47				2013-09-18	2018-04-20	2018-05-23	2018-07-12
	6号机组	CN-48				2013-12-23	2019-04-29	2019-06-29	2019-07-24
方家山核电厂	1号机组	CN-24	中核集团	压水堆	2 × 1 089	2008-12-26	2014-09-01	2014-11-04	2014-12-15
	2号机组	CN-25				2009-07-17	2014-12-03	2015-01-12	2015-02-12
三门核电厂	1号机组	CN-28	中核集团	压水堆	2 × 1 251	2009-04-19	2018-04-25	2018-06-30	2018-09-21
	2号机组	CN-29				2009-12-15	2018-07-04	2018-08-24	2018-11-05
海阳核电厂	1号机组	CN-30	国家电投	压水堆	2 × 1 253	2009-09-24	2018-06-21	2018-08-17	2018-10-22
	2号机组	CN-31				2010-06-20	2018-08-08	2018-10-13	2019-01-09
台山核电厂	1号机组	CN-32	中国广核集团	压水堆	2 × 1 750	2010-04-15	2018-04-10	2018-06-29	2018-12-13
	2号机组	CN-33				2010-04-15	2019-05-30	2019-06-23	2019-09-07

续表

核电厂—机组		机组 CN 号	隶属集团	堆型	额定功率 /MW	开工日期	首次装料日期	首次并网日期	商业运行日期
昌江核电厂	1号机组 2号机组	CN-36 CN-37	中核集团	压水堆	2 × 650	2010-04-25 2010-11-21	2015-08-26 2016-05-06	2015-11-07 2016-06-20	2015-12-25 2016-08-12
防城港核电厂	1号机组 2号机组	CN-38 CN-39	中国广核集团	压水堆	2 × 1 086	2010-07-30 2010-12-23	2015-09-02 2016-05-22	2015-10-25 2016-07-15	2016-01-01 2016-10-01
	3号机组	CN-55			1 187.6	2015-12-24	2022-11-25		
石岛湾核电厂	1号机组	CN-44	华能集团	高温气冷堆	211	2012-12-09	2021-08-21	2021-12-14	
合计	55台机组，总装机容量56 993.34 MW								

五、发电量和上网电量

2022 年，我国运行核电机组全年发电量[1]为 4 177.86 亿千瓦时，上网电量为 3 917.90 亿千瓦时，较 2021 年发电量增加 2.52%、上网电量增加 2.45%。

2013—2022 年运行核电厂发电量

项目 核电厂	年度发电量 / 亿千瓦时									
	2013	2014	2015	2016	2017	2018	2019	2020	2021	2022
秦山核电厂	23.03	26.23	25.71	25.80	28.14	16.25	26.27	26.82	27.45	27.93
大亚湾核电厂	148.95	151.40	154.25	151.72	164.33	164.81	161.95	166.01	164.67	161.40
秦山第二核电厂	203.70	202.35	202.85	208.06	211.59	208.67	209.72	214.55	214.28	215.84

1 自机组并网后开始统计发电量及上网电量。

续表

项目 核电厂	年度发电量 / 亿千瓦时									
	2013	2014	2015	2016	2017	2018	2019	2020	2021	2022
岭澳核电厂	315.48	325.53	322.78	321.30	316.09	320.37	315.21	310.52	318.67	323.40
秦山第三核电厂	119.17	116.88	112.35	108.63	109.77	112.56	116.35	116.64	115.71	116.46
田湾核电厂	166.86	167.67	166.17	153.73	172.83	242.18	328.90	355.39	485.16	525.58
红沿河核电厂	63.71	119.61	144.66	199.83	235.98	301.57	327.30	327.02	400.07	451.73
宁德核电厂	75.19	125.33	202.32	247.46	305.08	338.26	313.64	327.52	352.94	335.23
福清核电厂	/	15.69	87.77	161.66	255.01	305.42	307.53	325.03	424.23	496.76
阳江核电厂	/	79.23	140.70	230.43	323.71	377.92	443.37	453.07	523.28	530.53
方家山核电厂	/	8.80	155.31	161.15	161.06	182.90	169.47	165.02	175.49	175.40
三门核电厂	/	/	/	/	/	66.56	106.71	189.13	199.80	194.90
海阳核电厂	/	/	/	/	/	39.03	207.20	190.51	197.08	206.57
台山核电厂	/	/	/	/	/	33.36	185.04	231.18	197.49	133.25
昌江核电厂	/	/	4.37	60.10	74.59	77.17	97.20	95.63	97.62	105.24
防城港核电厂	/	/	6.61	97.59	126.81	160.96	171.53	168.37	181.26	177.60
石岛湾核电厂	/	/	/	/	/	/	/	/	0.03	0.06
合计	1 116.09	1 338.72	1 725.85	2 127.46	2 484.99	2 947.99	3 487.41	3 662.42	4 075.23	4 177.86

说明："/"为机组当年未并网发电。

2013—2022 年运行核电厂上网电量

项目 核电厂	年度上网电量 / 亿千瓦时									
	2013	2014	2015	2016	2017	2018	2019	2020	2021	2022
秦山核电厂	21.59	24.41	23.94	23.97	26.16	15.09	24.48	24.97	25.60	26.04
大亚湾核电厂	142.41	144.97	147.75	145.26	157.20	157.51	154.76	158.73	157.43	154.34
秦山第二核电厂	191.12	189.79	190.06	195.01	198.57	195.86	196.86	201.08	201.02	202.42
岭澳核电厂	299.15	308.85	306.03	304.33	299.38	303.86	298.68	294.41	302.68	306.98
秦山第三核电厂	110.31	108.18	103.82	100.30	101.41	104.14	107.78	107.76	106.82	107.51
田湾核电厂	156.10	156.92	155.61	143.54	160.73	223.91	305.67	329.45	452.43	490.90
红沿河核电厂	58.57	110.57	131.88	183.23	218.62	282.70	307.64	306.49	375.75	422.93
宁德核电厂	69.48	116.15	187.47	228.37	284.69	317.32	292.78	306.39	331.55	314.06
福清核电厂	/	14.27	80.69	149.08	238.01	286.29	287.33	303.10	397.34	465.54
阳江核电厂	/	74.15	131.88	215.83	303.53	355.10	416.41	424.93	492.15	499.29
方家山核电厂	/	8.20	145.81	151.52	151.50	172.34	159.59	154.98	165.16	165.14
三门核电厂	/	/	/	/	/	60.53	98.61	175.45	186.44	181.95
海阳核电厂	/	/	/	/	/	34.92	193.99	178.37	184.10	193.03
台山核电厂	/	/	/	/	/	30.56	173.09	215.73	184.87	124.11
昌江核电厂	/	/	0.66	51.09	68.28	70.90	89.95	88.48	90.40	97.80
防城港核电厂	/	/	6.01	90.14	117.82	150.82	161.19	158.20	170.56	165.83
石岛湾核电厂	/	/	/	/	/	/	/	/	0.01	0.03
合计	1 048.73	1 256.46	1 611.61	1 981.67	2 325.90	2 761.85	3 268.77	3 428.53	3 824.33	3 917.90

说明："/" 为机组当年未并网发电。

六、机组能力因子和负荷因子

2013—2022 年运行核电机组能力因子

核电厂 / 机组	项目 / 年份	机组能力因子 /%									
		2013	2014	2015	2016	2017	2018	2019	2020	2021	2022
秦山核电厂	1 号机组	81.61	92.69	90.92	91.38	99.97	56.46	88.09	92.20	90.72	92.96
大亚湾核电厂	1 号机组	86.83	99.66	78.83	86.58	99.98	89.25	92.94	99.99	88.92	91.96
	2 号机组	85.93	75.58	98.65	87.42	88.74	99.72	92.35	89.21	99.98	93.24
秦山第二核电厂	1 号机组	85.79	83.53	88.93	90.45	99.52	87.00	88.13	99.96	92.15	89.42
	2 号机组	88.74	85.01	90.84	82.96	88.83	97.66	86.75	92.34	99.91	92.86
	3 号机组	93.50	92.00	85.60	99.81	88.42	87.93	98.80	90.43	88.18	100.00
	4 号机组	84.28	89.77	90.65	92.39	90.62	88.16	91.50	99.97	89.13	89.42
岭澳核电厂	1 号机组	82.94	90.44	86.80	99.81	89.15	87.52	95.04	99.99	89.67	82.03
	2 号机组	88.58	94.55	93.64	88.65	96.32	92.09	87.12	89.17	99.98	91.14
	3 号机组	90.11	89.42	90.10	91.62	86.99	89.32	99.98	90.71	83.40	89.65
	4 号机组	88.95	90.31	90.29	87.84	91.33	98.34	89.29	92.77	86.11	99.77
秦山第三核电厂	1 号机组	89.91	96.16	83.17	94.91	79.83	99.98	87.62	99.93	89.52	99.91
	2 号机组	99.86	90.14	97.47	79.28	99.96	82.62	99.99	91.04	98.61	86.31
田湾核电站	1 号机组	90.70	89.83	91.07	81.87	92.05	90.05	98.64	89.57	90.13	100.00
	2 号机组	89.14	91.11	88.22	87.23	99.90	92.50	91.43	98.56	93.14	90.98
	3 号机组	/	/	/	/	/	99.04	81.88	91.28	93.38	100.00
	4 号机组	/	/	/	/	/	/	84.75	95.39	95.93	93.63
	5 号机组	/	/	/	/	/	/	/	100.00	85.95	99.97
	6 号机组	/	/	/	/	/	/	/	/	99.99	85.25
红沿河核电厂	1 号机组	99.90	70.04	87.75	87.19	88.92	99.98	90.30	91.09	99.99	92.71
	2 号机组	/	75.69	65.53	87.49	98.08	89.80	91.57	90.88	91.26	99.99
	3 号机组	/	/	100.00	94.90	83.07	91.17	84.75	99.78	88.16	91.81
	4 号机组	/	/	/	99.98	85.76	85.16	92.02	92.74	92.90	91.82

续表

核电厂 / 机组	项目 / 年份	机组能力因子 /%									
		2013	2014	2015	2016	2017	2018	2019	2020	2021	2022
	5 号机组	/	/	/	/	/	/	/	/	99.77	87.93
	6 号机组	/	/	/	/	/	/	/	/	/	99.76
宁德核电厂	1 号机组	99.95	57.31	88.22	98.13	83.66	88.50	97.54	91.39	92.56	99.99
	2 号机组	/	99.83	80.73	86.38	98.80	89.13	91.13	99.99	90.70	93.65
	3 号机组	/	/	94.37	80.08	95.62	92.54	91.62	96.73	95.06	92.41
	4 号机组	/	/	/	99.98	84.38	99.99	90.92	91.22	99.99	91.16
福清核电厂	1 号机组	/	/	74.08	99.31	89.46	87.56	89.16	99.30	92.54	90.99
	2 号机组	/	/	99.06	81.55	86.73	85.47	99.35	92.02	88.15	100.00
	3 号机组	/	/	/	/	83.01	86.27	95.76	89.69	90.99	100.00
	4 号机组	/	/	/	/	100.00	78.22	91.79	92.47	100.00	89.60
	5 号机组	/	/	/	/	/	/	/	/	90.42	75.72
	6 号机组	/	/	/	/	/	/	/	/	/	96.73
阳江核电厂	1 号机组	/	99.93	79.45	81.56	99.61	88.23	89.23	98.50	88.72	94.41
	2 号机组	/	/	99.64	77.68	87.97	99.98	90.24	85.96	99.97	91.78
	3 号机组	/	/	/	91.24	86.49	91.61	99.99	85.51	93.33	99.99
	4 号机组	/	/	/	/	90.00	82.42	91.72	96.18	89.41	93.07
	5 号机组	/	/	/	/	/	99.60	82.10	92.64	94.40	92.72
	6 号机组	/	/	/	/	/	/	95.99	81.82	98.02	93.56
方家山核电厂	1 号机组	/	/	83.68	91.23	89.52	99.60	91.18	89.78	99.86	92.55
	2 号机组	/	/	93.10	86.88	85.72	98.08	91.49	99.96	88.14	93.36
三门核电厂	1 号机组	/	/	/	/	/	99.98	92.26	88.18	93.94	89.41
	2 号机组	/	/	/	/	/	83.84	8.96	99.99	91.54	92.10
海阳核电厂	1 号机组	/	/	/	/	/	94.28	97.44	86.73	93.18	96.61
	2 号机组	/	/	/	/	/	/	99.66	90.05	93.48	98.97
台山核电厂	1 号机组	/	/	/	/	/	/	90.88	71.56	55.79	29.03
	2 号机组	/	/	/	/	/	/	99.99	97.71	78.96	57.65

续表

核电厂 / 机组	项目 / 年份	机组能力因子 /%									
		2013	2014	2015	2016	2017	2018	2019	2020	2021	2022
昌江核电厂	1 号机组	/	/	100.00	93.96	79.25	87.39	89.49	90.83	92.71	99.96
	2 号机组	/	/	/	/	87.78	73.85	95.87	93.07	92.01	89.62
防城港核电厂	1 号机组	/	/	/	99.02	76.19	89.60	99.29	91.20	92.69	98.93
	2 号机组	/	/	/	99.95	80.70	99.98	92.14	91.98	99.99	93.09
	3 号机组	/	/	/	/	/	/	/	/	/	/
石岛湾核电厂	1 号机组	/	/	/	/	/	/	/	/	/	/

说明：“/”为机组当年未投入商运或不满足 WANO 指标年度值统计要求。

2013—2022 年运行核电机组负荷因子

核电厂 / 机组	项目 / 年份	机组负荷因子 /%									
		2013	2014	2015	2016	2017	2018	2019	2020	2021	2022
秦山核电厂	1 号机组	82.17	96.58	91.74	91.80	103.62	59.84	90.88	92.53	94.95	91.10
大亚湾核电厂	1 号机组	86.76	100.02	79.65	87.48	101.23	90.34	94.36	101.64	90.01	93.02
	2 号机组	86.04	75.62	99.30	88.05	89.41	100.87	93.52	90.41	101.02	94.22
秦山第二核电厂	1 号机组	86.80	85.60	89.31	88.34	100.00	88.16	89.56	97.49	93.80	88.91
	2 号机组	90.02	86.59	91.27	84.64	89.86	99.35	88.74	91.11	101.37	94.93
	3 号机组	94.63	91.14	83.53	96.92	87.96	87.99	98.55	87.40	88.31	100.90
	4 号机组	84.56	89.27	89.49	91.60	90.40	88.26	88.60	97.00	90.09	88.67
岭澳核电厂	1 号机组	82.38	88.59	86.37	99.11	84.59	84.19	90.62	90.71	89.52	80.73
	2 号机组	87.28	93.46	91.01	83.94	93.22	87.61	82.70	84.18	98.03	91.39
	3 号机组	88.78	87.88	88.90	89.23	84.19	88.21	93.22	84.22	81.66	84.35
	4 号机组	88.18	88.35	88.69	80.72	85.97	91.94	80.11	81.86	82.34	98.70
秦山第三核电厂	1 号机组	88.64	94.79	80.67	92.76	76.97	97.07	85.57	94.89	86.05	98.05
	2 号机组	98.23	88.48	95.50	77.12	95.16	79.44	96.87	87.50	95.40	84.57

续表

核电厂 / 机组（项目 / 年份）		机组负荷因子 /%									
		2013	2014	2015	2016	2017	2018	2019	2020	2021	2022
田湾核电厂	1 号机组	90.60	89.64	90.81	81.59	91.10	82.29	95.41	85.88	87.55	94.20
	2 号机组	89.10	90.94	88.15	85.09	95.00	89.23	88.23	89.89	92.18	85.51
	3 号机组	/	/	/	/	/	79.50	78.17	78.26	87.08	95.47
	4 号机组	/	/	/	/	/	97.81	82.39	84.29	94.28	90.57
	5 号机组	/	/	/	/	/	/	/	79.46	82.18	97.26
	6 号机组	/	/	/	/	/	/	/	/	93.75	81.62
红沿河核电厂	1 号机组	96.33	67.13	82.57	66.36	79.41	95.96	87.78	85.89	97.59	82.84
	2 号机组	/	74.80	39.26	57.56	63.77	84.04	87.66	84.53	88.89	96.50
	3 号机组	/	/	24.44	59.90	61.46	71.13	81.35	75.63	86.32	78.51
	4 号机组	/	/	/	49.02	36.14	56.57	77.17	86.71	90.39	86.98
	5 号机组	/	/	/	/	/	/	/	/	97.99	68.03
	6 号机组	/	/	/	/	/	/	/	/	/	83.69
宁德核电厂	1 号机组	98.51	56.70	85.93	76.44	79.86	84.48	89.90	83.22	90.06	94.40
	2 号机组	/	98.66	73.72	65.46	91.11	86.30	74.22	90.32	89.78	82.48
	3 号机组	/	/	81.67	68.91	88.20	89.54	83.01	87.39	90.56	87.92
	4 号机组	/	/	/	92.47	60.63	94.27	81.65	81.46	99.58	86.61
福清核电厂	1 号机组	/	/	69.05	75.84	83.69	84.23	73.25	93.61	90.96	90.80
	2 号机组	/	/	89.11	69.11	82.20	82.17	89.89	87.58	85.42	93.58
	3 号机组	/	/	/	/	66.36	78.14	84.11	82.06	80.98	91.07
	4 号机组	/	/	/	/	99.93	75.62	75.12	75.00	94.61	89.04
	5 号机组	/	/	/	/	/	/	/	15.13	88.31	70.25
	6 号机组	/	/	/	/	/	/	/	/	/	76.50
阳江核电厂	1 号机组	/	98.78	78.86	79.16	97.10	86.09	89.19	90.85	88.51	93.43
	2 号机组	/	/	99.94	77.29	84.17	99.72	83.76	72.91	98.07	91.07
	3 号机组	/	/	/	85.11	83.00	88.58	96.37	73.72	87.39	100.38
	4 号机组	/	/	/	/	89.41	73.79	77.60	89.02	89.15	87.50

续表

核电厂 / 机组（项目 / 年份）		机组负荷因子 /%									
		2013	2014	2015	2016	2017	2018	2019	2020	2021	2022
	5 号机组	/	/	/	/	/	95.05	75.04	81.89	91.62	92.15
	6 号机组	/	/	/	/	/	/	91.33	66.56	95.31	93.13
方家山核电厂	1 号机组	/	/	80.03	87.11	84.98	97.54	89.05	80.24	98.86	91.54
	2 号机组	/	/	89.24	81.36	83.86	94.18	88.60	92.27	85.10	92.32
三门核电厂	1 号机组	/	/	/	/	/	98.60	88.40	85.96	92.44	86.73
	2 号机组	/	/	/	/	/	83.88	8.98	86.15	89.89	91.12
海阳核电厂	1 号机组	/	/	/	/	/	94.12	91.96	85.06	89.68	98.23
	2 号机组	/	/	/	/	/	/	96.81	88.03	90.71	95.28
台山核电厂	1 号机组	/	/	/	/	/	94.97	83.28	63.52	53.03	29.00
	2 号机组	/	/	/	/	/	/	71.34	86.87	75.80	57.93
昌江核电厂	1 号机组	/	/	65.95	70.24	65.19	73.23	82.30	85.68	84.80	98.30
	2 号机组	/	/	/	/	65.80	61.83	88.41	81.81	86.66	86.53
防城港核电厂	1 号机组	/	/	/	81.21	59.05	83.32	95.85	88.42	91.26	94.88
	2 号机组	/	/	/	84.12	74.25	85.87	84.46	88.08	99.27	91.80
	3 号机组	/	/	/	/	/	/	/	/	/	/
石岛湾核电厂	1 号机组	/	/	/	/	/	/	/	/	-	-

说明：

1.“/”为机组当年未并网。

2. 石岛湾核电厂 1 号机组：2021 年 12 月 14 日并网，截至 2022 年 12 月 31 日暂未进入商业运行，2021 年、2022 年机组能力因子均不满足 WANO 指标年度值统计要求，基于以上情况，暂不统计机组的负荷因子。

3. 田湾核电厂 1 号机组，2022 年机组能力因子 100，该机组在 11 月 6—11 日期间按计划小修。

七、非计划自动停堆

2013-2022 年核电机组非计划自动停堆次数统计表

核电厂 / 机组（年度）		2013	2014	2015	2016	2017	2018	2019	2020	2021	2022
秦山核电厂	1 号机组	1	0	0	0	0	0	1	1	0	0
大亚湾核电厂	1 号机组	0	1	0	0	0	0	0	0	0	0
	2 号机组	0	0	0	0	0	1	0	0	0	0
秦山第二核电厂	1 号机组	0	0	1	0	1	0	0	0	0	0
	2 号机组	1	1	1	0	0	1	0	0	0	0
	3 号机组	1	0	0	0	0	0	1	0	0	0
	4 号机组	0	0	0	0	0	0	1	0	0	0
岭澳核电厂	1 号机组	0	0	0	0	0	0	0	0	0	0
	2 号机组	0	1	0	1	0	0	0	0	0	0
	3 号机组	0	0	0	0	0	0	0	0	0	0
	4 号机组	0	0	0	0	0	0	0	0	0	1
秦山第三核电厂	1 号机组	0	0	0	0	0	0	0	0	0	0
	2 号机组	0	0	0	0	0	0	0	0	0	0
田湾核电厂	1 号机组	0	0	0	0	1	0	1	0	1	0
	2 号机组	0	0	1	1	0	0	0	0	0	0
	3 号机组	/	/	/	/	0	2	0	0	0	0
	4 号机组	/	/	/	/	/	0	0	0	0	0
	5 号机组	/	/	/	/	/	/	/	0	0	0
	6 号机组	/	/	/	/	/	/	/	/	1	1
红沿河核电厂	1 号机组	4	1	0	0	0	0	0	0	0	0
	2 号机组	1	1	0	0	0	0	0	0	0	0
	3 号机组	/	1	2	0	1	0	1	0	0	0

续表

核电厂 / 机组	年度	2013	2014	2015	2016	2017	2018	2019	2020	2021	2022
	4 号机组	/	/	/	0	0	0	0	0	0	0
	5 号机组	/	/	/	/	/	/	/	/	0	0
	6 号机组	/	/	/	/	/	/	/	/	/	1
宁德核电厂	1 号机组	2	0	0	0	0	0	0	0	0	0
	2 号机组	0	1	0	0	0	0	0	0	0	0
	3 号机组	/	/	3	0	0	1	0	0	0	0
	4 号机组	/	/	/	0	0	0	0	0	0	0
福清核电厂	1 号机组	/	0	2	0	0	0	0	0	0	0
	2 号机组	/	/	1	1	1	0	0	0	0	0
	3 号机组	/	/	/	0	0	0	0	0	1	0
	4 号机组	/	/	/	/	0	1	0	0	0	0
	5 号机组	/	/	/	/	/	/	/	1	1	1
	6 号机组	/	/	/	/	/	/	/	/	0	0
阳江核电厂	1 号机组	0	2	0	0	0	0	0	0	0	0
	2 号机组	/	/	2	0	1	0	0	1	0	0
	3 号机组	/	/	1	0	0	0	0	1	0	0
	4 号机组	/	/	/	0	1	0	0	2	0	0
	5 号机组	/	/	/	/	/	0	0	0	0	0
	6 号机组	/	/	/	/	/	/	0	1	0	0
方家山核电厂	1 号机组	/	2	0	0	0	1	1	0	0	0
	2 号机组	/	0	0	0	0	0	1	0	0	0
三门核电厂	1 号机组	/	/	/	/	/	0	0	1	0	3
	2 号机组	/	/	/	/	/	1	0	0	0	0
海阳核电厂	1 号机组	/	/	/	/	/	0	0	0	0	1
	2 号机组	/	/	/	/	/	0	0	1	1	1

续表

核电厂 / 机组 (年度)		2013	2014	2015	2016	2017	2018	2019	2020	2021	2022
台山核电厂	1 号机组	/	/	/	/	/	9	1	0	1	0
	2 号机组	/	/	/	/	/	/	1	0	0	0
昌江核电厂	1 号机组	/	/	2	0	1	1	1	0	0	0
	2 号机组	/	/	/	3	1	1	1	0	0	0
防城港核电厂	1 号机组	/	/	0	0	0	0	1	0	0	1
	2 号机组	/	/	/	1	0	0	0	0	0	0
	3 号机组	/	/	/	/	/	/	/	/	/	0
石岛湾核电厂	1 号机组	/	/	/	/	/	/	/	/	1	2

说明：

1. 非计划自动停堆次数自机组首次临界后开始统计，“/”表示机组当年未首次临界，不适用统计。

2. 岭澳核电厂 4 号机组：2022 年 10 月 15 日，ARE 主给水流量控制板件故障引起 3 号蒸汽发生器水位低叠加汽水失配信号导致反应堆自动停堆。

3. 田湾核电厂 6 号机组：2022 年 6 月 14 日，机组旁排阀门 6M2GCT121VV 故障导致蒸汽发生器高高液位触发反应堆停堆。

4. 红沿河核电厂 6 号机组：2022 年 6 月 11 日，机组满功率甩厂用电试验后汽轮机转子振动高高手动打闸导致反应堆停堆。

5. 福清核电厂 5 号机组：2022 年 8 月 5 日，主变 C 相触发差动保护导致停堆停机。

6. 三门核电厂 1 号机组：

2022 年 4 月 28 日，非能动余热排出热交换器流量控制阀故障开启触发停堆信号导致反应堆停堆和安注触发。

2022 年 6 月 22 日，主泵 1B 变频器功率单元 B4 故障导致反应堆停堆。

2022 年 12 月 22 日，主泵 1B 变频器控制器故障切换导致反应堆冷却剂环路 I 热段流量低 2 信号触发反应堆自动停堆。

7. 海阳核电厂 1 号机组：2022 年 10 月 19 日，保护和安全监控系统 D 序列机柜失电导致蒸汽发生器窄量程液位低 2 触发自动停堆和安注。

8. 海阳核电厂 2 号机组：2022 年 10 月 8 日，主泵 1B 停运导致反应堆冷却剂环路 1 热段流量低 2 触发反应堆自动停堆。

9. 防城港核电厂 1 号机组：2022 年 2 月 17 日，反应堆冷却剂系统一环路触发冷却剂流量低信号导致反应堆自动停堆。

10. 石岛湾核电厂 1 号机组：

2022 年 10 月 13 日，1 号反应堆因一二回路质量流量比高保护停堆。

2022 年 11 月 4 日，凝结水泵 A 故障检修期间隔离边界不完整导致 2 号反应堆因“冷氦温度高 ≥ 290 ℃”保护停堆。

八、职业照射

国家标准《电离辐射防护与辐射源安全基本标准》（GB 18871—2002）中规定了工作人员职业照射的剂量限值：连续 5 年的年平均有效剂量不超过 20 mSv，任何一年中的有效剂量不超过 50 mSv。2013 年至 2022 年，我国运行核电厂工作人员所受到的照射剂量均远低于国家标准规定的限值，均保持较低水平。

2013-2022 年核电厂工作人员职业照射情况统计表

核电厂 \ 项目	年度	年人均有效剂量 /(人 · Sv)	年度最大个人剂量 /(人 · Sv)	年度集体有效剂量 /(人 · Sv)	归一化集体有效剂量 /(人 · mSv/GWh)
秦山核电厂	2013	0.281	6.073	0.495	0.215
	2014	0.143	4.035	0.253	0.096
	2015	0.201	4.278	0.405	0.157
	2016	0.133	3.439	0.281	0.109
	2017	0.029	2.135	0.042	0.015
	2018	0.272	5.687	0.764	0.470
	2019	0.142	4.254	0.317	0.121
	2020	0.031	1.810	0.113	0.042
	2021	0.165	4.199	0.386	0.141
	2022	0.088	5.81	0.378	0.135
大亚湾核电厂	2013	0.549	13.345	1.769	0.119
	2014	0.462	6.906	1.512	0.100
	2015	0.331	7.140	1.035	0.067
	2016	0.303	8.277	1.032	0.068
	2017	0.242	6.756	0.712	0.043
	2018	0.260	5.114	0.753	0.046
	2019	0.299	9.139	0.960	0.059
	2020	0.244	5.023	0.676	0.041
	2021	0.229	5.269	0.642	0.039
	2022	0.221	7.42	0.720	0.045
秦山第二核电厂	2013	0.385	8.726	1.177	0.058
	2014	0.336	8.948	1.111	0.055
	2015	0.204	7.914	0.683	0.034
	2016	0.307	7.171	1.092	0.052
	2017	0.251	7.639	0.941	0.044

续表

项目 核电厂	年度	年人均有效剂量 /(人 · Sv)	年度最大个人剂量 /(人 · Sv)	年度集体有效剂量 /(人 · Sv)	归一化集体有效剂量 /(人 · mSv/GWh)
	2018	0.295	9.730	1.149	0.055
	2019	0.302	7.000	1.098	0.052
	2020	0.163	5.438	0.628	0.029
	2021	0.231	6.241	1.003	0.047
	2022	0.275	7.605	1.273	0.059
岭澳核电厂 1、2 号机组	2013	0.887	13.696	3.238	0.220
	2014	0.300	7.731	0.858	0.054
	2015	0.502	8.505	1.619	0.105
	2016	0.348	6.071	1.117	0.070
	2017	0.301	6.610	0.917	0.059
	2018	0.517	10.323	1.623	0.109
	2019	0.425	6.936	1.312	0.087
	2020	0.256	6.767	0.681	0.045
	2021	0.360	6.692	0.946	0.058
	2022	0.572	8.341	1.888	0.126
岭澳核电厂 3、4 号机组	2013	0.188	5.660	0.577	0.034
	2014	0.185	4.098	0.624	0.037
	2015	0.193	5.261	0.597	0.035
	2016	0.305	6.834	1.028	0.063
	2017	0.332	7.668	1.200	0.074
	2018	0.223	5.247	0.628	0.037
	2019	0.298	5.813	0.826	0.050
	2020	0.250	4.695	0.712	0.045
	2021	0.552	9.970	1.889	0.121
	2022	0.122	3.406	0.329	0.019
秦山第三核电厂	2013	0.324	6.362	0.630	0.053
	2014	0.342	7.192	0.721	0.062
	2015	0.366	4.964	0.804	0.072
	2016	0.474	7.167	1.009	0.093
	2017	0.303	6.033	0.702	0.064
	2018	0.355	6.801	0.855	0.076
	2019	0.279	6.324	0.687	0.059
	2020	0.164	3.741	0.534	0.046
	2021	0.303	8.175	0.889	0.077
	2022	0.551	27.893	1.726	0.148

续表

核电厂 \ 项目	年度	年人均有效剂量/(人·Sv)	年度最大个人剂量/(人·Sv)	年度集体有效剂量/(人·Sv)	归一化集体有效剂量/(人·mSv/GWh)
田湾核电厂	2013	0.177	2.615	0.467	0.028
	2014	0.180	2.994	0.497	0.030
	2015	0.169	2.866	0.520	0.031
	2016	0.297	6.032	1.010	0.066
	2017	0.126	2.140	0.326	0.019
	2018	0.107	3.074	0.600	0.026
	2019	0.249	5.319	1.260	0.038
	2020	0.130	3.105	0.813	0.023
	2021	0.221	6.060	1.486	0.031
	2022	0.191	6.596	1.046	0.020
红沿河核电厂	2013	0.016	1.112	0.033	0.005
	2014	0.298	8.076	1.002	0.084
	2015	0.295	5.623	1.028	0.071
	2016	0.274	5.404	0.905	0.045
	2017	0.486	7.803	1.697	0.072
	2018	0.435	7.601	1.530	0.051
	2019	0.563	8.792	2.143	0.065
	2020	0.397	6.444	1.383	0.042
	2021	0.261	5.983	1.117	0.028
	2022	0.316	7.996	1.275	0.028
宁德核电厂	2013	0.012	1.272	0.026	0.004
	2014	0.311	6.064	0.783	0.068
	2015	0.497	12.008	1.841	0.094
	2016	0.399	7.537	1.487	0.060
	2017	0.514	8.624	1.965	0.064
	2018	0.369	7.998	1.448	0.043
	2019	0.420	8.735	1.478	0.047
	2020	0.416	11.219	1.460	0.045
	2021	0.342	7.325	1.152	0.033
	2022	0.423	8.267	1.386	0.041
福清核电厂	2014	0.016	3.323	0.028	0.017
	2015	0.258	6.072	0.787	0.094
	2016	0.241	8.763	0.930	0.057
	2017	0.362	8.007	1.599	0.056

续表

核电厂＼项目	年度	年人均有效剂量/(人·Sv)	年度最大个人剂量/(人·Sv)	年度集体有效剂量/(人·Sv)	归一化集体有效剂量/(人·mSv/GWh)
	2018	0.387	9.999	1.768	0.058
	2019	0.205	6.609	0.771	0.025
	2020	0.225	7.661	1.018	0.031
	2021	0.214	7.272	1.060	0.025
	2022	0.271	6.581	1.219	0.025
阳江核电厂	2013	0.002	1.571	0.004	NA
	2014	0.008	1.023	0.017	0.002
	2015	0.176	6.715	0.669	0.048
	2016	0.443	13.078	2.124	0.092
	2017	0.256	7.889	0.975	0.030
	2018	0.265	8.112	1.473	0.039
	2019	0.507	11.823	2.565	0.058
	2020	0.441	12.047	1.906	0.042
	2021	0.389	8.831	1.680	0.032
	2022	0.482	9.485	2.135	0.040
方家山核电厂	2014	0.012	2.528	0.016	0.039
	2015	0.389	6.904	1.102	0.071
	2016	0.234	6.595	0.723	0.045
	2017	0.352	8.503	1.168	0.073
	2018	0.034	0.984	0.074	0.004
	2019	0.279	6.016	0.836	0.049
	2020	0.298	5.883	0.800	0.048
	2021	0.288	9.244	0.756	0.043
	2022	0.384	8.27	1.229	0.070
三门核电厂	2018	0.005	0.246	0.009	0.001
	2019	0.160	4.105	0.398	0.037
	2020	0.049	1.100	0.077	0.004
	2021	0.259	6.848	0.570	0.029
	2022	0.284	5.297	0.646	0.033
海阳核电厂	2018	0.003	0.232	0.008	0.002
	2019	0.008	0.612	0.010	0.000
	2020	0.287	6.388	0.604	0.032
	2021	0.286	5.017	0.583	0.030
	2022	0.042	1.25	0.051	0.002

续表

项目 核电厂	年度	年人均有效剂量 /(人 · Sv)	年度最大个人剂量 /(人 · Sv)	年度集体有效剂量 /(人 · Sv)	归一化集体有效剂量 /(人 · mSv/GWh)
台山核电厂	2018	0.007	0.288	0.014	0.004
	2019	0.014	1.013	0.054	0.003
	2020	0.294	7.160	0.949	0.041
	2021	0.237	8.521	0.843	0.043
	2022	0.171	3.881	0.489	0.037
昌江核电厂	2015	0.005	1.157	0.008	0.018
	2016	0.011	0.945	0.018	0.031
	2017	0.320	5.890	0.842	0.113
	2018	0.221	4.335	0.549	0.071
	2019	0.167	5.918	0.382	0.039
	2020	0.152	2.811	0.302	0.032
	2021	0.173	4.197	0.410	0.042
	2022	0.129	2.583	0.244	0.042
防城港核电厂	2015	0.005	0.540	0.009	0.013
	2016	0.011	0.432	0.022	0.002
	2017	0.431	8.034	1.377	0.109
	2018	0.135	3.588	0.298	0.019
	2019	0.245	4.096	0.493	0.029
	2020	0.301	6.361	0.775	0.046
	2021	0.200	3.608	0.444	0.024
	2022	0.199	3.686	0.431	0.024
石岛湾核电厂	2021	0.000	0.018	0.000	0.102
	2022	0.001 717	0.079	0.002	0.358

说明：归一化集体有效剂量为年度集体有效剂量除以年度发电量。

九、放射性流出物排放和环境监测

按照国家环境保护法规和环境辐射监测标准，依据国家监管部门批准的排放限值，我国核电厂对放射性流出物的排放进行了严格控制，对核电厂周围环境进行了有效监测。2022 年环境监测结果表明，我国核电厂运行期间放射性流出物的排放量均低于国家监管部门批准的排放限值。

2022 年核电厂放射性流出物排放情况统计表

核电厂 \ 放射性废物种类		放射性气态流出物 /Bq					放射性液态流出物 /Bq			
		氚	碳 -14	惰性气体	卤素	气溶胶	氚	碳 -14	其余核素（除氚和碳 -14 外）	其余核素（除氚外）
秦山核电厂	年累计排放量 /Bq	1.07×10^{14}	1.56×10^{12}	3.13×10^{12}	9.89×10^{6}	7.88×10^{6}	2.02×10^{14}	1.56×10^{10}	1.05×10^{9}	2.58×10^{9}
	排放年限值 /Bq	7.08×10^{14}	5.10×10^{12}	2.40×10^{15}	8.00×10^{10}	2.00×10^{11}	8.04×10^{14}	6.00×10^{11}	2.00×10^{11}	2.88×10^{11}
	占比	15.071	30.558	0.130	0.012	0.004	25.130	2.602	0.526	0.895
大亚湾核电基地	年累计排放量 /Bq	6.47×10^{12}	1.89×10^{12}	3.22×10^{12}	1.78×10^{7}	1.11×10^{7}	1.15×10^{14}	5.17×10^{10}	2.86×10^{8}	/
	排放年限值 /Bq	2.40×10^{13}	2.20×10^{12}	7.00×10^{14}	2.50×10^{10}	3.80×10^{9}	2.25×10^{14}	3.00×10^{11}	1.30×10^{11}	
	占比	26.958	86.091	0.461	0.071	0.293	51.289	17.233	0.220	
田湾核电厂 1–4 号机组	年累计排放量 /Bq	1.09×10^{12}	2.53×10^{11}	4.21×10^{12}	5.20×10^{6}	2.42×10^{6}	7.08×10^{13}	2.79×10^{10}	8.69×10^{7}	/
	排放年限值 /Bq	1.28×10^{13}	1.00×10^{12}	1.53×10^{14}	7.40×10^{8}	2.40×10^{8}	1.26×10^{14}	6.00×10^{10}	1.20×10^{10}	
	占比	8.491	25.264	2.749	0.702	1.007	56.181	46.429	0.724	
田湾核电厂 5、6 号机组	年累计排放量 /Bq	3.05×10^{11}	1.27×10^{11}	7.70×10^{11}	1.61×10^{7}	1.12×10^{6}	4.28×10^{13}	1.32×10^{10}	1.73×10^{8}	/
	排放年限值 /Bq	5.37×10^{12}	6.77×10^{11}	9.09×10^{13}	6.45×10^{8}	7.16×10^{7}	6.20×10^{13}	5.66×10^{10}	2.46×10^{10}	
	占比	5.677	18.778	0.847	2.501	1.558	69.083	23.285	0.702	
红沿河核电厂 1、2 号机组	年累计排放量 /Bq	1.14×10^{12}	4.93×10^{11}	1.15×10^{13}	3.36×10^{6}	2.37×10^{7}	3.90×10^{13}	1.43×10^{10}	1.50×10^{8}	/
	排放年限值 /Bq	7.00×10^{12}	7.40×10^{11}	3.53×10^{14}	5.05×10^{9}	3.06×10^{9}	6.30×10^{13}	1.00×10^{11}	4.00×10^{10}	
	占比	16.260	66.580	3.251	0.067	0.775	61.900	14.320	0.374	
红沿河核电厂 3、4 号机组	年累计排放量 /Bq	1.00×10^{12}	5.07×10^{11}	1.18×10^{13}	5.15×10^{6}	2.90×10^{7}	4.65×10^{13}	1.80×10^{10}	1.60×10^{8}	/
	排放年限值 /Bq	7.00×10^{12}	7.40×10^{11}	3.53×10^{14}	5.05×10^{9}	3.06×10^{9}	6.30×10^{13}	1.00×10^{11}	4.00×10^{10}	
	占比	14.310	68.560	3.334	0.102	0.948	73.820	18.050	0.399	

续表

核电厂	放射性废物种类	放射性气态流出物 /Bq					放射性液态流出物 /Bq			
		氚	碳 -14	惰性气体	卤素	气溶胶	氚	碳 -14	其余核素（除氚和碳 -14 外）	其余核素（除氚外）
红沿河核电厂 5、6 号机组	年累计排放量 /Bq	1.49×10^{11}	1.32×10^{11}	1.31×10^{13}	2.97×10^{6}	1.81×10^{7}	2.15×10^{13}	9.96×10^{9}	1.76×10^{8}	/
	排放年限值 /Bq	9.70×10^{12}	7.40×10^{11}	5.49×10^{14}	5.92×10^{9}	3.06×10^{9}	8.73×10^{13}	1.00×10^{11}	4.00×10^{10}	
	占比	1.540	17.890	2.381	0.050	0.592	24.600	9.960	0.439	
宁德核电厂	年累计排放量 /Bq	1.52×10^{12}	7.47×10^{11}	3.24×10^{12}	1.54×10^{7}	5.41×10^{6}	8.84×10^{13}	4.48×10^{10}	1.85×10^{8}	/
	排放年限值 /Bq	1.94×10^{13}	1.48×10^{12}	1.10×10^{15}	1.18×10^{10}	6.20×10^{9}	1.75×10^{14}	2.00×10^{11}	6.00×10^{10}	
	占比	7.840	50.450	0.290	0.130	0.090	50.530	22.400	0.310	
福清核电厂 1、2 号机组	年累计排放量 /Bq	1.42×10^{12}	3.68×10^{11}	2.51×10^{11}	2.12×10^{6}	1.36×10^{6}	4.59×10^{13}	1.41×10^{10}	1.79×10^{8}	/
	排放年限值 /Bq	9.90×10^{12}	7.81×10^{11}	1.37×10^{14}	1.18×10^{9}	1.31×10^{8}	9.90×10^{13}	5.87×10^{10}	5.56×10^{10}	
	占比	14.343	47.119	0.183	0.180	1.038	46.364	24.020	0.322	
福清核电厂 3、4 号机组	年累计排放量 /Bq	7.14×10^{11}	3.40×10^{11}	2.64×10^{11}	8.22×10^{5}	1.37×10^{6}	5.46×10^{13}	1.70×10^{10}	1.02×10^{8}	/
	排放年限值 /Bq	9.95×10^{12}	7.81×10^{11}	1.37×10^{14}	1.18×10^{9}	1.31×10^{8}	9.95×10^{13}	5.87×10^{10}	5.56×10^{10}	
	占比	7.176	43.534	0.193	0.070	1.046	54.874	28.961	0.183	
福清核电厂 5、6 号机组	年累计排放量 /Bq	4.54×10^{11}	1.52×10^{11}	3.24×10^{11}	6.67×10^{5}	2.81×10^{6}	1.96×10^{13}	2.47×10^{9}	4.75×10^{8}	/
	排放年限值 /Bq	8.26×10^{12}	6.91×10^{11}	1.15×10^{14}	1.10×10^{9}	1.68×10^{8}	8.26×10^{13}	5.06×10^{10}	1.30×10^{10}	
	占比	5.496	21.997	0.282	0.061	1.673	23.729	4.881	3.654	
阳江核电厂	年累计排放量 /Bq	2.00×10^{12}	1.25×10^{12}	3.10×10^{12}	1.69×10^{7}	8.09×10^{6}	1.14×10^{14}	3.89×10^{10}	4.79×10^{8}	/
	排放年限值 /Bq	2.91×10^{13}	2.22×10^{12}	1.65×10^{15}	1.78×10^{10}	9.18×10^{9}	2.62×10^{14}	3.00×10^{11}	1.20×10^{11}	
	占比	6.870	56.160	0.190	0.100	0.090	43.340	12.960	0.400	

续表

核电厂	放射性废物种类	放射性气态流出物 /Bq					放射性液态流出物 /Bq			
		氚	碳 -14	惰性气体	卤素	气溶胶	氚	碳 -14	其余核素（除氚和碳 -14 外）	其余核素（除氚外）
三门核电厂	年累计排放量 /Bq	1.26×10^{12}	4.69×10^{11}	3.53×10^{12}	3.30×10^{7}	2.35×10^{7}	8.20×10^{13}	4.51×10^{9}	2.95×10^{8}	/
	排放年限值 /Bq	9.46×10^{12}	6.40×10^{11}	2.36×10^{14}	1.28×10^{10}	1.91×10^{10}	8.52×10^{13}	7.10×10^{10}	2.28×10^{10}	
	占比	13.280	73.230	1.500	0.260	0.120	96.240	6.350	1.290	
海阳核电厂	年累计排放量 /Bq	1.45×10^{12}	4.22×10^{11}	5.80×10^{12}	3.14×10^{6}	6.75×10^{6}	8.22×10^{13}	3.13×10^{9}	2.65×10^{8}	/
	排放年限值 /Bq	9.46×10^{12}	6.40×10^{11}	2.36×10^{14}	1.28×10^{10}	1.91×10^{10}	8.52×10^{13}	7.10×10^{10}	2.28×10^{10}	
	占比	15.370	65.990	2.460	0.020	0.040	96.450	4.400	1.160	
台山核电厂	年累计排放量 /Bq	6.81×10^{11}	5.16×10^{11}	3.63×10^{12}	1.05×10^{7}	5.34×10^{6}	2.57×10^{13}	1.22×10^{10}	3.45×10^{8}	/
	排放年限值 /Bq	1.56×10^{13}	1.48×10^{12}	1.45×10^{14}	1.38×10^{9}	5.14×10^{8}	1.41×10^{14}	1.12×10^{11}	1.27×10^{10}	
	占比	4.360	34.870	2.500	0.760	1.040	18.260	10.910	2.720	
昌江核电厂	年累计排放量 /Bq	5.98×10^{11}	2.04×10^{11}	3.60×10^{11}	7.74×10^{6}	1.32×10^{6}	4.30×10^{13}	7.02×10^{9}	1.62×10^{8}	/
	排放年限值 /Bq	6.75×10^{12}	4.28×10^{11}	1.71×10^{14}	9.00×10^{8}	1.40×10^{8}	6.72×10^{13}	3.14×10^{10}	1.50×10^{10}	
	占比	8.859	47.664	0.211	0.860	0.943	63.988	22.357	1.080	
防城港核电厂 1、2 号机组	年累计排放量 /Bq	8.38×10^{11}	2.71×10^{11}	2.31×10^{12}	4.23×10^{6}	8.40×10^{6}	7.87×10^{13}	1.66×10^{10}	1.34×10^{8}	/
	排放年限值 /Bq	9.70×10^{12}	7.40×10^{11}	5.50×10^{14}	5.92×10^{9}	3.06×10^{9}	8.74×10^{13}	1.00×10^{11}	4.00×10^{10}	
	占比	8.640	36.620	0.420	0.070	0.270	90.080	16.640	0.340	
防城港核电厂 3 号机组	年累计排放量 /Bq	4.03×10^{8}	1.42×10^{8}	5.51×10^{11}	3.06×10^{5}	2.23×10^{6}	2.80×10^{8}	3.83×10^{7}	2.68×10^{7}	/
	排放年限值 /Bq	8.97×10^{12}	7.52×10^{11}	1.46×10^{14}	5.10×10^{8}	6.00×10^{7}	8.07×10^{13}	3.13×10^{10}	9.95×10^{9}	
	占比	0.004 5	0.018 8	0.380	0.060	3.720	0.000 35	0.120	0.270	

续表

核电厂 \ 放射性废物种类		放射性气态流出物 /Bq					放射性液态流出物 /Bq			
		氚	碳 -14	惰性气体	卤素	气溶胶	氚	碳 -14	其余核素（除氚和碳 -14 外）	其余核素（除氚外）
石岛湾核电厂	年累计排放量 /Bq	1.97×10^{10}	6.90×10^{8}	2.36×10^{11}	2.21×10^{6}	8.37×10^{5}	2.60×10^{11}	/		1.33×10^{6}
	排放年限值 /Bq	2.00×10^{12}	2.00×10^{11}	9.92×10^{12}	2.65×10^{9}	2.34×10^{6}	5.60×10^{12}			1.89×10^{8}
	占比	0.980	0.340	2.380	0.080	35.770	4.650			0.700

说明：

1. 根据国家标准《核动力厂环境辐射防护规定》（GB 6249-2011），重水堆液态流出物的“碳 -14”和“其余核素”合并在一起设定控制值。秦山核电基地的放射性流出物的国家监管部门批准排放年限值中，液态流出物的“碳 -14”和“其余核素”排放年限值为 7 台轻水堆机组共享（秦山第三核电厂 2 台重水堆机组将“碳 -14”和“其余核素”合并为“其余核素（除氚外）”单独一项设定了排放年限值），其余排放年限值均为 9 台机组共享。
2. 大亚湾核电厂、岭澳核电厂的气态流出物及液态流出物的国家监管部门批准排放年限值为大亚湾核电基地 6 台机组共享。
3. 昌江核电厂放射性流出物排放年限值实际为管理目标值。
4. 石岛湾核电厂将“碳 -14”和“其余核素”合并为“其余核素（除氚外）”单独一项设定了排放年限值。
5. 统计气态流出物时，秦山核电基地、红沿河核电厂、宁德核电厂、福清核电厂、阳江核电厂、三门核电厂、海阳核电厂、台山核电厂、昌江核电厂、防城港核电厂、石岛湾核电厂卤素一项实际统计为碘；秦山核电基地、红沿河核电厂、宁德核电厂、福清核电厂、阳江核电厂、三门核电厂、海阳核电厂、台山核电厂、昌江核电厂、防城港核电厂气溶胶一项实际统计为粒子。

十、机组大修

2022 年，除台山核电厂 1 号机组因燃料破损临停检修外，我国核电机组按计划共执行了 35 次大修。其中，田湾核电厂 2 号机组第 13 次换料大修实际工期为 31.67 d，为世界 VVER-1000 型机组 A 类大修最短工期。首次大修机组 3 台，分别为福清核电厂 5 号机组、田湾核电厂 6 号机组、红沿河核电厂 5 号机组。

2022 年运行核电机组大修情况统计表

核电厂	机组	大修轮次	起止日期	大修实际工期 /d
秦山核电厂	1 号机组	121	2022-03-06—2022-03-31	24.96
大亚湾核电厂	1 号机组	122	2022-10-10—2022-11-06	27.53
	2 号机组	222	2022-04-01—2022-04-23	22.84
秦山第二核电厂	1 号机组	117	2022-11-01—2022-12-08	37.52
	2 号机组	215	2022-02-16—2022-03-13	25.02
	3 号机组	未安排大修		
	4 号机组	409	2022-09-07—2022-10-14	37.47
岭澳核电厂	1 号机组	118	2022-04-29—2022-06-30	62.72
	2 号机组	217	2022-01-12—2022-02-11	30.43
	3 号机组	311	2022-09-25—2022-10-31	35.83
	4 号机组	未安排大修		
秦山第三核电厂	1 号机组	未安排大修		
	2 号机组	211	2022-04-15—2022-06-03	48.94
田湾核电厂	1 号机组	未安排大修		
	2 号机组	213	2022-09-01—2022-10-03	31.67
	3 号机组	未安排大修		
	4 号机组	403	2022-05-31—2022-06-23	22.30
	5 号机组	未安排大修		
	6 号机组	601	2022-04-30—2022-06-15	45.69
红沿河核电厂	1 号机组	107	2022-03-10—2022-04-05	26.77
	2 号机组	未安排大修		
	3 号机组	306	2022-01-17—2022-02-14	28.55
	4 号机组	405	2022-04-04—2022-05-02	28.47

续表

核电厂	机组	大修轮次	起止日期	大修实际工期 /d
	5 号机组	501	2022-08-12—2022-09-23	42.68
	6 号机组	未安排大修		
宁德核电厂	1 号机组	未安排大修		
	2 号机组	206	2022-09-22—2022-10-13	21.60
	3 号机组	305	2022-05-16—2022-06-13	28.72
	4 号机组	404	2022-01-30—2022-03-03	32.10
福清核电厂	1 号机组	106	2022-08-28—2022-09-28	31.62
	2 号机组	未安排大修		
	3 号机组	未安排大修		
	4 号机组	404	2022-03-15—2022-04-19	35.66
	5 号机组	501	2021-12-06—2022-03-11	95.29
	6 号机组	未安排大修		
阳江核电厂	1 号机组	106	2022-07-26—2022-08-13	18.00
	2 号机组	205	2022-01-30—2022-02-27	28.47
	3 号机组	未安排大修		
	4 号机组	404	2022-08-30—2022-09-18	19.00
	5 号机组	503	2022-03-31—2022-04-24	24.28
	6 号机组	602	2022-01-22—2022-02-13	21.94
方家山核电厂	1 号机组	106	2022-04-03—2022-04-28	25.42
	2 号机组	206	2022-09-01—2022-09-23	22.55
三门核电厂	1 号机组	103	2022-11-24—2022-12-16	21.76
	2 号机组	202	2022-06-06—2022-07-04	28.05
海阳核电厂	1 号机组	未安排大修		
	2 号机组	未安排大修		
台山核电厂	1 号机组	临停	2021-07-31—2022-08-15	
	2 号机组	202	2022-07-12—2022-11-18	129.40
昌江核电厂	1 号机组	未安排大修		
	2 号机组	205	2022-10-15—2022-11-20	36.60
防城港核电厂	1 号机组	未安排大修		
	2 号机组	204	2022-01-27—2022-02-19	23.68
	3 号机组	未安排大修		
石岛湾核电厂	1 号机组	未安排大修		

2013—2022 年运行核电机组大修用时统计表

核电厂 / 机组（项目）		大修用时 /d									
		2013	2014	2015	2016	2017	2018	2019	2020	2021	2022
秦山核电厂	1 号机组	68.30	18.12	31.76	29.37	/	171.47	40.73	7.53	32.43	24.96
大亚湾核电厂	1 号机组	44.93	/	75.30	46.40	/	35.83	23.98	/	38.57	27.53
	2 号机组	48.13	88.87	2.51	43.11	39.19	/	25.73	37.28	/	22.84
秦山第二核电厂	1 号机组	47.33	56.21	35.85	32.78	/	44.49	40.80	/	26.75	37.52
	2 号机组	35.29	45.80	/	59.62	38.70	/	44.99	26.11	/	25.02
	3 号机组	21.33	28.80	28.80	/	39.26	36.96	/	32.86	41.34	/
	4 号机组	55.50	31.50	32.30	27.26	27.21	41.64	28.20	/	35.93	37.47
岭澳核电厂	1 号机组	59.17	31.78	46.00	/	37.84	42.73	16.53	/	35.99	62.72
	2 号机组	39.83	16.46	19.92	38.36	/	27.14	37.16	36.56	/	30.43
	3 号机组	30.99	35.85	30.64	27.76	45.50	37.30	/	30.63	58.71	35.83
	4 号机组	36.68	32.88	33.20	42.17	29.98	/	36.74	24.79	48.82	/
秦山第三核电厂	1 号机组	24.70	/	61.18	/	73.40	/	44.48	/	33.75	/
	2 号机组	/	35.13	/	75.20	/	60.00	/	32.79	/	48.94
田湾核电厂	1 号机组	33.39	36.32	31.81	63.26	27.11	24.08	2.64	37.53	33.60	/
	2 号机组	29.10	31.75	29.38	43.92	/	26.86	30.16	/	21.09	31.67
	3 号机组	/	/	/	/	/	/	67.57	30.07	23.06	/
	4 号机组	/	/	/	/	/	/	53.91	16.08	8.95	22.30
	5 号机组	/	/	/	/	/	/	/	/	49.68	/
	6 号机组	/	/	/	/	/	/	/	/	/	45.69
红沿河核电厂	1 号机组	/	80.79	39.54	37.63	37.29	/	33.58	31.28	/	26.77
	2 号机组	/	/	47.31	45.58	5.57	35.60	29.50	31.93	30.52	/
	3 号机组	/	/	/	/	59.63	30.64	51.40	/	41.85	28.55
	4 号机组	/	/	/	/	/	52.73	26.96	23.58	24.30	28.47
	5 号机组	/	/	/	/	/	/	/	/	/	42.68
	6 号机组	/	/	/	/	/	/	/	/	/	/

续表

核电厂 / 机组	项目	大修用时 /d									
		2013	2014	2015	2016	2017	2018	2019	2020	2021	2022
宁德核电厂	1 号机组	/	91.03	40.05	/	44.06	41.85	4.26	28.62	25.58	/
	2 号机组	/	/	67.25	46.91	/	34.26	30.54	/	32.50	21.60
	3 号机组	/	/	/	70.80	15.82	24.84	28.50	11.85	15.76	28.72
	4 号机组	/	/	/	/	54.20	/	31.26	27.69	/	32.10
福清核电厂	1 号机组	/	/	88.29	/	36.60	44.08	37.19	/	24.76	31.62
	2 号机组	/	/	/	64.13	36.96	39.90	/	26.94	40.79	/
	3 号机组	/	/	/	/	61.15	45.42	13.61	35.51	28.16	/
	4 号机组	/	/	/	/	/	74.30	27.58	25.24	/	35.66
	5 号机组	/	/	/	/	/	/	/	/	25.67	69.62
	6 号机组	/	/	/	/	/	/	/	/	/	/
阳江核电厂	1 号机组	/	/	70.32	65.68	/	40.47	37.43	/	34.70	18.00
	2 号机组	/	/	/	78.53	39.73	/	33.98	30.49	/	28.47
	3 号机组	/	/	/	31.84	42.38	28.46	/	37.15	20.58	/
	4 号机组	/	/	/	/	/	58.76	27.94	/	36.06	19.00
	5 号机组	/	/	/	/	/	/	60.34	8.82	18.57	24.28
	6 号机组	/	/	/	/	/	/	/	49.73	/	21.94
方家山核电厂	1 号机组	/	/	56.70	30.19	35.44	/	29.94	34.97	/	25.42
	2 号机组	/	/	22.56	49.95	49.87	3.10	29.19	/	35.57	22.55
三门核电厂	1 号机组	/	/	/	/	/	/	28.17	18.49	20.51	21.76
	2 号机组	/	/	/	/	/	/	/	/	28.14	28.05
海阳核电厂	1 号机组	/	/	/	/	/	/	/	44.73	22.64	/
	2 号机组	/	/	/	/	/	/	/	32.82	19.63	/
台山核电厂	1 号机组	/	/	/	/	/	/	/	87.73	153.33	226.57
	2 号机组	/	/	/	/	/	/	/	/	68.90	129.40
昌江核电厂	1 号机组	/	/	/	/	71.25	38.47	38.05	29.73	25.43	/
	2 号机组	/	/	/	/	42.00	87.72	11.51	25.75	25.55	36.60
防城港核电厂	1 号机组	/	/	/	/	81.75	33.89	/	26.54	24.20	/
	2 号机组	/	/	/	/	63.76	/	26.92	27.29	/	23.68
	3 号机组	/	/	/	/	/	/	/	/	/	/
石岛湾核电厂	1 号机组	/	/	/	/	/	/	/	/	/	/

说明：

1. “/”表示该年度机组未开始运行或未安排大修。

2. 福清核电厂 5 号机组 501 大修跨 2021 年、2022 年，大修工期 95.29 d，其中 2021 年 25.67 d、2022 年 69.62 d。

3. 往年跨年度大修情况如下：

- 秦山核电厂 1 号机组 120 大修跨 2020 年、2021 年，大修工期 39.97 d，其中 2020 年 7.53 d、2021 年 32.43 d。

- 大亚湾核电厂 2 号机组 217 大修跨 2014 年、2015 年，大修用时 91.38 d，其中 2014 年 88.87 d、2015 年 2.51 d。
- 秦山第二核电厂 4 号机组 405 大修跨 2016 年、2017 年，大修工期 27.30 d，其中 2016 年 0.09 d、2017 年 27.21 d。2016 年，404 大修 27.17 d，合计大修用时 27.26 d。
- 岭澳核电厂 2 号机组 211 大修跨 2013 年、2014 年，大修用时 56.29 d，其中 2013 年 39.83 d、2014 年 16.46 d。
- 岭澳核电厂 3 号机组 305 大修跨 2014 年、2015 年，大修用时 37.51 d，其中 2014 年 6.87 d、2015 年 30.64 d。2014 年，304 大修 28.98 d，合计大修用时 35.85 d。
- 田湾核电厂 1 号机组 111 大修跨 2018 年、2019 年，大修工期 26.72 d，其中 2018 年 24.08 d、2019 年 2.64 d。
- 田湾核电厂 4 号机组 402 大修跨 2020 年、2021 年，大修工期 25.03 d，其中 2020 年 16.08 d、2021 年 8.95 d。
- 红沿河核电厂 2 号机组 202 大修跨 2016 年、2017 年，大修工期 51.15 d，其中 2016 年 45.58 d、2017 年 5.57 d。
- 红沿河核电厂 3 号机组：303、304 大修均在 2019 年内，大修工期分别为 25.58 d、25.82 d。2019 年合计大修用时 51.40 d。
- 宁德核电厂 1 号机组 104 大修跨 2018 年、2019 年，大修工期 46.11 d，其中 2018 年 41.85 d、2019 年 4.26 d。
- 宁德核电厂 3 号机组：

  302 大修跨 2017 年、2018 年，大修工期 40.66 d，其中 2017 年 15.82 d、2018 年 24.84 d。

  304 大修跨 2020 年、2021 年，大修工期 27.60 d，其中 2020 年 11.85 d、2021 年 15.76 d。
- 福清核电厂 3 号机组：

  301 大修跨 2017 年、2018 年，大修工期 74.90 d，其中 2017 年 61.15 d、2018 年 13.75 d。

  302 大修跨 2018 年、2019 年，大修工期 45.27 d，其中 2018 年 31.67 d、2019 年 13.61 d。2018 年合计大修用时 45.42 d。
- 阳江核电厂 3 号机组 301 大修跨 2016 年、2017 年，大修工期 74.22 d，其中 2016 年 31.84 d、2017 年 42.38 d。
- 阳江核电厂 5 号机组 502 大修跨 2020 年、2021 年，大修工期 27.40 d，其中 2020 年 8.82 d、2021 年 18.57 d。
- 方家山核电厂 2 号机组：

  201 大修跨 2015 年、2016 年，大修工期 63.68 d，其中 2015 年 22.56 d，2016 年 41.12 d。

  202 大修跨 2016 年、2017 年，大修工期 29.90 d，其中 2016 年 8.83 d、2017 年 19.07 d。2016 年合计大修用时 49.95 d。

  203 大修跨 2017 年、2018 年，大修工期 33.90 d，其中 2017 年 30.80 d、2018 年 3.10 d。2017 年合计大修用时 49.87 d。
- 三门核电厂 1 号机组 101 大修跨 2019 年、2020 年，大修工期 46.66 d，其中 2019 年 28.17 d、2020 年 18.49 d。
- 昌江核电厂 2 号机组：

  201 大修跨 2017 年、2018 年，大修工期 90.72 d，其中 2017 年 42.00 d、2018 年 48.72 d。

  202 大修跨 2018 年、2019 年，大修工期 43.51 d，其中 2018 年 39.00 d、2019 年 4.52 d。2018 年合计大修用时 87.72 d。

  203 大修跨 2019 年、2020 年，大修工期 32.74 d，其中 2019 年 6.99 d、2020 年 25.75 d。2019 年合计大修用时 11.51 d。

十一、WANO 业绩指标

2022 年运行核电机组 WANO 业绩指标达标情况表

机组	达到先进值指标数量	介于先进值、中值之间指标数量	未达到中值指标数量（名称）
秦山核电厂 1 号机组	12	1	1（CRE）
大亚湾核电厂 1 号机组	11	1	2（SP5、CRE）
大亚湾核电厂 2 号机组	11	1	2（SP5、CRE）
秦山第二核电厂 1 号机组	11	1	2（SP1、CRE）
秦山第二核电厂 2 号机组	11	1	2（SP2、CRE）
秦山第二核电厂 3 号机组	14	0	0
秦山第二核电厂 4 号机组	11	1	2（SP2、CRE）
岭澳核电厂 1 号机组	11	0	3（UCF、CRE、CISA）
岭澳核电厂 2 号机组	10	2	2（CRE、CISA）
岭澳核电厂 3 号机组	11	3	0
岭澳核电厂 4 号机组	10	2	2（UA7、US7）
秦山第三核电厂 1 号机组	11	0	3（SP1、SP5、FRI）
秦山第三核电厂 2 号机组	9	0	5（UCF、UCL、SP5、FRI、CRE）
田湾核电厂 1 号机组	12	1	1（CISA）
田湾核电厂 2 号机组	8	4	2（CRE、CISA）
田湾核电厂 3 号机组	11	1	2（FRI、CISA）
田湾核电厂 4 号机组	9	3	2（SP1、CISA）
田湾核电厂 5 号机组	11	1	2（FRI、CISA）
田湾核电厂 6 号机组	4	1	9（UCF、UCL、FLR、UA7、US7、SP1、SP2、CRE、CISA）
红沿河核电厂 1 号机组	11	2	1（CISA）
红沿河核电厂 2 号机组	13	0	1（CISA）
红沿河核电厂 3 号机组	11	2	1（CISA）
红沿河核电厂 4 号机组	9	3	2（SP1、CISA）
红沿河核电厂 5 号机组	11	1	2（UCF、CISA）
红沿河核电厂 6 号机组	11	2	1（CISA）
宁德核电厂 1 号机组	14	0	0
宁德核电厂 2 号机组	12	1	1（CRE）
宁德核电厂 3 号机组	12	1	1（CRE）
宁德核电厂 4 号机组	11	2	1（CRE）
福清核电厂 1 号机组	9	1	4（SP1、SP2、SP5、CRE）

续表

机组	达到先进值指标数量	介于先进值、中值之间指标数量	未达到中值指标数量（名称）
福清核电厂 2 号机组	12	0	2（SP1、SP5）
福清核电厂 3 号机组	14	0	0
福清核电厂 4 号机组	10	1	3（SP1、SP2、CRE）
福清核电厂 5 号机组	5	1	8（UCF、UCL、FLR、UA7、US7、SP1、SP2、SP5）
福清核电厂 6 号机组	12	0	2（SP5、CPI）
阳江核电厂 1 号机组	12	1	1（CRE）
阳江核电厂 2 号机组	12	1	1（CRE）
阳江核电厂 3 号机组	14	0	0
阳江核电厂 4 号机组	10	1	3（UCL、FLR、CRE）
阳江核电厂 5 号机组	10	3	1（CRE）
阳江核电厂 6 号机组	12	1	1（CRE）
方家山核电厂 1 号机组	10	1	3（SP1、SP2、CRE）
方家山核电厂 2 号机组	11	1	2（SP2、CRE）
三门核电厂 1 号机组	6	1	7（UCL、FLR、UA7、US7、SP1、SP2、CRE）
三门核电厂 2 号机组	10	2	2（UCL、FRI）
海阳核电厂 1 号机组	8	0	6（UCL、FLR、UA7、US7、SP1、SP5）
海阳核电厂 2 号机组	9	1	4（FLR、UA7、US7、SP5）
台山核电厂 1 号机组	12	1	1（UCF）
台山核电厂 2 号机组	12	0	2（UCF、CRE）
昌江核电厂 1 号机组	12	0	2（SP2、SP5）
昌江核电厂 2 号机组	11	2	1（SP5）
防城港核电厂 1 号机组	9	1	4（FLR、UA7、US7、CISA）
防城港核电厂 2 号机组	11	1	2（CRE、CISA）

说明：

1. 指标英文缩写含义如下

UCF：机组能力因子；
UCL：非计划能力损失因子；
FLR：强迫损失率；
GRLF：电网相关损失因子；
UA7：临界 7 000 h 非计划自动停堆次数；
US7：临界 7 000 h 非计划停堆次数；
SP1：高压安注系统性能；
SP2：辅助给水系统性能；
SP5：应急交流电系统性能；
FRI：燃料可靠性；
CPI：化学性能；
CRE：集体辐照剂量；
ISA：工业安全事故率；
CISA：承包商工业安全事故率。

2. 核算各机组达到 WANO 先进值、中值的单项指标数量时，单机组的应急交流电系统性能、工业安全事故率、承包商工业安全事故三项指标使用电厂值（或生产单元值）。
3. 防城港核电厂 3 号机组、石岛湾核电厂 1 号机组截至 2022 年底暂未商运，未统计 WANO 指标数据。

2022 年运行核电机组 WANO 业绩单项指标

核电厂 / 机组（指标名称）		机组能力因子 /%	非计划能力损失因子 /%	强迫损失率 /%	电网相关损失因子 /%	临界 7 000 h 非计划自动停堆次数	临界 7 000 h 非计划停堆次数	高压安注系统性能	辅助给水系统性能	应急交流电系统性能	燃料可靠性 /（$Bq \cdot g^{-1}$）	化学性能	集体辐照剂量 /（人 · Sv）	工业安全事故率	承包商工业安全事故率
秦山核电厂	1 号机组	92.96	0.00	0.00	0.00	0.00	0.00	0.000 0	0.000 0	0.000 0	0.037	1.00	0.377 77	0.00	0.00
大亚湾核电厂	1 号机组	91.96	0.00	0.00	0.00	0.00	0.00	0.000 0	0.000 0	0.005 5	0.037	1.00	0.371 02	0.00	0.00
	2 号机组	93.24	0.00	0.00	0.00	0.00	0.00	0.000 0	0.000 0	0.005 5	0.037	1.00	0.348 83	0.00	0.00
秦山第二核电厂	1 号机组	89.42	0.00	0.00	0.00	0.00	0.00	0.000 2	0.000 0	0.000 0	0.037	1.00	0.402 94	0.00	0.00
	2 号机组	92.86	0.00	0.00	0.00	0.00	0.00	0.000 0	0.000 1	0.000 0	0.037	1.00	0.428 88	0.00	0.00
	3 号机组	100.00	0.00	0.00	0.00	0.00	0.00	0.000 0	0.000 0	0.000 0	0.037	1.00	0.032 55	0.00	0.00
	4 号机组	89.42	0.00	0.00	0.00	0.00	0.00	0.000 0	0.000 2	0.000 0	0.037	1.00	0.409 08	0.00	0.00
岭澳核电厂	1 号机组	82.03	0.00	0.00	0.00	0.00	0.00	0.000 0	0.000 0	0.000 0	0.037	1.00	1.400 70	0.00	0.07
	2 号机组	91.14	0.12	0.00	0.00	0.00	0.00	0.000 0	0.000 0	0.000 0	0.037	1.00	0.487 04	0.00	0.07
	3 号机组	89.65	0.03	0.04	0.00	0.00	0.00	0.000 0	0.000 0	0.000 0	0.037	1.00	0.300 27	0.00	0.00
	4 号机组	99.77	0.22	0.22	0.00	0.80	0.80	0.000 0	0.000 0	0.000 0	0.037	1.00	0.029 01	0.00	0.00
秦山第三核电厂	1 号机组	99.91	0.00	0.00	0.00	0.00	0.00	0.000 2	0.000 0	0.000 7	9.398	1.00	0.066 95	0.00	0.00
	2 号机组	86.31	1.20	0.00	0.00	0.00	0.00	0.000 0	0.000 0	0.000 7	1.143	1.00	1.658 99	0.00	0.00
田湾核电厂	1 号机组	100.00	0.00	0.00	0.00	0.00	0.00	0.000 0	0.000 0	0.000 1	0.037	1.00	0.024 34	0.00	0.02
	2 号机组	90.98	0.24	0.26	0.00	0.00	0.00	0.000 0	0.000 0	0.000 1	0.037	1.00	0.348 14	0.00	0.02
	3 号机组	100.00	0.00	0.00	0.00	0.00	0.00	0.000 0	0.000 0	0.000 1	3.397	1.00	0.021 09	0.00	0.02
	4 号机组	93.63	0.00	0.00	0.00	0.00	0.00	0.001 1	0.000 0	0.000 1	0.037	1.00	0.174 72	0.00	0.02
	5 号机组	99.97	0.00	0.00	0.00	0.00	0.00	0.000 0	0.000 0	0.000 1	48.840	1.00	0.011 57	0.00	0.02
	6 号机组	85.25	1.66	1.91	0.00	0.92	0.92	0.000 1	0.000 2	0.000 1	0.037	1.00	0.463 50	0.00	0.02

续表

核电厂 / 机组	指标名称	机组能力因子 /%	非计划能力损失因子 /%	强迫损失率 /%	电网相关损失因子 /%	临界 7 000 h 非计划自动停堆次数	临界 7 000 h 非计划停堆次数	高压安注系统性能	辅助给水系统性能	应急交流电系统性能	燃料可靠性 /（Bq · g^{-1}）	化学性能	集体辐照剂量 /（人 · Sv）	工业安全事故率	承包商工业安全事故率
红沿河核电厂	1 号机组	92.71	0.00	0.00	0.00	0.00	0.00	0.000 0	0.000 0	0.000 0	0.037	1.00	0.319 85	0.00	0.03
	2 号机组	99.99	0.00	0.00	0.00	0.00	0.00	0.000 0	0.000 0	0.000 0	0.037	1.00	0.026 51	0.00	0.03
	3 号机组	91.81	0.00	0.00	0.00	0.00	0.00	0.000 0	0.000 0	0.000 0	0.037	1.00	0.311 67	0.00	0.03
	4 号机组	91.82	0.01	0.01	0.00	0.00	0.00	0.000 9	0.000 0	0.000 0	0.037	1.00	0.281 14	0.00	0.03
	5 号机组	87.93	0.00	0.00	0.00	0.00	0.00	0.000 0	0.000 0	0.000 0	0.037	1.00	0.326 91	0.00	0.03
	6 号机组	99.76	0.24	0.24	0.00	0.00	0.00	0.000 0	0.000 0	0.000 0	0.037	1.00	0.004 44	0.00	0.03
宁德核电厂	1 号机组	99.99	0.00	0.00	0.00	0.00	0.00	0.000 0	0.000 0	0.000 0	0.037	1.00	0.028 59	0.00	0.00
	2 号机组	93.65	0.00	0.00	0.00	0.00	0.00	0.000 0	0.000 0	0.000 0	0.037	1.00	0.367 80	0.00	0.00
	3 号机组	92.41	0.00	0.00	0.00	0.00	0.00	0.000 0	0.000 0	0.000 0	0.037	1.00	0.585 92	0.00	0.00
	4 号机组	91.16	0.00	0.01	0.00	0.00	0.00	0.000 0	0.000 0	0.000 0	0.037	1.00	0.403 74	0.00	0.00
福清核电厂	1 号机组	90.99	0.00	0.00	0.00	0.00	0.00	0.000 7	0.000 3	0.019 7	0.037	1.00	0.421 09	0.00	0.00
	2 号机组	100.00	0.00	0.00	0.00	0.00	0.00	0.000 2	0.000 0	0.019 7	0.037	1.00	0.047 58	0.00	0.00
	3 号机组	100.00	0.00	0.00	0.00	0.00	0.00	0.000 0	0.000 0	0.000 0	0.037	1.00	0.026 25	0.00	0.00
	4 号机组	89.60	0.00	0.00	0.00	0.00	0.00	0.001 2	0.000 1	0.000 0	0.037	1.00	0.397 62	0.00	0.00
	5 号机组	75.72	13.50	5.46	0.00	1.00	2.00	0.000 3	0.000 1	0.000 4	0.037	1.00	0.308 56	0.00	0.00
	6 号机组	96.72	0.00	0.00	0.00	0.00	0.00	0.000 0	0.000 0	0.000 4	0.037	1.03	0.016 26	0.00	0.00
阳江核电厂	1 号机组	94.41	0.00	0.00	0.00	0.00	0.00	0.000 0	0.000 0	0.000 0	0.037	1.00	0.394 85	0.00	0.00
	2 号机组	91.78	0.00	0.00	0.00	0.00	0.00	0.000 0	0.000 0	0.000 0	0.037	1.00	0.593 07	0.00	0.00
	3 号机组	99.99	0.00	0.00	0.00	0.00	0.00	0.000 0	0.000 0	0.000 0	0.037	1.00	0.027 53	0.00	0.00
	4 号机组	93.07	1.11	1.17	0.00	0.00	0.00	0.000 0	0.000 0	0.000 0	0.037	1.00	0.404 76	0.00	0.00
	5 号机组	92.72	0.22	0.24	0.00	0.00	0.00	0.000 0	0.000 0	0.000 0	0.037	1.00	0.359 22	0.00	0.00

续表

核电厂 / 机组	指标名称	机组能力因子 /%	非计划能力损失因子 /%	强迫损失率 /%	电网相关损失因子 /%	临界 7 000 h 非计划自动停堆次数	临界 7 000 h 非计划停堆次数	高压安注系统性能	辅助给水系统性能	应急交流电系统性能	燃料可靠性 /（Bq · g^{-1}）	化学性能	集体辐照剂量 /（人 · Sv）	工业安全事故率	承包商工业安全事故率
	6 号机组	93.56	0.00	0.00	0.00	0.00	0.00	0.000 0	0.000 0	0.000 0	0.037	1.00	0.356 10	0.00	0.00
方家山核电厂	1 号机组	92.55	0.00	0.00	0.00	0.00	0.00	0.000 3	0.000 1	0.000 0	0.037	1.00	0.574 91	0.00	0.00
	2 号机组	93.36	0.00	0.00	0.00	0.00	0.00	0.000 0	0.000 1	0.000 0	0.037	1.00	0.654 48	0.00	0.00
三门核电厂	1 号机组	89.41	2.36	2.57	0.00	2.67	2.67	0.003 6	0.001 3	0.000 0	0.037	1.00	0.381 30	0.00	0.00
	2 号机组	92.10	1.11	0.00	0.00	0.00	0.00	0.000 0	0.000 0	0.000 0	6.660	1.00	0.265 51	0.00	0.00
海阳核电厂	1 号机组	96.61	2.91	2.93	0.00	0.83	0.83	0.000 7	0.000 0	0.001 0	0.037	1.00	0.028 75	0.00	0.00
	2 号机组	98.97	0.58	0.58	0.00	0.82	0.82	0.000 0	0.000 0	0.001 0	0.037	1.00	0.022 68	0.00	0.00
台山核电厂	1 号机组	29.03	0.01	0.03	0.00	0.00	0.00	0.000 0	0.000 0	0.000 0	0.037	1.00	0.087 16	0.00	0.00
	2 号机组	57.65	0.00	0.00	0.00	0.00	0.00	0.000 0	0.000 0	0.000 0	0.037	1.00	0.401 67	0.00	0.00
昌江核电厂	1 号机组	100.00	0.00	0.00	0.00	0.00	0.00	0.000 0	0.000 1	0.000 4	0.037	1.00	0.020 35	0.00	0.00
	2 号机组	89.65	0.00	0.00	0.00	0.00	0.00	0.000 0	0.000 0	0.000 4	0.037	1.00	0.223 98	0.00	0.00
防城港核电厂	1 号机组	98.93	0.81	0.81	0.00	0.80	0.80	0.000 0	0.000 0	0.000 0	0.037	1.00	0.028 54	0.00	0.05
	2 号机组	93.09	0.00	0.00	0.00	0.00	0.00	0.000 0	0.000 0	0.000 0	0.037	1.00	0.402 53	0.00	0.05
WANO 先进值		94.43	0.03	0.00	0.00	0.00	0.00	0.000 0	0.000 0	0.000 0	0.037	1.00	0.121 58	0.00	0.00
WANO 中值		88.57	1.01	0.51	0.00	0.00	0.00	0.000 0	0.000 0	0.000 2	0.080	1.00	0.343 69	0.00	0.00

说明：

1. 表中 WANO 单项指标的中值、先进值为 2022 年度值，根据 2023 年 3 月 6 日 WANO 网站发布文件《Performance Indicators Quarterly Report - 2022Q4》计算得到。

2.WANO 单项指标中，除机组能力因子数值越高表示业绩越好外，其余指标均是数值越低表示业绩越好（燃料可靠性最小值为 0.037 Bq · g^{-1}、化学性能最小值为 1.00）。表中各机组 WANO 性能指标数据的精度与 WANO 惯例保持一致，进行了四舍五入。

3. 表中"浅灰色"表示该指标没有达到 WANO 中值，"中灰色"表示该指标达到 WANO 中值但没有达到先进值，"深灰色"表示该指标达到 WANO 先进值。

（注：以上"在役核电厂运行情况"内容由中国核能行业协会核电评估部提供）

在建核电项目进展情况

截至2022年12月31日，我国在建核电机组共23台，各项目建设稳步有序推进，设计、采购、施工、调试等按计划正常进行，工程建设安全质量整体可控。

我国在建核电机组中，11台机型为“华龙一号”（防城港核电厂3、4号机组，漳州核电厂1、2号机组，太平岭核电厂1、2号机组，三澳核电厂1、2号机组，昌江核电厂3、4号机组，陆丰核电厂5号机组），总装机容量为13 220 MW；4台机型为VVER-1200（田湾核电厂7、8号机组，徐大堡核电厂3、4号机组），总装机容量为5 078 MW；1台机型为高温气冷堆HTR-PM（石岛湾核电1号机组），总装机容量为211 MW；2台机型为CAP1000（三门核电厂3号机组、海阳核电厂3号机组），总装机容量为2 504 MW；1台机型为“玲龙一号”ACP100（海南小堆示范项目），装机容量为125 MW。

2022 年我国在建核电机组一级里程碑信息汇总表

序号	里程碑	石岛湾高温气冷堆示范工程	福清 6 号	红沿河 6 号	防城港 3 号	防城港 4 号	漳州 1 号	漳州 2 号
1	取得建造许可证	2012-12-04	2015-05-06	2015-03-13	2015-12-23	2015-12-23	2019-10-09	2019-10-09
2	核岛 FCD	2012-12-09	2015-12-22	2015-07-24	2015-12-24	2016-12-23	2019-10-16	2020-09-04
3	常规岛 FCD	2014-09-07	2016-08-24	2015-08-04	2016-09-28	2017-05-26	2019-12-12	2020-09-21
4	核岛安装	2016-11-25	2017-08-06	2017-08-07	2017-10-16	2018-08-09	2020-11-27	2022-07-17
5	穹顶吊装	2015-09-16	2018-03-21	2017-09-08	2018-05-23	2021-01-24	2021-10-27	2022-08-23
6	冷试	2020-10-06	2020-12-15	2020-10-19	2021-05-15	—	—	—
7	热试	2020-12-15	2021-04-30	2021-07-11	2022-03-23	—	—	—
8	首次装料	2021-08-21	2021-11-06	2022-03-25	2022-11-25	—	—	—
9	首次临界	2021-09-12	2021-12-11	2022-04-21	2022-12-27	—	—	—
10	首次并网	2021-12-20	2022-01-01	2022-05-02	—	—	—	—
11	商业运行	—	2022-03-25	2022-06-23	—	—	—	—

续表

序号	里程碑	太平岭 1 号	太平岭 2 号	三澳 1 号	三澳 2 号	昌江 3 号	昌江 4 号	田湾 7 号
1	取得建造许可证	2019-12-25	2019-03-25	2020-12-30	2020-12-30	2021-03-31	2021-03-31	2021-05-19
2	核岛 FCD	2019-12-26	2020-10-15	2020-12-31	2021-12-30	2021-03-31	2021-12-28	2021-05-19
3	常规岛 FCD	2020-05-15	2021-07-08	2021-03-01	2022-08-31	2021-09-30	2022-04-21	2021-09-19
4	核岛安装	2021-05-28	2022-04-26	2022-05-17	—	2022-07-15	—	—
5	穹顶吊装	2021-12-24	2022-09-25	2022-11-03	—	—	—	—
6	冷试	—	—	—	—	—	—	—
7	热试	—	—	—	—	—	—	—
8	首次装料	—	—	—	—	—	—	—
9	首次临界	—	—	—	—	—	—	—
10	首次并网	—	—	—	—	—	—	—
11	商业运行	—	—	—	—	—	—	—

续表

序号	里程碑	田湾 8 号	昌江小堆示范工程	徐大堡 3 号	徐大堡 4 号	三门 3 号	海阳 3 号	陆丰 5 号
1	取得建造许可证	2021-05-19	2021-06-03	2021-07-28	2021-07-28	2022-06-26	2022-06-29	2022-09-07
2	核岛 FCD	2022-02-25	2021-07-13	2021-07-28	2022-05-19	2022-06-28	2022-07-07	2022-09-08
3	常规岛 FCD	2022-07-19	2021-11-28	2021-09-17	2022-06-28	2022-01-28	—	—
4	核岛安装	—	2022-11-30	—	—	—	—	—
5	穹顶吊装	—	—	—	—	—	—	—
6	冷试	—	—	—	—	—	—	—
7	热试	—	—	—	—	—	—	—
8	首次装料	—	—	—	—	—	—	—
9	首次临界	—	—	—	—	—	—	—
10	首次并网	—	—	—	—	—	—	—
11	商业运行	—	—	—	—	—	—	—

注：以上“在建核电项目进展情况”内容由中国核能行业协会建设评价部提供。

核燃料循环

铀矿勘查与采冶

一、中国核工业集团有限公司

国内勘查开发取得积极进展。找矿取得积极成果，地勘费增长73%、地勘工作量增至95万米，创45年来新高。优化找矿思路、加强钻探管理，谋划启动了铀矿勘查大会战，在内蒙古、新疆、江西等地集中力量推进找矿突破，新区、新层位、新类型找矿取得重要进展，洪海沟铀矿床落实为可地浸开发的特大型铀矿床，鄂尔多斯西部白垩系新层位找矿实现突破；新发现8个铀矿产地；新区圈定32片找矿靶区。同时，综合勘查取得较好进展。新发现金、钼、锌工业矿孔28个。产能建设加快推进，伊犁大基地接续顺利，蒙其古尔二期取得核准批复；通辽基地扩大积极推进，钱Ⅳ一期试生产产能目标提前24个月完成；鄂尔多斯新建加快，纳岭沟产能项目进入实质性开发阶段，与国家能源集团签署签订了塔然高勒矿区铀煤协调开发合作协议；与内蒙古煤勘、中广核签订了合资协议书，大营合作开发有序推进；硬岩加快转型升级，棉花坑延伸项目上报国家国防科工局。

海外铀资源开发稳中快进。罗辛铀矿高效运行，超额完成任务；加快技术改造和四期可研，推动延长矿山年限十年以上至2036年；安全生产处于全球矿业先进水平，文化融合案例入选“中国企业国际形象建设微展览”。对哈合作新项目取得积极进展，出访哈萨克斯坦，与哈原工就5个铀资源项目及贸易、保税库等一揽子合作，签署合作意向协议；设立哈办事处，推动项目加快落地。

二、中国广核集团有限公司

2022年，中广核湖山铀矿通过加大科研投入持续推动产能提升。围绕资源建模、复杂矿体多排孔大区块爆破、品位控制、高陡边坡稳定性分析与治理、离子交换树脂板结机理及预防等产能提升中的关键技术问题，以及矿山理化实验室提质升级能力建设等新立一批科研项目。同时继续加强湖山铀矿卡车扫描站技术应用、铀矿水冶工艺优化、低品位铀矿石大型堆浸试验研究等科技攻关，取得一批科研成果，卡车扫描站关键技术入选自然资源部《矿产资源节约和综合利用先进适用技术目录》，离子交换、溶剂萃取等部分成果已成功应用于湖山生产，有力地推动了湖山铀矿的产能提升。全年采矿量超额完成年度目标，剥采量、磨矿量基本保持2021年水平，水冶生产克服海水淡化、磨机振动、树脂板结等影响，产量再创新高，矿山安全生产水平持续提升。

三、国家电力投资集团有限公司

国核铀业发展有限责任公司是国内三家具有天然铀进口贸易资质的企业之一，是国家电投核燃料供应保障平台，主要通过从国际天然铀市场实施现货和中长期采购的形式，保障国家电投旗下核能项目天然铀供应。2022 年，国核铀业按照核能项目需求计划签订并执行天然铀采购合同，实物交付的天然铀可满足集团所属核能项目的天然铀需求。

核燃料生产

一、中国核工业集团有限公司

（一）核燃料生产与科研

核燃料循环整体效能提升。N36 乏燃料棒完成相关热室试验并取得全部关键数据。环形燃料特征小组件在俄罗斯 MIR 堆完成首循环 51 个满功率天辐照考验。CF4 燃料 N45 特征化组件完成研制。ATF 燃料铬涂层组件随堆运行情况良好，堆芯参数和燃料性能安全受控。超旋专用设备完成样机结构设计方案比选，发布总体参数设计任务书。第四代铀矿勘查采冶技术研究为 95 万米年度勘查任务、探采一体化推进和铀矿大基地建设提供有力支撑。

（二）乏燃料和放射性废物处置

关键技术攻关取得新进展。乏燃料后处理科研专项完成先进无盐二循环流程第二次台架热实验、碘废物全流程工艺设备连续 72 小时验证。

处置场实现 3 倍扩容，新增库容 20 万立方米。国内首个民用集中处置场——龙和近地表处置场获批许可并开展运行，得到生态环境部高度评价；飞凤山处置场扩建工程已投入运行；西北处置场完成扩建并获得许可批复。

放射性废物安全、及时入库实现常态化。西北处置场、飞凤山处置场稳定运行，八二一厂、四〇四厂、原子能院、核动力院、中物院（九院）等单位产生的放射性废物得到安全、及时处置。

玻璃固化工程完成三分之二历史遗留高放废液处理。八二一厂有效解决玻璃固化工程熔炉出料管故障、E1 电极冷却管异常等问题，开创“防疫小气泡”生产运行模式，保障设施持续稳定试运行，完成了三分之二历史遗留高放废液处理，实现了对厂区安全风险的进一步掌控。

放射性废物处理设施高效运转。按照中核集团下达的任务指标，八二一厂推动中低放废液、低放有机废液等 9 个放射性废物处理设施安全高效运行，完成全年生产指标的 110%。

二、中国广核集团有限公司

（一）核燃料生产与研制

中哈合资组件厂是国家“一带一路”倡议和哈萨克斯坦“光明之路”的标志性项目，也是中广核核燃料产业布局的重大战略项目。2022 年生产 148 组燃料组件(折合 68 tU)，在中广核铀业公司、中哈组件厂、阳江公司、运营公司等相关人员的共同努力下，首批 68 组哈组件于 11—12 月完成交付验收，标志着阳江核电站燃料供应保障境外渠道正式打通，全面提升了我国核电站燃料保障供应能力，也为后续国内各电站实现国内国际燃料供应双渠道保障、畅通内外双循环起到了示范引领作用。

（二）乏燃料和放射性废物处理处置的情况

1. 乏燃料运输

2022 年，由中广核牵头的乏燃料多式联运体系建设正式运行，乏燃料运输进入常态化运转。

2. 中广核放废管理创一流活动

2022 年，中广核继续加强群厂放废统筹工作，在深入分析群厂不同类别放射性废物产生、处理情况的基础上，结合国内外先进减容工艺，绘制了核电厂放废年产量远期目标路线图，明确集团群厂放废产量减量化任务的主攻方向和实现途径，并细化完成核电放废业务“十四五”专项规划评估、升版工作，为中广核放废管理创世界一流目标打下坚实基础。中广核继续坚持放射性废物源头控制与外运焚烧减容处理，继续保持历史低位水平。

2022 年，中广核群厂放废外运处理处置继续坚持“能运尽运、能运早运”工作要求，一是完成与龙和公司签订放废外运处置示范性合同，首次打通群厂低放固体废物包外运处置出路。二是确保群厂可燃废物外运减容处理途径通畅，外运工作有序进行。

3. 北龙处置场运行与管理

2022 年，北龙处置场继续保持安全稳定运行，处置场工程屏障持续有效，已接收存放的放射性废物包均处于安全可控状态，未对周边环境产生任何可探测到的放射性影响。

三、国家电力投资集团有限公司

（一）核燃料供应保障

2022 年 2 月和 12 月，先后完成红沿河 H1R07 、H2R07 换料燃料组件交付，组件到货验收无异常，现场交付零缺陷。

2022 年 11 月、12 月，完成海阳核电 C204、海阳 C104 换料燃料组件交付，组件到货验收无异常，现场交付零缺陷。

（二）燃料国产化

持续推进 AP1000 燃料组件零部件国产化工作，立项开展制造及堆内外性能试验。

拓展多元化供应渠道，核燃料一体化保供能力稳步提升。一是铀资源保障更加有力。加快“国际采购、商业储备、海外投资”天然铀多元化保障机制落地。集团境外收购项目取得重要进展。二是全年保供任务圆满完成。完成国核示范、红沿河、海阳燃料组件一体化供应任务，保持了“零缺陷”交付标准。完成集团“国和一号”自主化燃料先导棒辐照考验专项任务。推动国产化锆材在三门核电的应用。

推进处置场建设，山东处置场项目选址阶段“两评”报告上报国家核安全局预审。项目建设单位取得保密资质。

核能科研

一、中国核工业集团有限公司

核能技术升级换代。华龙后续机型反应堆及一回路、核岛系统、厂房总体布置等方案设计基本完成。大型高温气冷堆完成核岛和常规岛系统优化，形成安全分级优化建议清单。将一体化闭式循环快堆核能系统设定为核能发展“三步走”战略第二步的最终目标，进一步明晰路线方案，深入开展反应堆、金属燃料、干法后处理关键技术研究，加速孵化国家科技重大专项。

高质量打造先进核能原创技术策源地。作为首批“重点支持类”策源地企业，上报《中核集团打造先进核能原创技术策源地实施方案》并获国资委认可。依据实施方案全力打造先进核能原创技术策源地，在“强化原创技术供给、加速创新要素集聚、提升协同创新水平、促进原创成果转化、完善创新生态环境”等方面持续发力，围绕先进反应堆、先进核动力、先进核燃料循环、核技术应用和共性基础技术 5 个领域实施 13 个重点研发任务，取得新一代“人造太阳”受控核聚变研究装置等离子体电流突破 100 万安培等重大成果。

布局建设高水平研发平台。强化顶层谋划，系统推进、整体对接，首批 2 个国防科技重点实验室顺利通过三部委评审，1 个全国重点实验室已通过国资委推荐，2 个 CAEA 核技术研发中心成功获批。积极策划协调推动原子能院综合整治和能力提升，助力原子能院科研设施整改、提升和完善，研究推动其中长期发展战略和思路优化。专项部署西物院核聚变能发展战略，助力完成核聚变事业的顶层设计谋划，提升我国聚变能开发能力。

二、中国广核集团有限公司

2022 年，中广核按照“三位一体”总体布局，面向核能领域前瞻性技术，继续实施“华龙一号”、铅铋快堆、小型压水堆、燃料、智能核电“五大战略专项”，突破一批关键核心技术，掌握未来先进生产力，总体进展符合预期。为解决“卡脖子”问题，全力攻克自主化专项，实现核电领域关键核心设备全面自主可控，掌握自身发展主动权。为提升生产、工程经营业绩，支撑产业发展，大力实施尖峰计划，取得一系列成果。

在国家科研项目方面，各类项目整体进展顺利。其中，核能开发项目：“电子束处理环境污染的关键技术装备研发及产业化推广示范”“医疗废物辐照应急处理科技示范装置”和“冷链食品外包装表面新冠病毒的电子束辐照灭活新技术及装置”等 3 个项目顺利通过国家国防科工局组织的验收，评价结果均为“优秀”。列入国家重点研发计划的集团首个定向国家重点研发计划“智能机器人”项目获得工业和信息化部正式立项。

在科技成果方面，2022 年，集团申请专利 1 899 项，获得授权专利 1 221 项，荣获中国专利银奖 2 项，中国专利优秀奖 6 项，获省部级、全国性行业协会科技奖 60 余项。其中，“核电厂 LOCA 工况下碎片源项对堆芯冷却影响关键技术研究及产业化”获广东省科技进步奖二等奖，“百万千瓦级商运核电站乏燃料水池密集贮存关键技术及应用”获深圳市科技进步奖一等奖，“激光去污技术在核设施放射性去污中的工程应用”获中国能源研究会能源创新奖一等奖。

三、国家电力投资集团有限公司

（一）大型先进压水堆重大专项

围绕核电重大专项总体战略目标立项的 200 项课题，有 195 项课题已完成研发任务；175 项课题通过国家能源局组织的正式验收，其中，2022 年克服疫情影响和诸多困难，完成 38 项课题正式验收，超额完成年度目标。累计形成重大专项知识产权及成果 9 415 项，其中 2022 年度形成 85 项，包括：中国专利 11 项、技术秘密 19 项、软件著作权 3 项、标准 17 项、论文 21 篇，科技成果鉴定 3 项。

CAP1400 自主化燃料先导组件研制工作取得阶段性突破，完成了直棒束各类工况的 CHF 试验和先导组件鉴定样件研制，固化了燃料组件制造工艺，完成新锆合金检测标样制备及性能试验；国产小组件完成全部九个阶段共计约 607 有效天的堆内辐照考验和非破坏性检查，组件结构完整；完成了 1E 级压力和差压变送器、1E 级铂热电阻温度计、1E 级限位开关、1E 级热扩散式质量流量计、安全壳高量程区域辐射监测仪等多个关键设备的辐照、抗震等鉴定试验。完成了 CAP1400 主泵屏蔽电机水润滑轴承试验模拟机制造任务。CAP1400 过滤器滤芯样机经过 18 个月寿命考核试验，满足验收指标要求。完成了构筑成型百吨级全尺寸直连水室封头锻件的疲劳性能评价。

（二）小型反应堆创新研发

基于国家电投核能型号创新研发基础，瞄准核能小型化方向和新应用场景，开展关键技术研究，形成多个国和系列小型堆型号，并计划在山东海阳等厂址建造创新示范项目，实现型号落地。

1. 一体化供热堆研发进展

上海核工院研发的 200 MW（热功率）一体化供热堆，主要定位于北方供暖和工业供汽等多用途应用，可有效支撑我国碳减排目标的实现。国家电投正在山东海阳厂址推动一体化小型堆创新示范项目，已于 2022 年 9 月获得开展前期工作许可，目前正在按计划推进型号研发和工程初步设计，一回路主要设备研发工作基本完成，整体性能试验、流致振动试验、燃料组件 CHF 试验等关键验证试验工作正在有序推进。

2.CAP200 紧凑式小堆研发进展

CAP200 紧凑式小堆堆芯功率 660 MW

（热功率），定位于热电联供和综合利用，目前已完成概念设计。2022 年完成紧凑式直连结构研制和关键试验、全地下施工技术研究、主回路支承设计方案优化、型号方案深化设计及论证等研发工作；整体性能试验、流致振动关键验证试验和主泵研制等工作正在有序推进。

3. 小型铅冷快堆研发进展

在国家重点研发计划、核能开发项目、自然科学基金、国家电投自主创新课题等支持下，国家电投中央研究院持续开展了系列化铅冷快堆概念方案论证优化、方法研究，聚焦陆基移动、深海潜航等战略应用场景，提出了百兆瓦级小型铅铋快堆 BLESS、兆瓦级宽氧控紧凑式小微型铅冷快堆 SMILE 以及千瓦至兆瓦级液态金属冷却堆芯—热管微堆 HOPE 等多个创新型方案。2022 年，初步搭建了铅冷快堆系列化创新型方案概念计算分析平台；开展了宽氧控耐腐蚀新型合金材料试验研究，实验结果良好；开展了集热工水力、安全评估、材料服役、关键设备测试等功能于一体的液态铅铋热工水力综合试验台架的建安调试工作。通过集中攻关，进一步突破了先进核能系统设计分析技术、试验技术等部分关键技术。

四、中国华能集团有限公司

2022 年，华能集团围绕解决高温气冷堆示范工程四代核电技术工程化应用难题及提升高温气冷堆运维可靠性等关键技术的研究全面铺开，通过“产学研用”结合，牵头开展示范工程建设、设备制造、运行技术、燃料生产和运输领域的重大专项课题，掌握了一系列关键核心技术，解决了一大批“卡脖子”问题，形成了以示范工程为平台、以标准规范和专利为核心的完整自主知识产权体系。以提升高温气冷堆经济性、提高技术成熟性、增强可靠性、改善维修性为目标，从堆芯、系统、关键设备、电气仪控系统等方面，系统地开展了高温气冷堆设计优化技术研究，并且开展了燃煤机组原址替代、氦气透平直接循环发电、高温堆制氢等研发设计工作。在研课题主要涵盖核电机组调试、运行、维修、辐射防护等领域，科技创新引领产业发展的良好局面初步形成。

技术标准化及科技创新方面，发布 18 项团体标准，19 项团标完成征求意见稿，完成 4 项国际标准新提案编制；年度申请核电相关专利 233 件，其中发明专利 62 件，实用新型 171 件；获得专利授权 220 项，其中发明专利 33 项，实用新型 187 项；获得获省部级科技奖 4 项、地市级科技奖 1 项。

核电工程设计、建造与管理

核电工程设计与管理

一、中国核工业集团有限公司

（一）核电项目成果丰硕

福清核电 5 号机组成功入围 2022 年全球十大工程成就，6 号机组年内正式商运并保持安全稳定运行，标志我国拥有完全自主知识产权的三代核电“华龙一号”示范工程全面建成。漳州核电 1 号机组实现主控室部分可用，2 号机组反应堆厂房内穹顶吊装完成。海南核电 3 号机组核岛安装开始，4 号机组反应堆厂房钢衬里模块一吊装就位。海南小堆核岛内部结构 0 m 板施工完成，提前一级计划 70 天完成浇筑。田湾核电 7 号机组完成反应堆厂房 8 m 板施工，8 号机组已实现核岛和常规岛 FCD。徐大堡核电 3 号机组完成反应堆厂房 0 m 施工，4 号机组实现核岛 FCD。巴基斯坦 K2 机组投入商运并平稳运行，K3 机组顺利通过临时验收并正式投入商运。

（二）秉承系统工程思维，多维度提升工程总包能力

项目知识工程体系建设持续推进，标准岗位培训体系建设逐步完善。建立数字化设计建造工程技术研究中心，积极打造基于“一软、一网、一硬、一平台”的数字化建造体系。漳州、徐大堡、海南等项目智慧工程建设取得良好成效。深入推进设计施工融合与建安一体化，进一步打通产业链上下游的物流、人流、数据流，通过带动产业协同不断强化核工程产业链链长作用。

二、中国广核集团有限公司

中广核工程公司设计院是中国首家集核电站核岛、常规岛及电站辅助设施设计、咨询为一体的核电、火电、新能源工程设计高新技术企业，是中广核核电板块型号研发、工程设计和在役服务能力的综合性设计院，是中广核创新与发展的核心竞争力。

1. 项目设计

防城港核电 3 号机组配合业主完成 FSAR 评审。4 号机组主要施工图全部可用。

太平岭核电 1、2 号机组全年出图 12.5 万张；1 号机组核岛厂房周边管网施工图基本完成。

三澳核电 1、2 号机组全年出图 7.2 万张，完成全厂各子项土建图纸出版。

陆丰核电 5、6 号机组获得核准，5 号机组顺利开工。

红沿河核电项目，持续开展 6 号机组设计服务，确保机组顺利商运。

前期项目，太平岭二期选址两评、用

海报告获得批复；三澳二期用海报告获得批复；招远项目用海报告获得批复；石岛湾项目可研和选址两评获得批复。

2. 国际认证

“华龙一号”获颁设计认可确认（DAC）和设计可接受性声明（SoDA）证书条件，正式通过英国通用设计审查（GDA）。

3. 市场开发

签订石岛湾项目设计总包合同。获得ITER取样系统设计供货、HPC化学去污槽设计供货、BNI支架设计服务等合同。

4. 科研创新

全年取得授权发明专利44项、实用新型专利21项、软件著作权40项。1项国际标准正式通过IEC立项；荣获中国专利奖2项、行业级奖29项、市科技奖1项，入选核能行业协会“五新”成果19项。

按期完成24项国家级、25项自立自强任务；泄漏监测等23项重大自主创新产品相继应用。主泵静压轴封、核级温度传感器两项自主化产品进入国家首台（套）重大技术装备目录。

5. 安全质量

2022年全年实现安质环“四零”目标，未发生设计原因导致的“三重”质量事件。先后获得国家级奖项5项、省部级奖项2项、行业级奖项12项、市级奖项12项。

培育核安全领导力，实施核安全文化与领导力提升建设方案；提升全员核安全素养，开展《核安全法》《安全生产法》全员大学习，举办质量文化讲堂，开展典型案例学习，创设设计校审金盾奖、设计标杆文件奖。

三、国家电力投资集团有限公司

（一）山东海阳核电二期工程项目、浙江三门核电二期工程项目开工建设。

6月28日、7月7日，海阳和三门3、4号机组工程相继FCD，首批后续项目正式开工建设。

（二）广东廉江核电一期工程项目核准。

9月13日，国务院总理李克强主持召开国务院常务会议，对已列入规划、条件成熟的广东廉江核电项目予以核准。廉江核电一期工程采用CAP1000技术方案，以山东海阳核电一期工程为参考电站，单台机组容量约1 250兆瓦。CAP1000结合重大专项的研发创新成果；推进系统性设计优化，采用了全厂总平面及BOP布置优化、取消汽轮机厂房第一跨暨附属厂房设计优化、主控制室降噪、50 Hz屏蔽主泵、大型龙门吊应用等优化，全面提升了型号竞争力。另外，作为国内首个采用海水二次循环冷却技术的核电项目，为我国核电厂址开发建设提供重要示范和借鉴。

核电工程建筑安装与管理

一、中国核工业集团有限公司

2022年，中核集团围绕“工期更短、造价更低、质量更优”，编制“十四五”核电施工布局方案，统筹协调核电工程市场开发布局，落实《核电工程建安一体化管理方案》，统筹资源配置，减少重复性投入。各新开核电项目推动建安交叉融合，提升管理协同效率，在建 13 台核电机组安全、质量、进度均处于受控状态。2022 年，国务院共核准了 10 台核电机组，其中核岛土建工程已开标 10 台机组，安装工程已开标 8 台机组，中国核建全部中标；以 670 标杆模式精细化管理为指引，以华龙群堆管理、VVER 联动建造等方式为抓手，已基本形成适应核电发展新阶段的群堆建造进度管控机制，初步构建多项目管理体系。

二、中国广核集团有限公司

中广核工程公司施工管理中心的现场“集成”功能是工程公司存在和发展的“基石和保障”，同时还具有人才资源培养与发展，施工管理传承与发展、优化与提升职能，施工管理中心的功能定位为：核电建造集成中心、施工资源统筹中心和先进建造技术研发中心，是公司项目建设的“承重墙”，也是支撑公司战略和品牌实现的基石。

1. 重铸施工承重墙，打造核电建造集成中心

2022 年，各项目移交房间 2 934 间，核岛土建完成钢筋 9 万吨、混凝土 29 万方，核岛安装完成 723 万点，处理 DEN 变更文件 1.1 万份，清理遗留项 13.7 万项，系统 EESR 移交 367 个、TOTO 移交 558 个，厂房 BHO 移交 57 个。

在红沿河项目，紧抓系统及厂房移交、尾项清除、合同结算等收尾工作，顺利实现签署 5 号机组 FAC 和完成 H501 大修、以及 6 号机组高质量投产的目标。

在防城港项目，全力保障 3 号机组移交消缺工作，单月最高清理遗留项 2.6 万项，组织专家团队提供重大节点专项支持，11 月 25 日实现装料目标；全面推动 4 号机组建安上量，全年完成房间移交 1 203 间、核岛安装 349 万点，12 月 15 日 NCC 正式开始。

在太平岭项目，提前识别 1 号机组穹顶吊装至冷试的主要风险并积极应对，11 月 8 日首台主设备吊装就位，为实现第二个工期创优目标奠定基础；积极推动 2 号机组内部结构 SG 隔间模块、环吊轨道梁整体吊装等先进建造技术首次试点实施，FCD+23 完成穹顶吊装，实现阶段工期创优。

在三澳项目，统筹混凝土骨料供应，有效保障项目主线，1 号机组 FCD+22.1 实现穹顶吊装，再次创造最优工期；2 号机组采取堆芯底板混凝土模块、内外壳同步施工等措施，最大限度降低了骨料供应对主线的影响，顺利完成 4 个钢衬里模块施工，反应堆厂房施工至 +1.2 m 平台。

在陆丰项目，联合项目部高质量推进项目筹备工作，基坑验槽获得华南监督站好评；9 月 8 日，5 号机组实现 FCD 并具备连续施工条件，集团第九个核电基地主体工程正式开工。

在前期项目，紧跟集团、公司及各业主要求，与各前期项目部或筹备组高效联动，积极推进宁德二期、防城港三期、太平岭二期、三澳二期、招远、玉屏小堆等项目的前期策划和准备工作，临建方案逐步成型，前期工程采购陆续启动，为项目筹备和后续推进提供有力支撑。

2. 强化项目群管理，打造施工资源统筹中心

通过建安商务集约化统筹，全年完成陆丰5/6号机组核岛安装、太平岭二期排水隧洞工程等35项核电合同采购；完成惠州、后湖等13项海上风电合同采购。同时，承担各项目主管道自动焊、役前检查以及海上风电预制安装等63个合同执行工作。

加大力度统筹承包商人力资源，联合各项目，依托管理下沉、平台会等运作体系补充人力，密切跟踪春节后人员回流及动态配置，全年华龙项目主体建安承包商人数由2万人增加至3.76万人，中建二局、中核华兴在各项目分别补充5 615人和6 438人，承包商资源补充基本动态匹配项目需求。同时，推动产业工人队伍建设并强化承包商人员技能提升，针对防城港和太平岭项目核岛安装工人技能不足、熟练度不高等问题组织专项调配和交叉培训，为防城港项目核岛安装月度完成60.05万点、太平岭项目1号机组核岛安装220万点年度高目标实现奠定基础。

3. 发挥科技生产力，打造先进建造技术研发应用中心

优化团队运作模式，明确“小核心、大团队”模式，联合设计将可建造性提升专项小组实体化运作，通过《先进建造技术专项组织运作模式优化方案》《先进建造技术研发及应用管理办法》等程序，规范从技术研发到实施后评价的全流程管理。

深入开展技术研发，目前在研课题25项、预研课题6项，通过多次同行交流对标新增课题9项，实现从核岛到周边厂房、从地上到地下、从技术到流程的全覆盖；完成“华龙一号”核电工程垂直和水平运输体系优化、外壳穹顶钢模板等重大技术方案研究；反应堆厂房全天候整体施工集成平台等集团尖峰课题，取得阶段性成果。

有序推进技术应用，年内实现堆芯混凝土模块、ASG模块、SG隔间模块、环吊环轨梁整体吊装等8项技术的首次实施，为太平岭项目2号机组和三澳项目1号机组实现穹顶吊装工期创优提供了有力支撑。

在推动实现施工管理平台对在建项目主体工程全覆盖的基础上，不断挖掘应用场景，发挥平台价值。实现核岛安装预制质量文件数字化正式上线，累计完成29万次签点，获得用户广泛认可；核岛土建质量文件数字化在三澳项目完成2.5万次签点，基本具备正式运作条件。质量文件数字化应用实现质量影像记录留存，提升了质量管控有效性和监管方的信任。通过系统采集数据，可实施质量因素和工序时长分析，识别主要失效因素和工效提升的关键点，针对性制定提升措施。依托PMS在太平岭项目实现设计数据向NICE平台发布，实现上下游数据贯通方面，同步10.9万张图纸，占全部已出版施工图的84.4%，其中EM4图纸6万余张，有效减少人工录入成本和人因风险。

4. 中广核研究院热室设施建设项目

2021年9月，中广核研究院热室设施建设项目主厂房材料辐照性能研究中心筏基混凝土开始浇筑，按计划实现主体结构开工目标。2022年9月，热室项目首批壳体顺利引入。

三、国家电力投资集团有限公司

截至2022年底，共有4台机组在建、2台机组处于FCD前的准备阶段、2台机组处于核准后场平施工阶段。

本年度核准了三门二期、海阳二期及廉江一期项目共6台机组，其中三门二期3号机组与海阳二期3号机组于本年度开工。三门二期项目按计划完成了3号机组核岛FCD、CA20就位、CVBH就位、CV1R就位等里程碑节点；海阳二期项目按计划完成了3号机组核岛FCD、CA20就位、CVBH就位等里程碑节点；廉江项目一期2台机组正处于场平和核岛负挖阶段。

3月15日，三门核电项目3、4号机组核岛承包合同暨备忘录签署会在三门现场通过视频召开，上海核工院与三门核电签署备忘录。

5月9—10日，上海核工院与中国核工业二二建设有限公司、中国核工业二四建设有限公司、中国核工业第五建设有限公司分别签订了三门核电3、4号机组核岛土建施工合同、核岛安装施工合同，海阳核电3、4号机组核岛土建施工合同、核岛安装施工合同。

6月28日，三门核电3号机组核岛反应堆浇筑第一罐混凝土，标志着三门核电二期工程正式开工。

7月1日，三门核电3号机组核岛反应堆底板浇筑完成，实际浇筑混凝土总量为5 431 m^3，历时67小时22分。

7月7日，海阳核电3号机组核岛筏基底板开始浇筑第一罐混凝土，标志着海阳核电二期工程开工。

7月14日，上海核工院作为核岛技术总体单位并承担委托管理工作的国内最大的单台机组海阳核电二期工程暨900 MW远距离跨区域核能供热工程正式开工建设。

8月5日，“国和一号”示范工程1号机组首炉第193组燃料组件成功下线，标志着首炉燃料组件生产任务圆满完成。

9月19日，三门核电3号机组首个核级模块—钢制安全壳底封头（“CVBH模块”）顺利吊装就位。

9月25日，海阳核电3号机组首个核级模块—钢制安全壳底封头（“CVBH模块”）顺利吊装就位。

9月28日，廉江核电一期工程1号核岛负挖工作启动，标志着廉江项目核准后主体工程第一个关键施工节点正式开启。

11月24日，广东廉江核电项目一期主要合同签字仪式暨工程项目推进会在广东湛江召开。上海核工院作为工程总承包方与湛江核电有限公司、山东核电设备制造有限公司、江苏电力装备有限公司、上海凯泉泵业（集团）有限公司等单位签订了广东廉江核电项目土建安装施工、设备制造供货、电站运行维护等主要建安及设备采购合同。廉江核电项目一期采用三代核电 CAP1000 技术，将成为国内首个采用海水二次循环冷却技术的核电项目。

12 月 29 日，三门核电 3 号机组钢制安全壳筒体一环（CV1R）顺利吊装就位。

12 月 30 日，上海核工院与国家电投莱阳核能有限公司在山东烟台签署《山东莱阳核电项目一期工程全厂总承包框架协议》。

核设备制造

一、中国一重集团有限公司

（一）核电装备生产情况

2022年，中国一重承制的太平岭2号机组反应堆压力容器调配至太平岭1号后顺利完工发运，先后完成了防城港4号机组稳压器、漳州2号机组反应堆压力容器、示范快堆1号机组反应堆压力容器及堆内构件与旋塞设备现场安装调试、昌江小堆反应堆压力容器等产品的交货。

（二）科研开发进展情况

2022年，中国一重紧密围绕国家战略需求，履行好央企责任，切实完成好党和国家交给的各项任务，突出解决我国重大技术装备“卡脖子”难题和进口替代等问题，彰显初心和使命。积极承担国资委CYD、“1025工程”二期项目、国家科技部“揭榜挂帅”项目、核电重大专项项目等30项。

一是核电重大专项“核电设备用大尺寸材料无痕构筑技术”子课题“水室封头整体模锻成形技术研究”已完成攻关，率先在核电用大锻件及特厚板领域方面，开展了偏析问题研究；“CAP1400主管道空心锻造技术研究”项目，开发了主管道空心锻造技术成功完成首件主管道热段制造，并完成主管道空心锻件评定。该主管道技术水平达到世界领先。

二是在国内首次实现508-Ⅳ钢200吨级钢锭及特大壁厚锻件工程化制造，形成508-Ⅳ钢特厚大锻件的材料性能数据库、工艺规范、技术标准，实现我国核压力容器用钢的代际进步和自主保障。

三是“核电站中低放可压缩固体废物处理技术开发及应用”项目，打破核固废超压处理技术长期被国外垄断，实现低放核固废超压处理主设备首次整机国产化应用。该项目应用了四柱式高刚性缸梁一体结构设计、冗余安全密封结构，对中侧部穿孔装置、废气废液收集、柔性压制工艺、故障报警与诊断等一系列关键核心技术。“乏燃料贮运容器球墨铸铁罐体研制”项目，开发乏燃料贮运容器球墨铸铁罐体制造技术，解决材料化学成分设计、球化孕育处理及铸造工艺技术难题，完成罐体综合性能评价，具备市场供货能力。“第四代核电高温气冷堆压力容器大锻件制造技术研究开发”等多项先进核能技术研发进程加速。

四是在核能领域拥有“重型技术装备国家工程研究中心”“国家能源重大装备材料研发中心”两个国家级研发平台，在核电装备领域开展前沿性、紧迫性技术研究。2022年研发平台累计开发新产品5项、新技术4项，申报专利25项，其中发明专利22项，发表SCI论文4篇，完成2项能源行业标准、9项中国核能行业协会团体标准和4项中国锻压协会团体标准的编制。

（三）核电产品合作情况

中国一重与中国核动力院就 K2、K3 压力容器制造的经验进行了分享，核动力院对 K2、K3 与漳州 3、4 号压力容器的区别进行了介绍，中原公司就 K2、K3 压力容器制造过程中一些见证和检测的经验进行了分享，为争取 C5 等后续海外华龙一号压力容器项目创造了有利条件。

二、哈尔滨电气集团有限公司

2022 年 6 月 13 日，哈电集团（秦皇岛）重型装备有限公司承制的漳州 2 号机组蒸汽发生器顺利通过出厂验收，并于 6 月 22 日顺利发货。

2022 年 8 月及 2022 年 10 月，哈尔滨电气动力装备有限公司推动供方分别完成 3 台 CAP1000 后续项目屏蔽主泵电机外置热交换器的制造及交付。

2022 年 8 月，哈尔滨电气动力装备有限公司推动供方完成 4 台 CAP1000 进口项目屏蔽主泵电机整机的港口发运，最后 4 台电机已于 2022 年 10 月全部完成产品试验验证。

2022 年 9 月，哈电集团（秦皇岛）重型装备有限公司承制的惠州太平岭核电 1 号机组蒸汽发生器顺利发货，承制的宁德核电 5 号机组蒸汽发生器完成全部制造工作并具备发货条件。

2022 年 11 月 22 日，由沈鼓核电与哈尔滨电气动力装备有限公司联合研制的全球首台最大三代核电技术反应堆冷却剂屏蔽电机主泵，从沈鼓核电装备生产基地正式发运，标志着哈尔滨电气动力装备有限公司已全面具备屏蔽式主泵电机的国产化制造能力，为后续屏蔽系列主泵电机国产化供货提供了有力保障。

2022 年 12 月 11 日，CAP1000 海阳项目首台主泵耐久试验在沈鼓核电泵业公司现场顺利完成，各项试验指标均满足要求，标志着哈尔滨电气动力装备有限公司已具备 CAP1000 屏蔽电机国产化设计及制造能力。

2022 年，哈尔滨锅炉厂有限责任公司完成漳州核电 1、2 号机组核岛类容器项目 22 台主设备的制造并交付。

2022 年，佳木斯电机股份有限公司完成漳州核电项目、太平岭核电项目、昌江核电项目 3 号和 4 号机组、三澳核电项目等共计 3.2 万千瓦泵用电机、风机用电机等电动机产品交付。

三、东方电气股份有限公司

(一) 企业经营

2022 年，东方电气实现营业收入 553.53 亿元，同比增长 15.8%；实现利润总额 28.55 亿元，同比增长 24.7%。其中，核能产业新增生效合同超 60 亿元，新中标订单超 70 亿元。

（二）核能科技成果

1. 新产品研发取得阶段性成果

福清核电 5 号“华龙一号”核电汽轮发电机运行良好；完成“国和一号”蒸汽发生器、融合“华龙一号”首台漳州核电 1 号堆内构件研制。

2. 关键零部件国产化工作取得新进展

汽轮发电机控制系统、低压转子锻件、汽水分离再热器（MSR）U 型管等六项核心部件成功实现国产化工程应用。

3. 积极推动先进电力装备核电领域原创技术策源地

联合国内高等院校、科研院所，加速建设先进电力装备核电领域创新联合体，多途径多渠道加速科技成果转化、加速推动原创性、颠覆性技术的研发，实现能源绿色低碳高质量发展。

四、上海电气集团股份有限公司

2022 年，上海电气各涉核企业持续推进精益化管理，圆满完成了当年的出产任务，项目执行整体运作平稳。全年出产主设备 18 台 / 套。随着在手项目的陆续投产，在制主设备数量维持在 65 台 / 套左右。

1. 核岛设备。共出产核岛主设备 16 台 / 套，包括：蒸汽发生器 6 台、堆内构件 2 套、控制棒驱动机构 2 套、主泵 6 台。此外，出产 66 台 / 套核岛辅助设备，包括装卸料机 1 套、燃料抓取机 1 套、人桥吊 2 套、辅助吊 2 套、常规用泵 16 台、核二三级容器 44 台。

2. 常规岛设备。共出产常规岛主设备 2 台（汽轮机、发电机各 1 台），常规岛辅机 1 套、配套电机 13 台。

3. 仪控仪表类设备。共出产各类仪表和器件、调节阀、小三箱、电动执行机构约 3 600 台 / 套。

2022 年项目执行的亮点有：

1. 三代“国和一号”主设备收官。年内成功交付了“国和一号”1 号机组湿绕组电机主泵、2 号机组堆内构件，并完成 2 号机组控制棒驱动机构出产。

2. 三代“华龙一号”主设备批量出产和投产。年内实现漳州核电 1 号机组汽轮发电机组、主泵，宁德核电 5 号机组蒸汽发生器、太平岭核电 2 号机组堆内构件的出产。陆丰核电 5、6 号机组和防城港核电 5、6 号机组主设备投料在制。

3. 海外项目收官。年内完成 Koeberg 2 号机组 3 台蒸汽发生器交付，南非蒸发器更换项目圆满收官。

五、二重（德阳）重型装备有限公司

（一）核能产品生产取得的主要成绩和进展

2022 年，二重装备在核能装备制造领域继续保持大型核级铸锻件及核电成台套设备供货两条主线齐抓并进。核岛部分实现了“华龙一号”主管道及波动管、主泵泵壳、“国和一号”稳压器支撑等核级设备与蒸汽发生器、稳压器、主泵电机轴等锻件的供货，包括“国和一号”示范 1 号和 2 号机组稳压器支撑、主蒸汽安全阀支管扩管、三门核电机组堆芯补水箱筒体锻件、中广核太平岭核电主管道及波动管、ACPR50S 实验堆套管壳锻件、三澳核电 1 号机组主管道配套见证件、宁德核电 5 号和 6 号机组稳压器锻件、中核漳州核电

1 号和 2 号机组主泵及泵壳配套见证件、昌江核电 3 号和 4 号机组主泵电机锻件、蒸汽发生器锻件及核能开发项目主管道及波动管设备的交付；常规岛部分陆续完成了三澳核电 1 号机组、惠州核电 1 号和 2 号机组、漳州核电 2 号机组、霞浦核电项目、田湾核电 7 号机组等共计 40 余台套汽轮机核级铸锻件的交付；核废料处理容器设备部分实现了玻璃固化产品容器 597 套的交付。

（二）核能产品科研开发

2022 年，在核能装备研发方面，二重装备科技创新取得重要成就，多个项目取得新进展。组织编写了冷、热加工和检验检测等系列公司内部培训教材，公司多年形成的技术积累得到有效固化传承。积极参与核电新技术新产品研发，在中国自主三代核电技术“华龙一号”首堆工程研制工作中作出了重大贡献，获得中核集团科学技术特等奖。完成了高放废物储运容器的功能试验数值模拟及耐热不锈钢材料研制。完成了《高放废液玻璃固化容器通用技术规范》编制。成功开展了“华龙一号”主管道用奥氏体不锈钢组织性能演化规律研究及“华龙一号”反应堆压力容器顶盖组件模拟体研制。

2022 年，二重装备自主研发制造的“华龙一号示范工程福清 6 号机组主管道项目”荣获“全国质量奖—卓越项目奖”。成功研制融合“华龙一号”主管道，实现了国内第三代压水堆核电主管道制造技术及业绩全覆盖。

在核电常规岛铸锻件研发方面，2022 年，二重装备加大 1 000 MW 及以上核电机组汽轮机焊接转子锻件优势产品的科研投入，《大型核电低压焊接转子锻件研制》申报了四川省重点研发项目，核电低压焊接转子取得新进展。实现了漳州和田湾核电 4 套核电低压焊接转子交付，具备了该类型转子批量化制造能力。三澳核电 2 号核电低压转子第 2、3 段叶轮通过专家鉴定，各项性能指标达到了国外同类产品先进水平，锻件晶粒度、冲击功数据均优于进口产品。

2022 年，二重装备依靠自身研发实力，不断挑战新材料新领域，攻坚克难，先后在中核集团 ACP100 多用途模块式小型堆波动管设备、中广核集团 ACPR50S 实验堆套管壳锻件方面下大力气投入，取得了新的成果。所研发的 ACP100 多用途模块式小型堆波动管、ACPR50S 实验堆套管壳管嘴段锻件、法兰段锻件均取得满意研发成果，为助力国内核能装备小型化发展稳步实施做出了应有贡献。

2022 年，二重装备核聚变堆低温超导磁体用线圈盒材料研制取得新突破。TF（环向场）线圈是 CRAFT 超导磁体研究关键环节，要求工艺技术不仅满足大型专用构件极限制造需求，还要保证产品的非磁物理特性，结构尺寸精度高，且要求在 4.2 K 的温度下具有高强度高韧性。研究并掌握 CFETR 核聚变堆低温超导磁体用线圈盒全流程制造技术，具有填补我国核聚变低温超导磁体线圈制造技术空白的重要意义。

二重装备通过探索掌握了性能满足高

温使用条件的 CFETR 核聚变堆低温超导磁体材料的冶炼、锻造、热处理、焊接制造技术，性能指标达到国内外同类产品先进水平，为公司拓展高端材料市场、助力 CFETR 核聚变装置稳步推进做好了技术储备。

六、中国广核集团有限公司

1. 核电厂 CI/BOP 无石棉橡胶密封垫和改性 PTFE 垫片板材国产化研发

中广核各电厂无石棉纤维垫片和改型 PTFE 垫片供货集中于少数进口品牌，关键型号产品有断货风险。中广核核电运营公司研发项目组经过深入研究评估，不断调整材料配方和优化试验方法，通过数十次配方调整和数百次检测试验，攻克了一系列技术难题，完成了两大类密封材料的研制及鉴定试验，解决了制约国产同类材料的技术难点。

2022 年，研发产品通过了中国核能行业协会的成果鉴定评审，来自高校、科研院所、国内同行、用户等单位的专家组鉴定委员会一致认为该产品具有自主知识产权，填补了国内空白，产品性能总体达到国际先进水平，部分性能指标优于国外同类产品，可在核电机组推广使用。

2. 核岛鉴定润滑脂自主国产化研发

核电厂核岛内设备及其他重要设备上使用的经过鉴定的高温滑脂产品一直由国外厂家垄断供货，很大程度地制约了我国核电站长期安全稳定运行。中广核核电运营有限公司联合相关研究院所成功自主研制出可替代进口产品的国产核岛鉴定润滑脂。该项目首创制定了适用于核岛鉴定滑脂的特定 K1 鉴定方法，明确了主蒸汽管道破裂和一回路失水事故（小破口）两种工况下的试验方法及验收标准，同时自主研发设计了一整套润滑脂鉴定试验用模拟台架，为开展动态辐照试验以及失水事故试验创造了条件，填补了国内空白。该产品可替代进口油脂，且具有更优的防锈性能、抗氧化性能、极压性能，综合性能更优，可为我国核电装置长期稳定运行提供技术支撑，总体技术和性能达到国际先进水平，正逐步在核电机组推广应用。

3. 核岛水过滤器滤芯国产化研发及鉴定技术研究及应用

一回路辅助系统水过滤器滤芯是核电厂运行所需的重要消耗性备件，由国外特定厂家垄断供应，采购价格高、供货周期长，且存在较大的“卡脖子”断供风险。滤芯制备所需的原材料性能要求较高、滤芯制造工艺复杂、试验要求较为苛刻，中广核核电运营公司通过科技攻关，突破了滤芯原材料试验筛选、关键制造工艺研究及试验台架的搭建等关键技术瓶颈，样机通过全套性能试验，以及辐照老化、一回路离子浸出等专项试验，性能达到了国外同类产品先进水平，具有完全自主知识产权，填补了国内在该领域的空白。研发成果已通过中国核能行业协会的鉴定，并在中国广核集团下属大亚湾、红沿河、宁德、防城港等电厂开展批量应用，使用情况良好。同时，中广核联合厂家建立了完善的水滤芯批量制造工艺流程体系，供应链自主可控，具有价格低、货期短、售后服务及时的优势，具有良好的经济效益、社会效益和推广应用前景。

4. 核电常规岛主给水泵液力偶合器首次完成国产化研发并实现应用

在核电厂额定工况和变负荷运行中，核电常规岛主给水泵液力偶合器可以通过对主给水泵组转速的控制，实现在不同热负荷条件下向蒸汽发生器提供不同给水流量的功能，同时还具有空载启动、平稳无级变速、机组保护等作用。由于该部件技术标准较高，国内核电建设所需部件长期从国外进口。中广核工程有限公司依托自身工程建设经验优势，联合国内具有技术优势的企业，开展了对该部件的自主研发工作。

经过艰难攻关，部件样机于 2022 年 5 月顺利通过中国机械工业联合会和通用机械工业协会组织的产品样机鉴定会，标志着核电常规岛主给水泵液力偶合器首次完成国产化研发，填补了国内空白。国产液力偶合器采用模块化设计，结构紧凑，实现了油站一体化；勺管调速采用电液伺服控制，响应快，调节精度高；勺管与控制阀采用连杆联动调节，提高了调速范围内效率，整体性能指标达到国际同类产品先进水平。

目前，国产液力偶合器已成功获得三澳核电项目供货合同，实现了落地应用。此外，国产液力偶合器有望在后续新建“华龙一号”核电项目组实现大规模应用，并推广到在运 CPR1000、EPR 等核电机组以及大型火电机组。

5. 主蒸汽释放隔离阀首次完成国产化研发并实现应用

核电厂蒸汽大气排放系统主要功能是执行二次侧蒸汽超压保护及快速冷却安全功能，是保证核电机组安全运行的重要设施。该系统的关键核心设备是主蒸汽释放隔离阀，它可以通过快速开启，实现核电主蒸汽排放，进而完成超压保护。

中广核工程有限公司联合国内企业克服国内阀门设计基础理论薄弱、鉴定试验台架短缺等困难，创新采用了内置同轴双活塞配合可调导流孔结构，掌握了双活塞腔室驱动的大排量快速排放等技术。2022 年 11 月，设备样机通过行业鉴定评审。与会专家一致认为国产主蒸汽释放隔离阀具有自主知识产权，填补了国内空白，各项技术指标均达到国际先进水平，部分指标优于国外产品。目前研发成果已成功在某核电建设项目实现落地应用。

6. 中广核“华龙一号”融合技术项目首台主泵全流量水力性能试验顺利完成

太平岭核电项目作为中国广核集团“华龙一号”融合技术首堆，其主泵在制造过程中需要开展首台泵试验，以全面验证主泵性能，确保满足设计要求。

面对实验中设备结构复杂、试验项目众多、实验台资源稀缺、涉及接口众多等诸多挑战，中广核工程有限公司联合主泵供应商制定了首台泵试验长周期计划，并充分总结前期项目经验，完成典型经验反馈 10 项，有效识别并解决关键风险 8 项，最终于 2022 年 10 月完成首台泵所有试验项目。实验结果显示，主泵各项参数均达到设计要求，为设备如期交付和安装奠定了基础。

7.GINKGO 等系统瞬态分析软件的自主化研发与示范应用

本项目为国家国防科工局核能开发项目，由中广核研究院有限公司牵头，西安交通大学、清华大学、重庆大学和生态环境部核与辐射安全中心参与，项目周期从2021 年 1 月至 2024 年 12 月。本项目旨在针对我国核电“走出去”可持续发展的重大战略需求，将问题聚焦于反应堆关键设计分析软件自主化研发及示范应用，深入开展反应堆关键设计分析软件开发及功能调试、测试研究，与国际主流反应堆设计分析软件进行对比验证，开展反应堆实际运行数据验证，实现示范应用，包括在“华龙一号”、GDA、仿真机等上的应用。

2022 年，中广核研究院完成自主反应堆关键设计分析软件，包括系统瞬态分析软件 GINKGO、设计软件包 PCM、堆芯污垢分析软件 CAMPSIS、燃料棒性能分析软件 JASMINE、热工水力系统分析软件 LOCUST 和堆芯子通道分析软件 LINDEN 的模型优化和功能补充。根据已有的软件和已收集的基准题、试验数据、电厂运行数据，正在积极开展软件的程序对比验证和试验数据确认工作。已完成国内“华龙一号”机组关键建模数据的梳理，正在开展软件的建模工作。进一步完善了 PCM 和 LOCUST 的仿真版软件，计算速度和计算效率明显提升。在项目支持下，自主软件获得 GDA 的认证，软件设计成果在 GDA 上完成了全面应用。PCM 和 JASMINE 软件获得了国家核安全局的认证，许可在中广核“华龙一号”上的工程应用。已完成 LOCUST 和 JASMINE 的软件著作权申请，正在根据研究成果推进发明专利、论文等成果的发表。

总体上，达到了项目中期的研究目标，培养一批技术水平高、攻关能力强、专业素质硬的科研队伍，为我国核电事业发展注入了源源不断的动力和人才保障。

8. 中广核铅铋快堆实验台架建设顺利进行

铅铋快堆实验台架建设项目是中国广核集团铅铋快堆关键技术研究重要硬件基础，旨在开展燃料组件热工水力实验、材料长期腐蚀实验、SGTR 验证实验、整体性能实验等关键系统和设备性能测试实验，获取铅铋快堆系统和设备运行特性及实验数据，同时为后续铅铋快堆的软件开发提供验证数据支撑。

截至 2022 年，中广核研究院累计建成铅铋试验台架 35 座，其中 16 座入选 IAEA 设施库，其中 SGTR 原理实验高标准通过行业专家见证获评“国际领先”。

七、国家电力投资集团有限公司

山东核电设备制造有限公司（简称：国核设备）成立于 2007 年 7 月，坐落于山东省海阳市，是非能动压水堆核电站专用装备制造企业。国核设备具有民用核安全设备制造许可证，涵盖多项核安全 1、2 级设备的制造许可，是国家核安全局民用核安全焊接操作考核中心，国家知识产权优势企业，山东省高新技术企业，山东省知识产权示范企业，山东省“专精特新”企业，山东省“一企一技术”研发中心，山东省质量标杆企业，山东省科技领军企业。持有建筑业企业机电工程施工总承包、钢结构工程专业承包贰级及建筑工程施工总承包三级资质，持有 ASME U、U2 综合资质，拥有 CNAS/ilac MRA 双重认证的理化检测实验室。聚焦核能设备制造、新能源项目开发与装备制造、保密项目装备制造、电站服务及装备集成四大业务发展方向。

（一）核能设备制造能力

公司现拥有 10 个大型车间和近百台大中型设备，具备对大幅面、多厚度钢材进行切割、弯曲、压制、卷制、坡口加工、曲面测量、涂装处理、中小型精密加工等能力。可完成零部件切割下料、机械加工、板材成型、管道预制、焊接、装配、表面处理等工序，具备月度下料 7 000 吨，组焊 5 000 吨的生产制造能力和 100 吨的起重运输能力，可独立承接大型钢结构、压力容器、风电塔筒、海桩、机电设备等产品制造及安装工作。

（二）产出能力及业绩

自 2007 年成立以来，国核设备坚持守正创新、笃行不怠，形成了较强的科技研发和转化落地能力，在全球率先掌握了世界三代核电钢制安全壳、机械模块、反应堆压力容器一体化堆顶组件等 10 余项核电设备制造技术，在全球范围内实现了首次工程应用，为我国 11 个不同技术的 29 个核电机组（核装置）提供了 30 余类产品供货。圆满完成了世界首批 4 台 AP1000 核电机组有关关键设备的国产化、自主化使命，形成了具有自主知识产权的三代核电设备制造能力，为我国浙江三门和山东海阳 AP1000 非能动压水堆自主化依托项目、山东荣成国家科技重大专项“国和一号”示范项目和海南昌江“玲龙一号”小堆示范项目建设提供了重要支撑和保障，参建的三门核电一期工程项目获得“国家优质工程金奖”。经 15 年深耕，产品范围及业务范围实现持续拓宽拓展，国和系列核电产品已由最初的钢制安全壳、结构模块、机械模块扩展至包含一体化堆顶组件、空气导流板、屏蔽厂房、闸门（自主设计传动机构）、燃料格架等 10 余项产品，并由国和系列延伸到“华龙一号”、昌江小堆、试验堆等系列堆型。国和系列相关产品国内市场占有率超过 95%。

（三）设备自主化研制生产情况

公司先后掌握了钢制安全壳制造技术、一体化堆顶组件制造组装技术、空气导流板制造技术、SC 屏蔽厂房制造组装等 15 项具有自主知识产权的专有技术，通过中国核能行业协会成果鉴定，分别达到了国际领先、国内先进水平，并成功实现在国和系列、“华龙一号”和“玲珑一号”等堆型核电机组上应用。

八、上海阿波罗机械股份有限公司

2022 年，上海阿波罗人以奋斗姿态

喜庆党的二十大胜利召开，深入学习贯彻党的二十大精神，自觉服务国家战略，重大工程捷报频传，科技创新硕果累累。获得国家专精特新“小巨人”企业、上海市科技小巨人、上海市设计创新中心等荣誉。实现了多项重要科研任务，完成了国家重大项目设备交付。

上海阿波罗机械股份有限公司于2001年注册成立，主要从事各类高端核电用泵系统以及核燃料循环、后处理相关设备的集成研发、设计、生产制造、供应链管理以及延伸服务等。主要产品为核电用泵（各类核级泵及重要非核级泵）和核电相关后处理设备。公司建有两个厂区，总占地面积120余亩，拥有各类高精尖数控加工设备、焊接设备及检验检测设备百余套；公司是国家专精特新小巨人企业、高新技术企业、上海市院士工作站、上海市企业技术中心、上海市知识产权优势企业、上海市绿色工厂、国家AAA级资信企业等。公司自2006年开始积极参与核电国产化建设，投入巨资致力于各类高端核电用泵系统以及核燃料循环、后处理相关设备，2009年2月，获得了国家核安全局颁发的核3级泵设计/制造资格许可证书，2013年获得了核2级泵设计/制造资格许可证书。

公司建有四支专业化技术团队，包括以核泵行业领军人物为代表的核泵开发、设计、制造团队；核电非标设备（包括燃料循环相关设备）开发、设计、制造团队;高端石油、石化、LNG泵开发、设计、制造团队；基于云计算和大数据的转动设备智能诊断方案团队。公司院士工作站聘有国内知名核电类院士专家23名，其中院士4名。目前，公司享受国务院政府特殊津贴1人，高级工程师14人，中级工程师54人。特种人员：核级焊工29人，核级无损检测人员25人，专职质量人员80人。

在科研创新方面，公司将已建成的IPD集成研发体系拓展至创新研发领域，积极移植到国家急需的军民融合、医疗健康、清洁能源等领域。阿波罗已经发展成为集核电用泵板块、核燃料后处理设备板块、第四代核电主泵板块、军工板块、创新研发板块五位一体的集成服务商。

1. 院士专家工作站

公司院士工作站每年组织院士专家参与公司重大项目的技术评审活动，组织公司科研人员攻克技术难关，取得了一系列的科研成果。同时，公司与清华大学、浙江大学、上海交通大学等多所大学院校和科研院所开展产学研合作。截至2022年12月，拥有发明专利30项、实用新型专利83项。阿波罗与上海交大面向国家战略核心需求，打通科学与工程的最后一公里，2022年11月4日，公司与上海交大成立“上海交大—上海阿波罗能源新技术创新平台”。2022年11月18日，公司依托与中核集团首席科学家“华龙一号”总设计师邢继团队合作开展的科技部219课题，与西安交大成立超级装备AI4S高能级创新研究院并举行了签约仪式，开启了阿波罗基础理论研究技术开展工程运用的新时代新范式。2022年，阿波罗在上海疫情人民战中勇于担当，保证了国家重大工程的交付及员工的生活。

2. 科研项目攻关

2022 年 3 月 10 日，由公司研制的三代核电厂循环水泵关键技术研究及工程应用成果通过了鉴定。2022 年 3 月 22 日，由福建福清核电有限公司和上海阿波罗机械股份有限公司共同研究的“超巨节能核电站循环变频自主化技术及运行优化”和“核电站主给水泵节能改造技术研究”等 2 项专有技术被评为核心级专有技术。2022 年 12 月，完成了首个数字化科研项目国家 203 课题冷源致灾物报警预警系统及一体化网络平台的研发工作。

3. 标准体系建设

2022 年 3 月 17 日，以中国核能行业协会和上海阿波罗机械股份有限公司为牵头单位，中国核电工程有限公司、福清核电有限公司、中广核运营有限公司等共同参加起草团体标准《核电站海水循环泵设计、制造、安装、调试、运维标准》《核电站主给水泵设计、制造、安装、调试、运维标准》《核电站凝结水泵设计、制造、安装、调试、运维标准》。

九、浙江久立特材科技股份有限公司

浙江久立特材科技股份有限公司创建于 1987 年，是一家专业致力于工业用耐蚀耐温耐压不锈钢及特种合金管材、棒材、线材、双金属复合管材、管配件及锻件等管道系列产品研发与生产的行业领军上市公司。2022 年，实现销售收入 65.37 亿元，同比增长 9.43%。

2022 年，公司经受住了内外部复杂环境的考验，用科研创新武装自身，抓住时代发展契机，始终致力于以先进的技术装备、领先的检试验分析手段、鲜明的品牌形象、卓越的产品质量、优质的客户服务为我国核电事业发展及“以国代进”的国产化事业贡献力量。

公司是国内同行业中首家通过美国 ASME Ⅲ认证并取得 NPT 钢印的核安全 1、2、3 级不锈钢管的制造单位，获得加快进入国际核电市场的准入证。此外，公司也是国内较早获得国家核安全局颁发的《民用核安全机械设备制造许可证》的生产企业，也是目前国内唯一一家具备核安全 2、3 级不锈钢焊接管生产资质且产品已交付核电站使用的企业。

公司依托完善且有效运行的核安全质量保证体系，有效确保了核电产品的可靠质量。目前，公司制造并提供的各类核安全 1、2、3 级不锈钢管，包括核电蒸汽发生器、反应堆压力容器、堆内构件、控制棒驱动结构、余热排出换热器等用管，已成为国内外核电机组关键设备及部件之一。

公司非常重视科研创新，加大科技投入，引领行业发展，依靠多年来在技术研发、科技创新方面的持续投入，形成了人才、装备、运行机制、规划战略统一协调的创新体系，科技成果层出不穷，产品质量稳步提升，同时特聘院士专家团队，进行重点技术攻关，开发出具有自主知识产权的核电用高性能、高精度管材制造工艺技术，实现了国产化。由于综合性能先进，产品已广泛应用于各重大核电工程项目。

1. 第三代核电蒸汽发生器用 Inconel 690TT 合金 U 形传热管全流程生产化模式研制

690TT 合金是目前最常用的核电蒸汽发生器传热管材料。公司采用控股子公司“湖州久立永兴特种合金材料有限公司”冶炼锻造生产的 690 合金棒材，实现了从冶炼到制管全流程化生产模式，成功研制并批量生产第三代核电蒸汽发生器用 690TT 合金 U 形传热管,并通过产品评定。2022 年 10 月完成核电机组蒸汽发生器用 NC30Fe 合金传热管产品制造及交付，同时该类型管材首次以无缝管制造方式国产化，管材在尺寸及组织均匀性等方面均达到了国际先进水平。至此，公司同时具备为不同压水堆核电堆型蒸汽发生器用传热管供货业绩。

690TT 合金不仅是压水堆核电站所需的关键材料，在其他石化等重点领域也有着广泛的应用。

2.“核电汽水分离再热器（MSR）用 TP439 翅片换热管”通过鉴定

2022 年 7 月，由公司与设计院、用户等联合承接的国家重大专项“核电汽水分离再热器（MSR）用 TP439 翅片换热管”通过产品鉴定，实现了从原材料到换热管的全产业链国产化，各项性能指标达到国际同类产品先进水平，其中耐腐蚀性能优于进口产品。截至目前，公司研制生产的 TP439 翅片换热管已有订单交付，主要用于目前各大核电机组上。

3. 核电用异型管研制开发

公司研制的核电用异型管已成功进入核电领域。公司是目前国内能满足核聚变 ITER 项目要求的 PF/TF 导体铠甲的唯一供应商。生产的不锈钢方圆管在性能、尺寸及标准质量方面均完全满足技术条件要求，其中低温性能尤其突出。产品质量达到国际领先、国内第一，并已具备批量生产的能力。

此外，为满足核电站建设的需求，提高公司核电用管的市场竞争力，其他核电 π 型管、第四 / 五代核电站用异型管也是公司目前集中优势资源、重点研发的产品。

4. 非能动余排 C 型管填补空白

非能动余排是第三代核电（“华龙一号”/AP1000）必备的关键核安全级设备，非能动余排 C 型管是非能动余热排出热交换系统中的关键核心部件。为此，公司专门成立课题研发团队，对相关技术条件和标准充分斟酌、反复研讨，顺利完成产品的研制、工艺优化和定型，形成具有自主知识产权的科研成果。公司产品先后供给各大设备厂，填补了国内空白。

5. 核电堆内构件用管材持续供货

堆内构件是反应堆内的“龙骨”，主要为反应堆堆芯核燃料组件提供可靠的支撑，承受堆芯部件的全部载荷，并为各类堆芯测量、控制装置提供精确的定位和标准的冷却剂流动通道，可以有效防止核安全事故的发生，是保障核电安全运行的核心设备。

2022 年，公司持续为“华龙一号”、CAP1000 等多个在建核电项目提供套筒、上部筒体、“C”形管、支撑柱、堆测密封组件等多项堆内构件用管材部件。上述产品各项指标均满足客户采规设计要求，管材力学性能、尺寸精度、均匀性、稳定性均达到了国际先进水平。

6. 核电常规岛用凝汽器 Gr2 钛焊管交付

鉴于钛焊管加工制造难度大，主要是成型、焊接、热处理工艺难掌握，公司通过工艺技术攻关，采用精确的成型辊速度匹配工艺技术，提高了钛焊管的尺寸精度、平直度和过程的稳定性，该新产品（新技术）通过浙江省经济和信息化厅鉴定。2022 年 4 月，核电常规岛用凝汽器 Gr2 钛焊管产品顺利交付，产品应用于核电常规岛凝汽器，可替代进口产品，实现了国产化。

截至 2022 年度末，公司建立“专家领航科研创新”的研发机制，拥有研发人员 422 人，其中全职院士 1 人、享受国务院政府特殊津贴专家 3 人、市级以上创新团队 4 个、博士 8 人、高级职称 90 人。2022 年 11 月，4 名博士后进站开题报告会在公司顺利召开，为公司研发创新集聚高端人才积蓄力量。同时，公司大力推动与大专院校、科研院所合作，建立国内外产学研用机制，合作共创研究中心、联合实验室、研发机构、战略联盟等研发创新平台。

公司始终致力于重点产品的自主研发和创新成果的积累，形成自主知识产权。2022 年，公司申请专利 17 项，其中发明专利 10 项、PCT 国际专利 1 项；形成内部专有技术 20 项；主持 / 参与制修订国家标准、行业标准 4 项，经备案发布的企业标准 10 项；国内外各大期刊、杂志上共计发表论文 20 余篇。

公司将继续实施知识产权强企战略，走好科技创新发展之路，加大核电领域关键产品的研制力度，提升平台建设、科研创新、人才培养等方面的投入，激发创新活力，加快技术成果产业化步伐，推动公司科技创新可持续发展。

十、广东正超电气有限公司

广东正超电气有限公司始创于 1991 年，是获得国家核安全局民用核安全设备设计 / 制造许可证的智能开关设备、核安全电气设备、新能源设备研发、制造、服务企业，是中核集团、中国广核集团、中国华能集团、国家电网、南方电网等央企的优秀供应商，组建有省级工程中心、企业技术中心、工业设计中心，获得工信部绿色工厂，省智能制造试点示范等资质。

产品广泛应用于核电、电网、火电、新能源等国家重点项目，主要业绩有：核电盘箱柜配套于 30 台核电机组共 26 万台，供货总量全国第一名；中压开关柜用于国网、南网 1 765 座变电站共 4 万台，在南网的供货总量第一名；中压环网柜 / 户外开关箱用于 3 848 项配网工程共 5.31 万单元；低压柜配套于 195 台发电机组和配网工程共 2.7 万台；交流充电桩 / 直流充电机 1 700 台。产品质量安全、稳定，深受央企用户好评。

2022 年公司的主要业绩

1. 核电领域方面

聚焦客户需求，做好项目管理和风险管理。2022 年，正超电气高质量、高效率完成漳州核电 1、2 号机组，辽宁红沿河核电 5、6 号机组，防城港核电 3、4 号机组，太平岭核电 1、3 号机组的各合同采购包的供货任务；结合漳州项目进行核电厂盘箱柜的零部件商品级物项质量验证试点工作；配合完成中核龙瑞科技有限公司产业园工程盘箱柜的现场安装调试工作；结合中核四 0 四有限公司产业园Ⅱ工程完成安全级低压柜取证的文件评审和对话会；新签订浙江三澳核电 1、2 号机组和海南昌江核电 3、4 号机组各合同采购包。

2. 产品研发方面

完成漳州项目“华龙一号”核电机组安全级仪控就地盘箱柜、太平岭项目 LOT88AC 包鉴定样机，和太平岭项目 LOT88B 包鉴定样机 K1 接线箱维修冷停堆，及主蒸汽管道破裂环境条件质量鉴定的全套鉴定试验工作；自主研发智能传感器、智能终端、智能驱动器、智能诊断算法，并利用数字孪生和 5G 技术，通过采集信息、分析数据，建立健康档案，为设备状态、寿命预测分析提供可追溯的量化数据，实现开关设备在线智能运维，最大程度降低设备故障率及非预期停电，满足智能电网和智慧运行要求。公司是国内主流智能开关设备制造商，自主研发的模块化智能开关设备符合我国新型电力系统信息化、数字化、智能化的技术方向，已率先运行在南网首座新一代智能变电厂—110 kV 猎桥变电站、首座数字孪生变电厂—110 kV 光谱变电站中。

3. 核电质保体系建设方面

根据法规 HAF003 及相关导则编制《核电质量保证大纲》，并结合监管部门、采购方的审查意见持续修订改进，目前已形成一套完整的质量保证体系文件，并在漳州、红沿河、防城港等核电项目实施。持证期间，核安全监管部门及采购方对公司进行现场监督、监查共 7 次。定期（每年至少 1 次）开展内部监查及管理部门审查，确保核质保体系有效运行。

4. 电网领域方面

在南方电网年度主网、配网框架招标项目连续中标，中标金额约 6.43 亿元；国家电网主网市场先后中标山东、湖南、安徽、江苏等省份工程；为电网运行提供反事故措施、技术改造快速响应的服务，已完成 3 609 台次；建立数字化电网仿真系统培训基地，为运维人员提供仿真实操培训，已完成 3 012 人次；为南网科研院、南网数研院、广州供电局等客户提供科研项目协同支持，已完成 50 余项。

公司贯彻“创新驱动发展”战略，通过科技成果转化应用，在近三年疫情影响的不利环境下，主要经营指标仍大幅度逆势增长，2020 至 2022 年营业收入分别为：5.03 亿元、5.32 亿元、6.94 亿元，平均增长 18%，上缴税费 2 044 万元、2 931 万元、3 632 万元，平均增长 34%。

十一、大全集团有限公司

大全集团是电气、新能源、轨道交通领域的制造商，主要研发生产中低压成套电器设备、智能元器件、轨道交通设备、新能源硅材料等。在江苏扬中、南京江宁、重庆万州、新疆石河子、内蒙古包头、湖北武汉拥有 6 个生产基地、3 个研究院、23 家制造企业，与德国西门子、瑞士赛雪龙等国际公司设有多家合资企业，在美洲、欧洲、东南亚、中东、非洲建立 20 多家分支机构。

在电气设备领域，大全集团为客户提供 220 kV 以下 GIS、中低压成套电器设备、智能元器件、母线、变压器、电力系统自动化和系统集成；为客户提供包括新能源发电系统、智能变电站系统、配网自动化系统、工厂自动化及能效管理系统等解决方案。大全集团在中低压成套电器、低压母线槽、直流牵引供电设备等领域居于国内同行前列。

大全集团拥有由国家能源局授牌的武汉新能源接入装备与技术研究院和南京大全电气研究院，以及国家级博士后科研工作站、院士工作站、国家级企业技术中心、国家级电气检测站等研究机构，形成完备的三级科研创新体系，研发人员 1 000 多人；集团每年的科技投入均超过当年销售额的 5%。近年来，承担和实施了 160 项国家和省级科技项目，主导和参与 56 项国家、行业和团体标准制定。截至 2022 年底，累计拥有有效专利共 1 871 件，其中发明专利 259 件。2014 年，大全集团被国家工信部授予国家技术创新示范企业，2016 年获得国家技术发明奖二等奖，2017 年获得国家科技进步奖一等奖，2019 年获得国家科技进步奖特等奖，2020 年获得中国工业大奖。

（一）2022 年企业发展情况

2022 年，大全集团紧紧围绕“创新驱动、高质量发展”的科学理念，克服疫情影响，抢订单、拼质量、稳发展，取得了可喜的成绩。订单、产值、利润等各项经济指标再创新高，开创了集团发展的新局面；数字制造扎实推进，综合实力进一步提升；大全能源乘势而上，年度签订订单 128.6 万吨；内蒙古大全新能源投资 85.5 亿元在包头建设的 10 万吨 / 年高纯多晶硅 +1 000 吨 / 年半导体多晶硅项目进展顺利，计划 2023 年二季度建成投产；集团先后荣获军事科学技术进步奖特等奖、中国电气工业领军企业十强、中国机械工业百强企业、中国制造业民营企业 500 强、江苏制造突出贡献奖优秀企业等荣誉。

（二）核电配套电气产品制造能力

大全集团有多家制造公司与核电行业长期保持友好合作，投身全国多个核电项目建设，2022 年主要涉及核电的制造公司在产品技术、核电业绩、智能制造、品质管理等方面取得进步和发展，企业情况如下：

1. 镇江默勒电器有限公司

镇江默勒电器有限公司成立于 1993 年，自创建以来，默勒人始终秉承“专业、专心、专注”的理念，深耕低压成套设备主业，致力于为中国产业高质量发展提供卓越的配电产品与服务，先后获评国家重点高新技术企业、全国守合同重信用企业，拥有江苏省示范智能工厂、江苏省工程技术研究中心、江苏省研究生工作站，企业规模、智能制造水平及产品品质得到各行业用户的高度认可。

产品技术创新及业绩

镇江默勒产品顺利通过 CCC、ASTA、CE、CB 等机构认证，通过老化、EMC、抗震等多项严苛试验，在核电多个项目现场安全、稳定运营，还被广泛应用于能源电力（火电、水电、风电、生物质发电、新能源发电等）、轨道交通、石油化工、通讯电子、数据中心、中央政府工程等领域。

镇江默勒参与中广核、中核集团、国家电投的全国多个项目，为岭澳核电、红沿河核电、宁德核电、防城港核电、阳江核电、田湾核电、徐大堡核电、“国和一号”示范工程等一批国家重点工程提供优质产品与服务。近年来，镇江默勒与中广核工程有限公司强强联合，在民用核安全电气设备的关键技术上取得重要成果；2022 年 11 月份，镇江默勒 1E 级成套开关设备和控制设备顺利完成全部 70 余项试验（其中最关键的 1E 级抗震试验在同济大学试验机构一次性通过）。

智能制造

镇江默勒以建设输配电设备智能工厂为目标，围绕智能制造重点领域，推进智能工厂整体架构设计，形成离散型智能制造环境，立足于高品质产品、高效率制造、低能耗生产三大核心，研发、改造或者新购自主可控的智能核心装备及智能产线，包括抽屉生产流水线、框架组装机器人、二次线缆全自动加工设备、一次线缆机器人加工设备、AGV 激光物流转运设备、机器人折弯装置、激光切割冲压装置、铜排智能加工中心等，将数字化融入低压成套设备制造的全过程，实现关键工序数字化产线覆盖率 100%。

品质管理

针对核电等重点领域客户的需求，自 2014 年开始，镇江默勒全面打破传统管理模式，推行流程化管理与扁平化架构，实现面向用户的项目协同管理；2016 年，镇江默勒构建适应离散型制造企业的高效业务协同平台，以 ERP 系统为核心，集成 PDM、MES、WMS、OA、服务云平台等系统，实现从客户需求、履约计划、工程设计、工艺路线、物料齐套、产品制造、质量管控、客户服务等项目执行全过程的信息化精益管理；2018 年，镇江默勒正式启动“智改数转”创新变革，通过智能管理平台实现所有关键业务环节的动态链接，管理层、业务层可以实时掌控从客户订单，到履约过程监管，到品质管控追溯，到产品交付发货，到现场服务的全流程，数字化管理引擎正在进一步驱动镇江默勒更好服务客户；2022 年，镇江默勒打造数字孪生可视化运营管理平台，基于工业物联、信息全程追踪、虚拟现实等技术，从宏观到微观实现“一眼看全、一眼看穿、一眼看透”的立体可视化管理。数字赋能，让镇江默勒的履约交付能力快速达到行业领先水平。

2. 镇江市电器设备厂有限公司

镇江市电器设备厂有限公司成立于1987年，注册资本1.1亿元，是大全集团下属专业从事电缆桥架及其支吊架的研发、生产及销售的全资子公司。公司长期担任全国电器附件标准化技术委员会桥架分技术委员会副组长和秘书长单位，组织GB/T 21762国家标准《电缆管理 电缆托盘系统和电缆梯架系统》、JB/T 10216行业标准《电控配电用电缆桥架》的制定；是国家高新技术企业，江苏省“守合同重信用”企业，中国电器工业协会会员单位、标准化良好行为示范企业、AAA级资信等级单位。

公司主要产品有ZQJ钢制电缆桥架、LQJ铝合金电缆桥架、ZEEF系列C型钢、ZH抗震支架、核级抗震电缆桥架等。产品一次性通过ISO9001、ISO14001、OHSAS18001三体系认证，并通过同济大学国家重点抗震实验室抗震试验、国家防火建筑材料质量监督检验中心耐火试验、企业知识产权管理体系认证、绿色供应商管理认证、中国质量认证中心节能产品认证、中核兴原等国家权威机构认证，以及欧盟CE、GOST等国际认证。

产品研发

（1）CAP1000/1400核电站电缆桥架及支吊架研制。电缆桥架及支吊架是为核电站动力、控制及仪表等电缆提供支撑保护的设备，是核电站运行的重要保证。为了尽快实现CAP1000/1400核电自主化建设，根据《中国制造2025》要求，镇江市电器设备厂有限公司自筹资金与上海核工程研究设计院于2015年6月签订了《CAP1000/1400核电站电缆桥架及支吊架项目》开发合同，双方各自发挥在生产制造、设计计算方面的优势，共同研发CAP1000/1400核电站电缆桥架及支吊架。经过一年的努力，2016年6月25日，镇江市电器设备厂有限公司CAP1000/1400核电站电缆桥架及支吊架产品的研制成果通过鉴定，其产品设计和性能已达到国际先进水平，具有良好的社会效益和经济效益，可推广应用于其他核电工程。

（2）“华龙一号”核岛及涉外核电桥架开发。“华龙一号”及涉外核电桥架，是公司与中广核共同合作的核电项目，主要是在EPR核岛基础上开发的核电桥架，囊括了防城港BOP和主控室的特殊架构要求；从产品的结构选型到抗震试验的包络要求，涉及考量的物项众多，有桥架、所有形式的托臂、连接附件、紧固件等，均选取最薄弱的进行验证考核，公司克服了研制过程中的所有技术难点，顺利通过抗震试验，并获得试验报告。

公司成功中标“华龙一号”项目包括：防城港核电3、4号机组，太平岭核电1、2号机组，三澳核电1、2号机组，陆丰核电5、6号机组，防城港核电6号机组等。

智能制造

近年来，公司累计投入4 000余万元改造厂房、添置自动化设备，大力推进从产品设计到制造过程的信息化、数字化和智能化，从而提高产品加工的精准度，实现高质量的生产。

核电业绩

公司与核电行业的合作历史达 25 年，从 1997 年 5 月岭澳一期至今，累计涉及 27 台百万千瓦级压水堆核电机组。在合同执行过程中，公司生产供货能力及产品质量均得到业主及采购方的认可。

核安全监管和核应急

核与辐射安全监管

一、综述

2022 年，我国民用核设施的运行安全和建造质量处于良好状态，运行核电厂、研究堆、核燃料循环设施、放射性废物贮存和处理处置设施，以及放射性物品运输活动，均未发生国际核事件分级表（INES）2 级及以上安全事件或事故，核设施的运行事件和建造事件得到妥善处理。[1]

2022 年，全国辐射环境质量总体良好，核设施周围环境电离辐射水平、电磁辐射发射设施周围环境电磁辐射水平总体无明显变化。

（一）法治建设

生态环境部（国家核安全局）开展《中华人民共和国放射性污染防治法》修订工作，推进电磁辐射污染防治立法研究论证，配合推进原子能法立法工作。推动开展《核材料管制条例》修订工作，继续开展《民用核安全设备监督管理条例》修订论证。发布部门规章 1 项、导则 6 项、标准 2 项。

加强核安全监管规范化建设，完善核与辐射安全管理体系运维机制，完成 100 余份体系程序文件的制修订工作，为监管持续提供制度“工具箱”。举办依法行政和法规标准专题培训班，提升依法行政的理论及实践水平。

（二）能力建设

推动国家核与辐射安全监管技术研发基地能力建设。“十四五”期间国家 102 项重大工程之一的 3 个区域核与辐射应急监测物资储备库建设报审工作有序推进。后处理核材料衡算验证实验室和共建安保可视化监督管理联合实验室具备运行条件。全面建成国家核安全局核电厂风险监测平台，完成所有运行机组模型开发。核安全监管力量建设取得阶段性成果，中编办批复生态环境部（国家核安全局）增加 102 个核安全监督编制。

（三）核安全文化建设

生态环境部（国家核安全局）开展核安全文化建设和评估标准研究，向国家标准化管理委员会申报《核安全文化建设通用要求》立项。推进编制核安全文化监督检查大纲。编制核安全文化政策性顶层设计材料，组织调研相关单位核安全文化工作开展情况，汇编国内涉核企业核安全文化建设文件和国际核安全文化法规等。制定核与辐射安全监管部门和直属单位核安全文化专项培训方案，开展经验交流。

（四）强化监管

全力保障核电机组运行安全，生态环境部（国家核安全局）严格开展运行核电厂安全重要修改、定期安全评价等的技术

1 本报告不含中华人民共和国港澳台地区相关数据。

审评，按照监督大纲和程序要求开展现场监督；积极推进风险指引型的监管方式，印发《“十四五”风险指引型核安全监管工作试点实施计划》；积极推动有关核电厂的技术规格书优化工作，批准了国内首例试点核电厂6台机组技术规格书优化申请，并顺利完成优化后技术规格书的切换工作。严格开展在建核电厂监督审评，重点做好首堆、新堆监管，按计划推进新建核电厂核安全许可和环评文件审批。持续强化研究堆核安全监管，依法规范开展在役在建研究堆日常监管，切实做好新建研究堆项目审批工作。国家核安全局经验反馈体系有效运转，组织对多起具有经验反馈价值的典型事件开展独立评价；联合国家能源局印发《核电厂取水工程堵塞物防控设计指南》《核电厂取水安全运行和异常响应管理指南》。

完成乏燃料容器延寿研究和首次延寿审查，颁发首个国家核电废物集中处置场运行许可。多项履行《乏燃料管理安全和放射性废物管理安全联合公约》成绩获国际同行肯定。组织对314家生产、使用电子辐照加速器的单位开展专项检查。完成对全国31个省区市核与辐射建设项目环评复核的首轮全覆盖。持续强化核安全设备和核安全特种人员监管，坚决落实“两个零容忍”要求。多措并举处理各类违法违规行为。

为期三年（2020—2022）的“全覆盖、查隐患、补短板”核与辐射安全隐患排查行动圆满收官，各项任务如期完成。行动覆盖全国民用核设施营运单位、铀矿冶单位、核技术利用单位和核安全设备持证单位。据不完全统计，各地区监督站共开展监督检查6 100余次，投入人员43 000余人天，发现问题7 300余项。督促营运单位拉单挂账逐项整改。加强对隐患排查总结评估，全面梳理分析，明确共性问题和突出风险，总结良好实践，提出对策建议，完成三年行动总结报告。

（五）技术支持

2022年，核与辐射安全中心承接工作任务3 673项，承担审评任务884项，累计派出现场监督技术支持560人次，形成各类技术文件2 473份，为国家核与辐射安全监管提供全面技术支持。强化质量保障技术支持体系，有序推进22台在建机组核安全审评，保障中国大陆55台机组安全稳定运行，保质保量完成安全审评任务。全面推进辐射风险防治，不断深化提升安全监管研发能力，加速推进核与辐射安全监管信息化建设，做好公共宣传与公众沟通，有序开展信息交流与国际合作。

2022年，辐射环境监测技术中心优化《全国辐射环境监测方案》，组织实施2022年度全国辐射环境质量监测、国家重点监管核设施的监督性监测。积极开展我国管辖海域海洋辐射环境专项监测，编制《海洋辐射环境专项监测报告》。为全国各省开展辐射环境自动监测站运维工作提供专项技术指导，确保全国辐射自动站数据获取率超过97%。汇总分析全国辐射监测数据，编制《全国辐射环境质量报告》《国家重点监管核与辐射设施监督性监测报告》等，为核与辐射安全监管提供有力支撑。

2022年，中国环境文化促进会正式更名为“中国核安全与环境文化促进会”，成功召开全国会员代表大会，构建形成决策机构理事会、执行机构秘书处、咨询机构专家委员会“三位一体”组织架构。组织开展“积极安全有序，迈向清洁世界——核电企业环境社会责任”“喜迎二十大 核安全这十年”“美丽中国——生态环境书画展”等宣传沟通活动。联合举办“中国国际核电工业及装备展览会”“第二届碳中和国际法治论坛”等行业交流论坛。

此外，2022年度，苏州核安全中心、中机生产力促进中心、北京核安全审评中心、上海核安全审评中心等长期技术支持单位也依据国家核安全局年度工作计划完成了各自承担的审评和监管技术支持任务。

二、政策法规

（一）核安全政策规划

支持国家高端智库开展“中国核安全观的理论与实践”“进一步发挥制度优势提升核安全治理效能”等课题研究。经国务院批复，生态环境部（国家核安全局）联合国家发展改革委、财政部、国家能源局、国防科工局印发“十四五”核安全与放射性污染防治规划，制定分工方案，组织实施。完成《核安全与放射性污染防治“十三五”规划及2025年远景目标》中“十三五”目标任务完成情况评估。

（二）法规标准制修订

生态环境部（国家核安全局）修订发布《核动力厂调试和运行安全规定》部门规章；推动《区域电磁质量监测与评估方法（试行）》等国家标准和环境标准制修订；有序开展《核动力厂设计安全规定》配套导则及铀矿、伴生放射性矿、放射性废物、放射性物品运输等各领域导则的制修订工作。

全年正式发布9项法规标准文件，其中部门规章1项、核安全导则6项，国家标准1项、环境标准1项。国家核安全专家委员会共审议法规标准项目34项次，其中部门规章5项次、核安全导则6项次、标准19项次，技术文件4项次。

三、核电厂安全监管

2022年，我国共有运行核电机组55台、在建核电机组22台。核电厂营运单位共报告运行事件28起，建造事件3起，运行核电厂未发生危及公众和环境安全的放射性事件。监测结果表明，各核电厂三道安全屏障的完整性全年均处于良好状态。

2022年，生态环境部（国家核安全局）颁发廉江核电厂1、2号机组、太平岭核电厂3、4号机组、华能山东石岛湾核电厂扩建一期工程场址选择审查意见书，三门核电厂3、4号机组、海阳核电厂3、4号机组、陆丰核电厂5、6号机组建造许可证，以及红沿河核电厂6号机组、防城港核电厂 3 号机组运行许可证。

四、核燃料循环设施安全监管

2022 年，我国在役核燃料生产、加工、贮存和后处理设施安全运行，继续保持良好的安全纪录，在建设施建造质量得到有效控制。核燃料循环设施的核与辐射安全可控，未对工作人员、公众和环境造成不可接受的核与辐射危害。

2022 年，生态环境部（国家核安全局）批复 17 项建设项目环境影响报告书，颁发 2 项建造许可证（含 1 项变更），批准 1 项运行许可证延续，批准 10 项核安全技术改造。组织开展对相关核设施安全隐患的监督检查。

五、铀矿和伴生放射性矿辐射环境监管

2022 年，生态环境部（国家核安全局）对 512 铀矿地浸退役采区地下水异位 - 原位协同生物修复技术研究等 13 个铀矿冶和铀地勘建设项目和退役项目进行了环境影响评价文件审批。

组织开展铀矿冶企业 2021 年度流出物和环境监测年报审查、伴生放射性矿开发利用企业环境辐射监测及信息公开工作专项核实。按照《关于开展核与辐射安全隐患排查工作的通知》（环办核设函〔2020〕215 号）工作安排，组织开展铀矿冶设施监督检查和隐患排查，督促企业加快退役治理进度，及时消除环境隐患。

六、放射性废物安全监管

大力推进放射性废物处置场建设，加强放射性废物安全监管，推动历史遗留放射性废物处理和处置和老旧核设施退役治理，做好放射性废物处置场、放射性废物贮存和处理设施运行安全监督。

2022 年，生态环境部（国家核安全局）向甘肃龙和环保科技有限公司颁发龙和近地表处置场运行许可证，批准飞凤山低中放固体废物处置场运行许可证许可限值变更。

进一步加强历史遗留放射性废物安全监管，推动老旧核设施退役和历史遗留放射性废物处理、处置。颁发清华大学屏蔽实验反应堆第一阶段退役、中核建中核燃料元件有限公司放射性废物焚烧站退役等 4 个退役项目批准文件。2022 年共批复 10 项环境影响评价相关文件，开展 10 次专项检查。

七、放射性同位素与射线装置安全监管

2022 年，由生态环境部（国家核安全局）负责监管的生产放射性同位素（制备 PET 用放射性药物自用的除外）的单位、销售和使用 I 类放射源（医疗使用的 I 类放射源除外）的单位、销售（含建造）和使用 I 类射线装置的单位以及具有甲级非密封放射性物质工作场所的单位共 213 家，均处于辐射安全受控状态。

2022 年，共向 5 家核技术利用单位

发放辐射安全许可证，完成37家单位许可证延续、21家单位许可证重新申领、28家单位许可证增项和33家单位许可证变更审批，1家单位许可证部分注销。完成1项退役核技术利用项目环境影响评价批复，以及1项有条件豁免复函。

八、核材料管制

2022年，生态环境部（国家核安全局）依据《中华人民共和国核安全法》《中华人民共和国核材料管制条例》及其实施细则等相关法律法规，履行核材料管制工作职责，各地区监督站对核材料许可证持有单位开展相关检查，有效加强对核材料的监督管理。

在核材料许可证核准方面，对中核新疆供应链有限公司的核材料许可证核准申请进行技术审核和现场检查，完成核准程序。

九、放射性物品运输安全监管

2022年，我国放射性物品运输活动安全实施，未发生核与辐射事件或事故。

2022年，生态环境部（国家核安全局）颁发12个一类放射性物品运输容器设计批准书（含11个变更和延续）；颁发3个一类放射性物品运输容器制造许可证（含2个变更和延续）；批准11个境外设计制造的一类放射性物品运输容器在中国境内使用（含6个变更和延续）；批复44个放射性物品运输核与辐射安全分析报告书（含28个变更和延续）。

十、民用核安全设备监管

（一）行政许可

2022年，生态环境部（国家核安全局）全年受理并立项审查的民用核安全设备许可证申请单位共127家；批准122家单位的许可证申请，其中新取证单位9家，延续许可证单位40家，变更许可证单位73家。截至2022年底，国内持有民用核安全设备设计、制造、安装和无损检验许可证的单位共计224家。

受理并立项审查的进口民用核安全设备注册登记申请单位共53家，批准21家。截至2022年底，持有民用核安全设备设计、制造和无损检验注册登记确认书的境外单位共计181家。

（二）进口设备安全检验

依法开展进口民用核安全设备的安全检验工作，进一步规范和优化安全检验工作流程。安检申报单位共提交安全检验申报材料（含口岸和开箱文件）497批次，其中机械设备260批次，电气设备214批次，机电联合23批次。审查放行433批次，退回64批次，参加开箱见证39批次。

（三）监督检查

依据监督检查大纲和工作计划，华北核与辐射安全监督站对国内单位实施30次综合性检查和21次专项检查，共发现问题469个，提出整改要求182条，对监督检查中发现的问题及时提出整改要求，组织专家对影响核安全的重大不符合项进行审评和专项检查。2022年度民用核安全设备设计、制造、安装和无损检验活动的质量基本处于受控状态。

十一、辐射环境监测

生态环境部（国家核安全局）印发实施2022年全国辐射环境监测方案，组织各省做好国控网运行管理，自动站全年实时监测数据获取率平均稳定在97%以上。继续加强质量管理工作，修订辐射环境监测人员持证上岗考核实施细则，完成年度监测项目质量考核和业务培训工作，举办气溶胶和沉降物的样品采集与处理、辐射环境监测质量保证与质量控制技术、辐射环境自动监测与自动站运维和环境介质中碳-14采样及测量培训班。完成对湖南、广东、河南等省份国控网监测点位调整的批复。完成对浙江三澳监督性监测系统选址方案、广东太平岭核电厂监督性监测系统建设方案的批复，完成山东石岛湾核电厂监督性监测系统验收。

（一）电离辐射环境监测

2022年，全国环境电离辐射水平处于本底涨落范围内。环境γ辐射剂量率处于当地天然本底涨落范围内。空气中天然放射性核素活度浓度处于本底水平，人工放射性核素活度浓度未见异常。长江、黄河、珠江、松花江、淮河、海河、辽河七大流域和浙闽片河流、西北诸河、西南诸河及重要湖泊（水库）中天然放射性核素活度浓度处于本底水平，人工放射性核素活度浓度未见异常。城市集中式饮用水水源地水、饮用用途的地下水中总α、总β活度浓度低于《生活饮用水卫生标准》（GB 5749—2006）规定的指导值。近岸海域海水和海洋生物中天然放射性核素活度浓度处于本底水平，人工放射性核素活度浓度未见异常，其中海水中人工放射性核素锶-90和铯-137活度浓度远低于海水水质标准，海洋生物中人工放射性核素锶-90和铯-137活度浓度低于《食品中放射性物质限制浓度标准》（GB 14882—94）规定的限制浓度。土壤中天然放射性核素活度浓度处于本底水平，人工放射性核素活度浓度未见异常。

（二）核设施周围环境电离辐射

运行核电基地、民用研究堆、核燃料循环设施、放射性废物处置设施周围环境γ辐射剂量率，空气、水、土壤、生物等环境介质中与设施活动相关的放射性核素活度浓度总体处于历年涨落范围内。评估结果显示，上述核设施运行对公众造成的辐射剂量均远低于国家规定的剂量限值，未对环境安全和公众健康造成影响。

（三）铀矿冶设施周围环境电离辐射

铀矿冶设施周围环境γ辐射剂量率，空气、水和土壤中与设施活动相关的放射性核素活度浓度总体处于历年涨落范围内。

（四）电磁辐射

2022年，31个省（区、市）环境电磁辐射国控监测点的电磁辐射水平，监测的广播电视发射设施、输变电设施、移动通信基站周围电磁辐射敏感目标处的电磁辐射水平总体低于《电磁环境控制限值》

（GB 8702—2014）规定的公众曝露控制限值。

十二、人员资质管理

2022 年，生态环境部（国家核安全局）深入推进操纵人员资格管理科学化、规范化，优化操纵人员审批流程。推动操纵人员信息系统优化升级，提高操纵人员资格管理信息化水平。编写特种工艺人员事中事后管理办法，组织编制《民用核安全设备特种工艺人员违法违规案例汇编》，强化特种工艺人员监管体系建设。修订完成《民用核安全设备无损检验人员考试大纲》和《考试大纲修订说明》，强化无损检验人员核心能力建设。编制《2022 年核与辐射安全监管人员行政执法证件培训考试工作组织实施方案》与行政执法证件考试题库，发布《核与辐射安全监管人员行政执法证件培训教学大纲》，加强和规范行政执法证件培训考试工作。

（一）民用核设施操纵人员资质管理

2022 年，共颁发 5 批民用核设施操纵人员执照，共计 1 237 人，其中核动力厂操纵人员 1 126 人，民用研究堆操纵人员 111 人。

截至 2022 年 12 月，共计 2 855 人持有核动力厂操纵人员执照，其中 1 676 人持有高级操纵员执照，1 179 人持有操纵员执照；共计 276 人持有研究堆操纵人员执照，其中 150 人持有高级操纵员执照，126 人持有操纵员执照；共计 53 人持有后处理生产设施操纵人员执照，其中 9 人持有高级操纵员执照，44 人持有操纵员执照。

（二）民用核安全设备无损检验人员资质管理

2022 年，发布 2 批民用核安全设备无损检验人员考试计划，组织全国 5 家无损检验人员考核单位举行 17 场无损检验人员资格考试，颁发 7 批民用核安全设备无损检验人员资格证书，共批准 737 人、790 项。

截至 2022 年 12 月，共计 7 119 人持有 17 062 张民用核安全设备无损检验资格证书，其中高级（Ⅲ级）证书 1 118 张，中级（Ⅱ级）证书 12 023 张，初级（Ⅰ级）证书 3 921 张。

（三）民用核安全设备焊接人员资质管理

2022 年，发布 2 批民用核安全设备焊接人员考试计划，组织全国 13 家民用核安全设备焊接人员考核单位举行 35 场焊接人员资格考试，颁发 8 批民用核安全设备焊接人员资格证书，共批准 2 582 人、2 893 项。截至 2022 年 12 月，共计 4 946 人持有 6 627 张民用核安全设备焊接人员资格证书。

（四）注册核安全工程师资质管理

2022 年，共有 1 382 人报名参加注册核安全工程师执业资格全国统一考试，586 人实际参考，141 人取得注册核安全工程师执业资格。全年共完成 4 批次注册核安全工程师注册登记，批准 314 人的注册申请，其中注册 154 人，延续注册 140 人，注册单位变更 20 人。

截至 2022 年 12 月，全国共计 4 781 人获得注册核安全工程师执业资格证书，1 837 名注册核安全工程师在 235 家单位执业。

（五）核与辐射安全监督检查人员培训

生态环境部（国家核安全局）统筹疫情防控和业务需求，编制发布《国家核安全局 2022 年度业务培训计划》，共完成业务培训 19 期，包括 16 期线上培训，3 期线下培训。参训学员共计 1 707 人次，共收录 141 门课程的视频资料。

核与辐射事故应急

一、国家核应急活动

1 月 7 日，国家核应急办主任董保同一行调研国家电投集团。期间，国家核应急响应技术支持中心与国家电投集团签署了战略合作框架协议，双方将在核应急技术研究和成果应用、核电科普与核应急公众宣传、核应急能力基础建设保持和提升、核应急人才培养及国际合作等方面开展全方位合作。

2 月 12—15 日，国家原子能机构副主任、国家核应急办主任董保同一行赴广东调研核电、军工核设施安全和核应急准备工作情况。调研组先后到台山核电基地、阳江核电基地及中广核先进燃料研制中心等地调研，参观浏览了核电配套环保设施、铀矿冶和核应急基础设施。在调研核应急工作时，调研组指出核应急军民一体，是国家治理体系和治理能力的重要组成部分，当前我国正向核强国迈进，核应急作为核安全最后一道防线，要按现代化强国建设目标提升能力水平。调研组强调，广东作为核电大省，核应急工作起步早，建立了较为完整的核应急响应体系，许多工作走在全国前列，后续随着核电新建和相关核设施建设，广东要立足新发展阶段，同步加强核应急能力建设，强化技术支撑能力，着力提升核应急实战化水平，为国家核设施发展战略作出新的贡献。

3 月 23 日，经国家核事故应急协调委员会领导同意，《2022 年国家核应急工作要点》印发。《要点》明确本年度国家核应急工作的总体要求是：以习近平新时代中国特色社会主义思想为指导，坚持总体国家安全观和中国核安全观，坚持新发展理念、坚持关口前移、坚持底线思维，以落实《“十四五”国家核应急工作规划》为主线，以夯实主体责任、加强“一案三制”建设、提升应急响应能力为重点，以稳妥应对涉核突发事件、有效化解重大风险为目标，积极推进核应急体系和能力现代化，为国家安全、社会稳定、行业发展提供坚强保障，为党的二十大胜利召开创造安全稳定的社会环境；并从以下九个方面对年度重点工作进行了部署，具体包括：健全核应急法规标准体系、加强核应急预案体系建设、优化组织指挥体系建设、强化技术支持和救援体系建设、推进创新研究及成果应用、强化核应急能力的保持与提升、持续开展培训和公众沟通、深化国际合作与地区交流、强化应急准备和值班值守。

3 月 28 日，国家原子能机构在京举办首届季度论坛，发布 2021 年核领域十件大事，并向中国科学院高能物理研究所、中核集团中国原子能科学研究院、中核集团原子高科股份有限公司、国家电投国核铀业发展有限责任公司、北京大学 5 家单位授牌“国家原子能机构研发中心”。论坛围绕“核科技引领未来”的主题，交流研讨核科技发展、核科技国际合作、核能发展现状与趋势。

3 月 28 日，《“国和一号”示范工程 1、2 号机组场内核事故应急预案》通过专家评审并上报相关单位。

3 月 29 日，经国家核应急办领导同意，《2022 年核应急演习计划》和《2022 年核应急培训计划》印发实施。

4 月，国家核应急协调委批复了《宁德核电厂场外核事故应急预案》《福清核电厂场外核事故应急预案》(以下简称《预案》)。国家核应急协调委审查认为《预案》基本满足相关法律法规要求，原则同意修订后的《预案》，并对《预案》组织实施过程中的责任落实、在建机组建设高峰期的人员撤离等核应急问题进行了部署。

6 月 27 日，国家原子能机构在京举办 2022 年第二季度论坛。与会专家学者围绕“核燃料赋能发展”主题，深入交流，为核燃料循环产业发展建言献策。共有来自国家有关部委、有关单位和高校相关工作人员共计 90 余人参加了会议。

7 月 13 日，辐射防护高峰论坛在太原召开，此次论坛以“安全赋能发展，核力创造未来——辐射防护的机遇与挑战”为主题，来自国家核安全局、山西省委军民融合办、山西省国防科工局、中核集团、高校等部门（单位）的领导、专家、国内外知名学者共计 160 余人参加。

7 月，国家核应急办批复了《中核集团辽宁徐大堡核电厂一期工程厂址区域核应急方案》《中广核广东太平岭核电厂二期工程厂址区域核应急方案》《中广核浙江三澳核电厂二期工程厂址区域核应急方案》，有效推动项目核准工作进程。国家核应急办经审查认为以上方案基本满足相关法律法规要求，并对后续核应急工作进行了部署。

8 月 17 日，国家核应急办批复了《辽宁省核应急预案》。国家核应急办经审查，认为预案修订是必要的，能够适应新形势下的核应急工作需要，并对后续预案备案和核应急工作的开展提出了若干要求。

9 月 21 日，国家原子能机构在京举办 2022 年第三季论坛，发布了核技术应用领域十件大事，展示了核技术近年来在国民经济领域的重大应用成果。与会专家学者围绕“核技术造福民生”主题，交流研讨我国核技术应用的产业现状、规划落实、未来发展。

10 月 26 日，国家核应急协调委专家委报告研讨会在京举办。专家委副主任委员和国家核应急响应技术支持中心代表同志分别就俄乌冲突中的乌克兰核设施安全情况，俄罗斯核工业概况及核应急有关情况等做了专题报告。国防科工局核应急安全司相关负责同志参会并讲话。30 多位国家核应急协调委专家委委员通过“现场+视频”的方式参加了研讨交流会。这次会议为协调委专家们深入了解国际核应急热点问题、指导国内核电厂做好核应急工作提供了支持。中国核能行业协会作为国家核应急协调委专家委的服务支持单位组织了本次活动。

10月，国家核应急办批复了《华能霞浦核电项目压水堆一期工程厂址区域核应急方案》《中核集团浙江金七门核电厂1、2号机组厂址区域核应急方案》，有效推动项目核准工作进程。国家核应急办经审查认为以上方案基本满足相关法律法规要求，并对后续核应急工作进行了部署。

10月，国家核应急办审查并通过了《中国广核集团山东招远核电厂一期工程厂址区域核应急方案》，有效推动项目核准工作进程。国家核应急办经审查认为以上方案基本满足相关法律法规要求，并对后续核应急工作进行了部署。

11月15日，国家核应急办审查并通过了《北京市核应急预案》。国家核应急办经审查，认为该预案修订结合了北京市的实际情况，符合国家核应急相关法规及《国家核应急预案》的要求，能够适应新形势下的核应急工作需要，并对后续预案备案和核应急工作的开展提出了若干要求。

12月30日，国家核事故应急办公室批复了《中国核工业集团有限公司江苏徐圩核能供热厂一期工程厂址区域核应急方案》，有效推动项目核准工作进程。国家核应急办经审查认为以上方案基本满足相关法律法规要求，并对后续核应急工作进行了部署。

二、地方核应急活动

1月，山东、江苏核应急办签订《鲁苏核应急合作协议》。此次协议签订，建立了三项工作机制，包括建立交流合作机制，定期开展工作交流和合作对接；建立场外支援合作机制，共同推进两省核应急指挥中心互联互通、共享核应急资源、强化信息通报；建立核应急知识共享机制，共享核应急知识资源，推进核应急重要培训和演习协作。同时，也明确了两项合作内容：一是开展核安全公众沟通合作，共同防范和化解涉核项目邻避效应，营造核能建设良好环境；二是共同指导地方核应急工作，重点做好相邻的日照市、连云港市核应急能力建设及协同工作。

1月，粤港核应急合作会议暨代表团会议首次以线上-线下相结合的形式召开。双方共同回顾了自上次年会以来核应急工作开展情况及粤港核应急合作情况，并就下一年度合作提出了意见和建议。双方代表在气象、供港食品和饮用水、辐射卫生防护方面进行了深入交流。会议指出，自2019年12月粤港核应急合作年会后，由于新冠肺炎疫情影响，粤港年会等一些活动未能如期举行，但是双方认真落实粤港核应急合作共识文件，有序开展信息通报、舆情应对、通信测试、辐射测量比对等工作，合作富有成效。会议强调，核安全是核能事业发展的生命线，核应急是核安全的最后一道防线，要始终坚持以人民为中心，认真贯彻落实国家核应急“二十四”字工作方针，紧紧围绕粤港澳大湾区发展战略部署，进一步深化合作交流，扎实做好核应急工作。

3月，海南省核应急办结合全国两会、博鳌亚洲论坛等重大活动和重要节假日时期环境安全特点，部署特殊时期核与辐射应急工作。

3月，福建省完成省核应急预案修订工作，经省政府常务会议审议通过后，由省政府办公厅印发实施。

4月13日，陕西省组织召开了全省核应急工作座谈会。座谈会上，陕西核工业服务局、核工业二〇三研究所、西安中核核仪器有限公司、西安核设备有限公司等7家单位进行了汇报。省生态环境厅、西安交通大学、空军军医大学、西安工业大学、火箭军工程大学等有关单位的领导及专家对陕西省核应急工作与核产业发展提出了专业性的意见和建议。

4月，福建省核应急办结合实际印发《贯彻落实“十四五”国家核应急工作规划任务分工方案》。

6月，辽宁红沿河核电厂6号机组正式投入运行。为确保红沿河核电厂6号机组投入运行，辽宁省核应急办统筹部署，精心谋划，主动作为，紧抓核应急工作落实落地，共开展辽宁省核应急预案修订等6项工作。

7月15日，海南省核应急办在海口市组织召开建设昌江核电二期监督性监测系统推进会。昌江县核应急办、海南核电有限公司、华能海南昌江核电有限公司等单位有关人员参加。

7月26日，福建省副省长、省核应急委副主任主持召开省核电厂核事故应急委员会会议，听取省核应急办关于核安全核应急工作汇报，研究部署下一阶段工作。会议原则通过省核应急办提交审议的《福建省霞浦核电厂场外核应急预案》《“福宁—2022”福建省第四次核事故应急演习方案》，要求进一步修订完善后，抓紧按程序上报国家核应急协调委审批。

9月14日，在2022年全国科普日福建省主场活动上，福建省科协发布了“年度十佳科学传播人员”“年度十佳科普教育基地”和“年度十佳科技辅导员”。宁德核电基地获评“2022年度十佳科普教育基地”荣誉称号。

10月21日，广东省核应急委主任一行在省核应急指挥中心召开视频会议，听取核电企业工作情况汇报，检查核安全核应急保障，研究部署下一阶段工作。中广核集团和大亚湾/岭澳、阳江、台山核电站参加了会议。

11月，海南省核应急办与海南省军区动员局在海口组织召开军地核应急工作交流会，双方就核应急工作开展情况、核应急基础设施统计、物资储备、核应急疫情防控等方面深入交换了意见。

12月5—7日，国家核应急响应技术支持中心（中国应急管理学会核应急管理工作委员会）举办了线上核应急技术培训，本次培训由国家电投中央研究院（国家电投核应急技术支持中心）承办。课程主要涉及核应急基础知识、严重事故管理、事故后果评价、辐射防护、核应急公众沟通、国内外核应急技术支持总体情况、突发事件舆情管理等内容。来自省（区、市）核应急管理机构、核电集团公司、核设施营运单位、相关高校核科研院所等 42 家单位 268 人参加培训。

三、核设施应急准备工作监督管理

2022 年，生态环境部（国家核安全局）完成对防城港核电厂 3 号机组首次装料前场内综合应急演习监督检查。完成对秦山核电厂、宁德核电厂、福清核电厂、三门核电厂、海阳核电厂、石岛湾核电厂、大亚湾核电厂、阳江核电厂、台山核电厂、田湾核电厂、红沿河核电厂、清华大学核研院、中国原子能科学研究院、中核北方核燃料元件有限公司、中核四零四有限公司、中国科学院上海应用物理研究所、中核建中核燃料元件有限公司和四川红华实业有限公司等核设施营运单位应急准备专项检查及场内综合应急演习监督评估。

四、场内应急预案批复

生态环境部（国家核安全局）完成防城港核电厂、四川红华实业有限公司 2 个场内核事故应急预案复审及批复。

五、能力建设

2 月 8 日，中核集团核安全与核应急基地在青岛中核科技园正式开工建设。该项目是中核集团在核安全与核应急领域的一项战略性布局，旨在全面优化集团公司核应急管理和指挥体系，集中实现核安全与核应急管理、各种培训、科技展示和重大共享核应急设施及重要物资储备等功能，满足国家核应急和集团公司核安全管理与核应急支援相应的需要，是集团核安全与核应急管理体系指挥高效、管理顺畅、响应快速、支持到位的有力补充。

2 月，中国应急管理学会核应急管理工作委员会（以下简称工委会）在线召开了一届二次全体会议暨年度工作会议。工委会 23 家会员单位代表及个人会员 90 余人参加会议，从课题研究、公共沟通、科普与培训、交流合作、智库建设等方面总结了工委会自成立以来的工作情况。工委会以“专业、创新、协调、共享”为宗旨，已成功举办两届核应急管理国际论坛，在核应急发展、核能系统创新实践和关键技术研发等方面提供了交流研讨平台，并聚焦共性难点问题开展相关课题研究，为提升核应急管理水平提出意见建议。

3 月 1 日，中国核能行业协会批准发布的《核电厂核应急演习监控与评估》（T/CNEA018—2021）标准开始实施。《核电厂核应急演习监控与评估》由山东核电有限公司牵头起草编制，江苏核电有限公司、三门核电有限公司、中广核（深圳）运营技术与辐射监测有限公司、大亚湾核电运营管理有限责任公司参与，上海核工程研究设计院有限公司为技术支持单位。该标准制定遵循不低于国家强制性标准的相关技术要求、积极采用国际标准和国外先进标准、有利于科学合理利用资源、推广科学技术成果、做到技术上先进、经济上合理等原则。

3 月 7—10 日，国家核应急响应技术支持中心赴山东就国家核应急指挥平台建设、北斗导航核应急领域应用、海阳核电厂场内外核应急联合演习等工作分别与山东省核应急办、海阳市核应急办开展调研对接。

5 月 21 日，福建省第一届辐射环境保护技能竞赛在福州顺利闭幕。本次辐射环境保护技能竞赛分为辐射环境监测技能竞赛和核技术利用辐射安全检查技能竞赛两大项，全省共有 25 支队伍参加。

6 月 21 日，国家核应急响应技术支持中心在北京举办了中韩核应急决策支持系统线上研讨会。会议邀请韩国核安全研究所（KINS）的专家介绍韩国核应急决策支持系统的设计框架、剂量估算、公众防护行动决策建议等内容，韩方专家还对韩国环境辐射监测识别系统、监测设备和参与国际演习的应用情况做了专题介绍。中韩双方学者针对核应急决策支持系统功能设计、技术模块理论等开展了讨论。国家核应急响应技术支持中心、国际原子能机构技术合作亚太司等 8 家单位的 20 余名专家和代表参加会议。

7 月 6—8 日，国家核应急响应技术支持中心在北京举办了核事故实时在线决策系统（JRODOS）培训与技术交流研讨会，会议邀请 JRODOS 研发团队——德国卡尔斯鲁厄技术研究院（KIT）对系统进行讲解与介绍。国家核应急响应技术支持中心、国际原子能机构技术合作亚太司、香港天文台等 14 家单位的 40 余名专家和代表以线上线下结合的形式参加了会议。

7 月，中国广核集团电力股份有限公司（下称股份公司）应急专家工具年度标准化复训在深圳科技大厦以多点视频的形式开展。本次培训由股份公司核应急与救援中心统筹组织，中广核研究院有限公司提供教员支持。来自大亚湾、阳江、宁德、红沿河、防城港、台山六大核电基地应急组织关键岗位的 30 多名种子教员参加了此次培训。培训内容包括堆芯损伤诊断和预测、源项评估、放射性后果评价及衰变热、氢爆、ASG 耗水、乏燃料水池失去冷却等一系列热工水力计算等。

8 月 17—19 日，中国辐射防护学会 2021/2022 年学术年会暨 21 世纪初辐射防护论坛第十九 / 二十次会议线上召开。来自政府管理部门、高校、科研院所、涉核单位的 650 余名院士专家、领导、代表参加会议。

8 月，由中国辐射防护研究院（以下简称中辐院）牵头，国内从事核应急研究、核设施运营和管理的十余家单位共同参与完成的 7 项核应急国家标准正式获得国家标准化管理委员会批准发布。7 项标准进一步完善了我国现有的核应急标准体系，为我国核设施的核事故应急提供科学、系统的技术支持。标准主要包括 :《核设施应急准备分类》（GB/T 41579—2022），《核与辐射应急响应人员的照射控制》（GB/T 41580—2022），《核电厂应急撤离时间估算》(GB/T 41581—2022),《核电厂事故源项快速估算》(GB/T 41582—2022),《核电厂堆芯损伤评价方法》(GB/T 41583—2022),《核电厂应急评价基础输入参数和输出结果》(GB/T 41586—2022),《核电厂应急操作干预水平》(GB/T 41577—2022)。

10 月，国家核应急办会同国家核事故应急协调委员会相关成员单位成立联合调研组，开展海上核应急专题调研工作，并以中国船舶集团第七一九所作为首个调研单位。七一九所以海上核安全风险为切入点，全面分析了海上核应急工作现状、技术特点和发展需求，针对性提出了海上核应急体系框架和发展设想工作建议，并概要介绍了自身在核应急技术研究和专用装备研制等方面取得的一系列进展。调研组认为，七一九所在海上核应急体系建设的发展设想视野开阔、考虑全面、针对性强，为国家海上核应急建设总体策划提供了良好借鉴。

六、统筹指导省级生态环境部门辐射事故应急演练

生态环境部（国家核安全局）地区监督站督导广西、山西等省（区）生态环境部门牵头实施辐射事故综合应急演习。通过演习增进了地方政府对辐射事故应急工作的重视，落实了地方政府辐射事故应急主体责任，锻炼了人员队伍，检验了应急预案和设施设备，提高了应急响应与处置能力，进一步推动强化了辐射安全监管工作。

七、培训宣传与公众沟通

2022 年,生态环境部（国家核安全局）以线上方式举办了核与辐射事故应急培训班。指导东北监督站组织开展 2022 年东北边境应急监测专项拉练。加强核与辐射应急指挥调度平台运维管理，每月开展应急通讯单项演习，确保应急响应能力有效维持。

4 月 21 日，第十届“魅力之光”杯全国核科普启动仪式暨院士科普直播公益活动在北京举行。国家原子能机构副主任董保同出席活动并致辞。

6 月 7 日下午，第七届高校学生课外“核 +X”创意大赛正式启动。会上宣布由西安交通大学承办本届大赛对话交流活动，并在线上进行了高校学生课外“核+X”创意大赛旗帜的“云传递”仪式。大赛自四川、山东、湖北、陕西、湖南等五省承办省级赛后，2022 年新增北京、天津、山西、黑龙江、甘肃等五省市申请承办省级赛。会上，中国辐射防护学会秘书长和大家一起宣读了《高校核与辐射科普联盟 2022 年宣言》。

6 月 22 日，海阳市核应急中心邀请海阳核电厂专家到市委党校开展了题为“核能产业创新助力地方经济社会高质量发展”特色讲座。海阳市有关部门领导干部 100 余人共同聆听了此次讲座。

6 月，江苏省核应急办组织召开了核应急宣传和舆情能力建设座谈会。省核应

急办、省委宣传部、省委网信办、省科协、省生态厅、省卫健委、江苏核电公司、连云港市委网信办、应急局有关人员参加会议。会议要求，积极营造全省核安全文化氛围，进一步提升公众对核能建设的支持度。

8 月 22 日，国家原子能机构涉核综合业务能力提升培训班开班。本次培训班由国家核安保技术中心承办，共分为四期，围绕核工业总体概况、核与辐射安全、核应急、核安保、核燃料循环、反应堆与核动力、核履约及国际合作、核技术应用等 8 个方面设置 25 讲课程，邀请国内知名专家、一线科技工作者及相关部门和单位领导授课，首期培训班近 80 名干部职工参加。

9 月 19 日，“魅力之光”核科普十周年暨首届核工业核科普创意大赛启动仪式在京举办。活动全面总结了十年核科普品牌建设成就，全网征集了核科普创星，发布了《魅力之光：核你一起，共创未来》宣传片，并邀请院士专家就核科学传播、核产业创新发展与核科普两翼齐飞进行沙龙分享，面向全体从业者发出首份面向 2030 年核科普工作倡议书。本次活动通过央视网、凤凰网、科普中国、中国能源报等媒体平台进行全程直播，线上观看人数累计超过 70 万。

10 月，江苏省安全应急科普环省行“核科普”专题文艺汇演在连云港举办。文艺汇演现场发布了《江苏省核应急科普宣传大纲》《江苏省核应急科普宣传手册》。在活动现场，江苏省核科普联盟正式成立，江苏核电公司等 8 家单位加入联盟。“安全应急科普环省行”自 2016 年启动，至今已有 7 年。7 年来，应急科普的形式不断创新，从文艺巡演、专家论坛到科普电影、有奖竞答、互动体验等，科普受众超过 4 000 万人次。与往年相比，2022 年的活动有了新的突破，在以往基础上增加了进基层活动，将应急科普落地生根，深入百姓心头。

10 月，海南省核应急办在昌江核电厂开展主题为“携手核安全 共建美丽海南”青少年核安全科普知识网络直播及竞答活动。一个半小时的时间里，新海南客户端、抖音等直播平台共吸引近 13 万省内青少年及家长观看，7 万余人参与直播竞答。

12 月 13—15 日，海南省核应急办在琼海市举办核应急联络员培训班，省核应急联络员、省核应急办有关人员、儋州市和昌江县部分核应急人员共约 60 人参加培训。

八、演习

为做好 2022 年春节、北京冬奥会及全国“两会”期间核与辐射安全保障等工作，福建省核应急办以不预先通知的核应急通信演习为抓手，采取抽问应急人员职责任务、查看设施设备应急启用、拉动监测队伍现场演练等“问、看、拉”的方式，检查核与辐射安全保障情况。

1 月，中国原子能科学研究院组织开展核应急综合演习。生态环境部华北核与辐射安全监督站对演习全过程进行了监督和评估，国防科工局对演习进行了观摩指导。本次演习是以中国实验快堆作为事故堆，演习全过程采用导控单输入情景方式推进演习进程，演习过程中，上级部门临时插入事件情景，各应急组织认真履行应急职责，迅速开展响应行动，按要求完成各项应急任务，做到了自主响应。

3 月 30 日，秦山核电举行地震应急演习。秦山核电演习模拟方家山 1 号机组和秦二厂 1 号机组主控室出现地震报警且现场有震感，确认地震水平加速度为0.02 g，方家山和秦二厂主控室值长分别判断满足相关应急行动水平，报经应急总指挥批准后，秦山核电宣布进入应急待命状态。演习中，迅速发布了应急疏散广播，综合楼、秦二厂 BX 楼、秦三厂 3# 办公楼部分人员实施了疏散，得到了场外机构（国家海洋局东海分局和浙江省地震局）关于海啸和地震的信息报告与技术支持；组织开展了重要厂房、系统设备、危化品储存、厂界实保边界和交通线路的检查与测试；进行公众信息相关工作准备等。应急指挥部在确认机组状态安全，综合分析检查结果和后续海啸、地震预测信息的基础上，认为满足终止条件，批准了应急终止。演习结束后秦山核电组织召开了总结会，会议认为本次演习情景设计合理、指挥得当、决策依据和集体讨论充分、响应行动正确、及时，人员疏散快速有序，内外联络报告渠道畅通，演习规模、响应范围、响应行动达到本次演习的目标。对于演习中发现的问题，秦山核电后续将组织开展根本原因分析和纠正工作。

5 月 11 日，国务院抗震救灾指挥部、应急管理部、甘肃省人民政府在甘肃张掖等地联合举办“应急使命—2022”高原高寒地区抗震救灾实战化演习，中国核应急救援队参加。国务委员王勇、国务院副秘书长王志清、应急管理部部长黄明、国防科工局副局长董保同、甘肃省委书记尹弘等军地相关负责同志以实际身份参加并观摩指导演习。演习模拟张掖市甘州区发生 7.5 级地震，地震造成大量房屋倒塌，人员伤亡，道路、电力、通信中断，山区滑坡、崩塌等。演习共投入主战参演力量 5 000 余人。中国核应急救援队 90 余人携 23 台（套）大型车辆（装备），全科目、全要素、全过程参演。涉核事故情景假想位于震中核心区域某核设施单位受地震影响出现放射性物质泄漏，核设施单位、省核应急协调委、国家核应急协调委相继启动Ⅲ级、Ⅱ级核应急响应，派出省级、国家级力量驰援。中国核应急救援队到达事发地域后接受省核应急指挥部指挥，开展放射性后果评价、应急监测、清障破拆、污染压制、去污洗消、源项排查、应急封堵、伤员转运、医疗救治等救援行动。经源项排查和应急封堵作业后，停止泄漏、辐射水平恢复正常，设施处于安全可控状态，响应终止。此次演习，推进了核应急体系与国家应急体系在联合指挥决策、跨部门协同、联勤保障等方面的深度融合；进一步提升了中国核应急救援队应对复杂涉核事故的迅速响应能力，有效验证了《中国核应急救援队管理办法》及相关预案方案的可操作性。

7月13日，福清核电开展2022年场内综合应急演习。生态环境部华东核与辐射安全监督站对演习进行全过程监督评估。演习情景从情景库中随机抽取，以4号机组为假想事故机组，模拟了汽轮机轴瓦火灾、全厂失电、热阱全部丧失、一回路大破口等主线事故情景，并临时插入了人员受伤、运行副总指挥及主控室操纵员身体不适替岗、应急指挥中心失电且应急柴油机不可用、舆情应对等支线情景。演习过程中福清核电场内应急组织人员按照预案有序开展响应行动，全面履行电厂应急响应职责。此次演习是福清核电首次在非工作时间（夜间）开展的场内综合应急演习，演习持续近6个小时，公司约400人参加演习。演习验证了福清核电应急文件、应急设施设备物资的有效性和可用性，全面检验了公司应急组织队伍在应急状态下的响应意识与能力，确保公司相关应急组织、文件、设施设备物资满足核安全要求。

演习总结会上，评估组对演习效果表示肯定，同时从提升应急设施设备物资可用性、落实应急岗位替代人员演习实效、强化应急岗位人员培训监督等方面提出建议。

7月，防城港核电厂3号机组首次装料前场内综合应急演习在防城港核电基地举行，生态环境部华南核与辐射安全监督站组织检查评估组对演习进行监督评估，对演习效果给予充分肯定。检查评估组演习前还对防城港核电厂核事故应急准备情况进行例行检查。本次演习模拟防城港核电厂3号机组因电网线路故障导致电厂辅变失去，主变保护动作跳闸，致使机组丧失全部场外交流电源而进入应急待命状态，应急组织启动开展事故响应。后续叠加3号机组应急柴油机机械故障无法启动、RRI的A列失效，一回路破口、3LHM/LHA跳闸失电等多重设备故障并持续恶化，依次进入厂房应急、场区应急、场外应急状态。演习全面演练应急响应活动，还穿插人员搜寻与救援、舆情处置等情景，增加了演习的复杂性，有效验证了核事故情况下防城港公司核应急组织的应急处置能力。本次演习的顺利举行检验了防城港核电厂场内应急预案和应急响应体系的完整性及有效性。检查评估结果表明，防城港核电厂3号机组应急有关设施设备均已经具备投用条件，相关应急响应体系完整，人员培训授权及应急程序文件除需要在新版应急预案得到批准后方能实施授权和更新外，均已全部完成。

8月8日夜间至9日凌晨，大亚湾核电开展了一场不事先通知的核事故应急演习，整个演习持续3个多小时。公司第一副总经理与全体当周应急值班人员参与了本次演习。演习事故情景在大亚湾模拟机上展开，并根据需要对部分场景时间进行优化压缩。演习不事先公开情景，按照“过程引导、自主响应”的方式开展。演习中，场内应急组织按照应急响应程序有序开展应急响应行动。通过演习，对应急组织在夜间及恶劣天气下的应急响应能力进行了较为全面的考验。演习安排在夜间至凌晨时段，又正值台风蓝色预警期间，特殊的时段、特殊的环境及气象条件让大亚湾核电应急组织又经历了一次特殊的实战考验。大亚湾核电高度重视应急工作，不断改进创新，完善应急管理体系，提升应急能力。近年来出台了“管业务必须管应急”的应急工作责任制，推进应急设备纳入生产设备管理体系，建立应急岗位核心能力清单并纳入专业在岗培训体系，建立演习实战标准并不断深化演习实战，新建应急指挥中心并研发一体化综合应急平台，从设施设备、培训、演习及指挥体系等维度，把应急工作进一步做深做实，推进应急管理及响应能力现代化。

8 月 18 日，山东海阳核电厂第二次场内外核应急联合演习（代号“海阳—2022”），在济南市、烟台市、威海市同步开展。本次演习坚持“实际、实用，重练、轻演”的原则，采用“无脚本”方式开展核应急联合演习在国内尚属首次。本次演习具有时间跨度长、覆盖面广、实战性强的特点，重点体现在以下四个方面：一是实战特色鲜明。此次联合演习总时长 6.5 小时，期间不间断、少压缩，实现核电厂事故进展场内外同步。空间覆盖范围广，覆盖陆域、海域范围。演习突破传统，以协同计划和时间轴为指引，全程采用无脚本的方式，在演习方案框架内，仅向参演人员提供事故情景、内容、响应行动指引等配套支撑材料，处置措施、应急方案全部由 13 个省直成员单位和各市县参演单位自行确定。尤其是根据海上天气实际情况，由总指挥决策对海岛居民进行预防性撤离还是隐蔽，更加贴近实战。截至目前，“海阳—2022”核应急联合演习是全国首次无脚本实战化核应急联合演习。二是能力展示充分。此次演习严格按照发生核应急事故后“九大响应行动”要求开展，参演要素全，场景设计合理，整体流程顺畅。特别是海岛居民撤离及通讯中断情景设计，检验了山东省海上救援能力和通讯快速恢复联通的能力；向国家请求支援的情景设计，拉动国家层次多支救援力量参与，检验了异地同步开展核应急救援的能力。三是军地协同到位。北部战区陆军防化部队积极参与，出动指战员 85 人，去污洗消车辆 20 余台套；省消防救援力量全面协同，出动人员 20 人、消防车 3 辆参与人员去污洗消工作，去污洗消力量为历次演习之最。通过上下联动、左右协调、军地协同，顺利完成各项任务，有效提升山东省后期核生化力量应对能力。四是组织保障有力。建立省—市—县—事故现场指挥中心“四位一体”核应急指挥体系，首次启用烟台、威海、乳山三个指挥中心，启用指挥场所 8 个，行动现场 7 个，参演人员 830 余人，50 余台套功能先进的设施设备参与演习。期间先后组织各级各类培训 10 余次，聘请 50 名专家组成专家组，11 名专家现场指导，有力保障演习顺利开展，达到了检验预案、锻炼队伍、提高能力的目的。

9 月 8 日，秦山核电举行 2022 年度场内综合应急演习。演习历时近 7 小时 30 分钟，共 700 余人参演，有效检验了秦山核电场内应急预案和执行程序的有效性。此次应急演习模拟了秦二厂 1 号机组发生蒸汽发生器传热管破裂、三道屏障丧失和方家山 1 号机组发生丧失厂外电、A 列应急母线故障、设冷系统失效和主泵失去轴封冷却水等故障事故，秦山核电逐级进入应急状态，并实施严重事故管理。演习中，还插入了秦一厂 / 方家山现场指挥中心不可居留人员撤离、手机通讯系统故障和移动泵车无法开出库房等临时模拟场景。演习事故序列在模拟机上逐步展开，在事故情景引导下，各级应急人员积极响应，重点检验了应急状态的判断、事故诊断与预测、应急通知与启动、搜救和撤离、移动设备接入等应急响应行动，同时验证了与场外应急管理部门和上级部门的接口有效性。本次演习采用了视频监控系统和固定摄像、单兵、布控球、无人机拍摄取景等手段，将非应急人员应急清点和撤离、移动电源车接入、环境监测、医疗救援、消防响应等实时影像投放到指挥中心大屏。此外，演习还首次启用核电厂智能化辅助决策系统，采集方家山模拟机 1 200 多个系统参数，对方家山 1 号机组应急状态判断、重要设备状态可用性情况、重要安全功能状态水平、应急行动水平触发、EOP/SAMG 执行情况、系统状态诊断等进行了智能化展示。一直以来，秦山核电始终坚持安全第一，不断完善应急管理体制和工作机制，建立了“统一指挥、分级负责，协同配合、反应迅速”的应急指挥体系，加强应急人员应急核查、培训和演练，年均开展各类演习 150 余次，持续保持应急文件和设施设备有效性，强化应急资源保障能力和管理体系建设，为确保核电厂安全可靠运行筑牢了应急保障基础。

11 月 10 日，福建省核应急委组织开展了“福宁—2022”福建省第四次核事故应急演习暨中核霞浦核电 1 号核电机组首次装料前核应急场内外联合演习，演习积极贯彻 24 字核应急工作方针，坚持平战结合、以演促建要求，全面检验场内外核应急预案的有效性、应急准备的充分性、应急设施的可靠性、应急队伍的协同性。演习假设霞浦核电 1 号机组因施工爆破导致 220 千伏主辅两路厂外电源丧失，叠加一回路钠净化系统管道出现破口漏钠，引发钠火，最终导致放射性物质向环境释放，场内根据应急行动水平先后进入应急状态，场外核应急组织相应启动Ⅳ级响应、Ⅲ级响应、Ⅱ级响应、Ⅰ级响应以及恢复行动。演习紧贴预案、紧盯实战、紧扣联合，按照“时空压缩、军地联合、异地同步、演检结合”思路，主要演练了信息化辅助指挥决策、陆海空一体监测预警、多方式组织人员撤离、军警民联合去污洗消、人性化安置撤离群众等内容。演习中还设置核电运钠车辆发生交通事故、监测子站发生故障、网络出现舆情、上海撤离人员落水、撤离道路中断等一系列突发情况，进一步增加了实战性、复杂性、联合性，通过演习全面提升了场内外核应急组织的综合响应能力和联合应对水平。在常态化疫情防控的前提下，福建省核应急委充分发挥核应急指挥中心可居留性，在正式演习前两周，重要岗位关键人员入住指挥中心，确保演习顺利开展。演习总时长 4 h，共 1 300 多人参加，动用装备约 150 余台（套），设置 21 个演习现场行动点位。此次应急演习全面检查和展示福建省多年核应急工作成果，国家评估团初步评估意见认为演习达到了预期目的。

11 月 16 日，国际原子能机构应急中心（IEC）组织 ConvEx-2a 公约演习。国家核应急办组织国防科工局核应急响应技术支持中心，拉动国家核应急辐射监测技术支持中心（中国原子能科学研究院）、国家核应急医学救援技术支持中心（核工业总医院）、田湾核电站等单位圆满完成全部演习任务。演习模拟某核电厂出现运行事故，中国国家核应急联络点按照《及早通报核事故公约》相关规定，第一时间通过国际原子能机构信息交换系统向 IEC 通报事故情况和计划采取及已采取的应急响应行动，并根据事故发展态势按照《核事故或辐射紧急情况援助公约》向 IAEA 提出辐射调查、取样分析等救援请求。ConvEx 公约 2 级演习一般由 IEC 发出邀请，国际原子能机构成员国报名参加，主要测试成员国能否正确填写报告表，以及就适当的信息交流程序及请求和提供援助的程序开展工作的能力。此次演习是 IEC 组织的 2022 年度级别最高的公约演习。

11 月 28 日，辽宁省成功举办了“红电—2022 辽宁红沿河核电厂核事故应急电力保障支援单项演习”。省委军民融合办、大连市政府、国网辽宁省电力有限公司、辽宁红沿河核电有限公司等省核应急协调委成员单位以及专线保障单位中国联通辽宁分公司分三地同步联动开展了现场演练。本次演习模拟受台风天气影响，辽宁红沿河核电厂场外电全部失去的情景，重点演练综合组的组织协调能力和后勤保障组的现场行动能力。演习全程采取无脚本方式，现场支援行动组采取现场视频实时回传，有效锻炼和检验了后勤保障组的准备与响应能力水平。演习邀请核应急专家组成自评估组，从演习的准备和保障、组织与协调、应急支援实施等各方面对演习进行了全面的自评估。评估组认为本次演习实现了检验预案、磨合机制、锻炼队伍、提升能力的目的，同时提出了改进建议，为后续工作的开展提供了重要依据支撑。演习在疫情防控严峻形势下成功举行，体现了全省各级核应急组织的临场应变和实战能力，为下一步举行无脚本联合演习进行了有益尝试。

12 月 12 日，江苏核电成功举行 2022 年场内综合应急演习。演习重点演练了应急状态分级、机组状态控制、应急抢修、医疗急救、灭火响应、堆芯损伤评价、核事故辐射后果评价、应急环境监测、应急照射控制、非应急人员集合清点、失踪人员搜寻、舆情应对、应急移动设备调用等 20 余个演习场景，演习持续时间约 6 小时，参演人员共 400 余人。此次演练多机组联动应急响应，全面检验了田湾核电站近两年关于多机组联动应急能力研究的创新成果，首次提出“增强型应急响应组织”“扩大型应急响应组织”等概念，通过建立一套差异化、定制化的精准应急响应流程，建立阶梯式应急增援组织和应急资源集约化管理方法，全面提升应急能力。演习采用视频监控系统、应急指挥系统视频通话、移动摄像头、单兵设备等拍摄取景手段，将非应急人员应急集合清点、应急移动设备接入、现场抢修、消防响应等演习场景实时投放到应急指挥中心大屏，实现全过程可视化应急指挥。田湾核电站最新研发的应急移动电源车无人驾驶牵引系统首次亮相，快速高效地将应急移动电源车运送至机组指定位置。这也是该项技术在国内核电行业内首次实战化应用，得到评估团充分认可，取得良好展示效果和示范作用，也为电站后续应急监测与预警全域化、应急辐射巡测无人化、应急集合清点智能化等一体化智慧应急进行了积极探索。

（本部分材料由国家核安全局和国家核应急响应技术支持中心提供）

核专业人才培养和职工培训

一、中国核工业集团有限公司

2022 年，中核集团首次全面总结并召开与清华大学联合培养定向生合作 25 周年座谈会，经验总结被《组工信息》选用发表。首次与 10 余所重点高校推进工程硕博士联合培养，获批指标数量最多，持续推进校企合作。完善集中教育经费管控方式，优先支持符合集团重大战略的创新性、基础性培训项目，推进岗位培训、长周期人才培养在各单位落地生根；把控疫情形势，充分利用线上线下优质培训资源，全年组织近 80 个重点班次，包括党委书记培训班、干部履职能力提升班、新员工培训等。加强科研院所人才自主培养，硕博士指标连续三年保持增长，博士招生指标增幅达 20%，以教育为本推进人才强核。

二、中国广核集团有限公司

截至 2022 年底，中国广核集团核电产业共有员工 20 959 人，其中专业技术人才 17 754 人，经营管理人才 1 585 人，技能人才 1 620 人。中国广核集团遵循“企业发展，人才先行”的指导思想，立足战略发展需求，不断完善培训体系，创新培训方式，提升培训能力，着力培养建强管理干部、科研人才、技能人才等三支队伍，为企业高质量发展持续提供人才动力。

在核电关键人才培养方面，2022 年度集团各核电基地新增培养考核通过核电站反应堆操纵员（RO）81 人、高级操纵员（SRO）88 人。全年实施群厂执照关键岗位人员能力培训 10 期，累计培训学员 258 人，实现群厂执照关键岗位新晋人员 100% 覆盖，满足各电厂的执照人员需求及新建核电机组的人才储备。

在科研人才培养方面，继续发挥博士后工作站优势，累计引进和培养博士后 58 人，为研究院和集团高质量发展提供强力人才支撑；蒙大桥院士工作站被评为“深圳市优秀院士工作站”，在核燃料研发、高层次人才培养等方面发挥突出重要作用；持续优化完善名师工作室平台，新成立两个集团首席专家工作室（“集团实验室验证领域首席专家卢冬华工作室”和“集团燃料与堆芯管理领域首席专家李志军工作室”），依托项目指导工作室成员开展科研课题攻关，加速培养行业领先水平人才；首批高潜人才 34 人培养顺利结业，为研究院打造一支有活力有战斗力的青年干部人才队伍。

在管理干部培养方面，高质量完成集团公司党委管理干部党的十九届六中全会精神学习轮训。开展三期“云学堂”，邀请中央党校副校长谢春涛等资深权威专家授课，高质量完成了 231 名集团公司党委管理干部轮训任务。2022 年 10 月 27 日至2023年1月15日成功举办中央党校国资委分校2022年秋季学期中广核青年干部培训班，31名优秀青年干部参训。全面推广“领鹭计划”—核电领导力培养项目。为进一步推动集团核安全文化建设，提升各级干部员工的领导力，打造并全面推广“领鹭计划”—核电领导力培养项目，面向核电板块15家成员单位，本年度开展示范培训2期，种子教员讲师认证培训8期，课程认证2期。在统筹指导下，各成员公司已累计实施28期培训。

三、国家电力投资集团有限公司

持续推动国企改革三年行动和进一步深化三项制度改革任务开展，完善人才培养选拔和激励监督机制，构建符合市场经济规律、现代企业制度要求的战略性人才管理体系。

优化整合人才培训平台和资源，拓展课程、师资，聚焦战略主攻方向和人才队伍短板弱项，精准编制培训计划，开展核电专业人才培训，增强培训的针对性和有效性。

继续实施“961科技人才培养工程”，坚持以“创新价值、业绩贡献”为导向的人才评价体系，充分体现技术带头人特征，以重点科研项目为牵引，通过承担课题任务、动态评价调整等措施，全方位选拔复合型技术带头人，着力打造具有市场竞争力的技术人才队伍。

开展生产人员培训管理及专业技能提升，以生产运营项目体系为依托，基于岗位培训大纲任务分析，实施技术骨干人才培养。结合生产人员操作授权、技能提升培训及技能竞赛等方面内容，开展涉及运行人员操作训练、维修人员技术训练、仪控人员技能操作、辐射防护授权等生产相关的实操培训，保障生产人员上岗及相关能力需求，为集团后续项目发展储备生产操作人才。

结合集团公司“2035一流战略”国际化发展人才需求，开展国际化运营能力、国际化高层次人才等培训项目。

积极响应“一带一路”倡议和中国核电技术装备“走出去”国家战略，通过与清华大学、哈尔滨工程大学等高校的合作，开展核电国际人才培养专业硕士学位项目理论授课、导师辅导等工作，持续增进“一带一路”国家对中国核电事业及未来发展的了解，培养了解我国核电行业发展方向、认同我国核电技术与能力的国际化复合型高层次专业人才。

结合青年人才培养与选拔规划，克服新冠疫情带来的各种困难，开展行业实践与职业体验活动，聚焦关键战略性业务，实施重点人才专项培养计划，提前锁定优秀生源。举办“科技大讲堂”，邀请知名院士专家进行专题讲座，促进科技工作者政治素质和业务能力双提升。举办“项目管理能力提升在线训练营”，促进核电工程项目管理人员构建清晰完备的项目思维，掌握核心知识和敏捷管理方法，坚持整体化、系统化的人才培养思路。遵守核安全法规和管理体系，重视人员资格管理，配备优质教学师资和资源，确保员工能够达到并保持足够的业务熟练程度、长期维持业务水平，满足员工胜任岗位要求。

四、中国华能集团有限公司

2022 年，华能集团核电系统在人才队伍建设方面，立足产业规模化发展新形势、新要求，高质量组织召开核电系统首次人才工作会议和年中人才工作专题会，编制《华能核电产业人才发展规划》及配套三年行动方案；优化人才引进机制，多措并举抓好人才引进，通过校园招聘、系统内招聘、行业内优秀核电人才引进三种渠道，累计引进人才超过 400 人；建立了“工作协同”“联学共建”“内部荐才”等系列机制，深化“校企联合培养”，创新构建高效人才管理机制；聚焦新引进人才转化，建设标准培训课程体系，开展干部领导力提升和三类新引进人才专项培训，由华能核电公司统筹举办的培训覆盖人群达产业总人数的 1/3；大力实施华能核电公司本部能力建设、干部交流锻炼、干部竞争性选拔三个专项行动，强化优秀年轻干部和后备干部培养使用，年轻干部和后备干部发现、培养、使用机制正加快贯通；持续夯实“五通道”人才发展体系，强化高技术技能人才队伍建设，建设核电系统共享专家库，选聘华能集团核电专业首席专家首席技师，核电系统干部人才队伍建设能力不断提升，为核电产业高质量发展提供了人才支撑和组织保障。

国际合作和两岸交流

政府方面

一、多边领域

中国积极开展核能多边领域国际合作，深化巩固区域核安全合作。

（一）与国际原子能机构（IAEA）合作交流情况

第44届RCA国家代表会。2022年4月19—21日，第44届RCA国家代表会以视频方式召开，会议审议了2024—2025周期项目计划、RCA成立五十周年庆祝活动准备情况，讨论了重要的政策问题等。

4月25日，国际原子能机构在维也纳召开首届“核法律：全球辩论”国际大会。运输安全标核协会秘书长萨马•莱昂、中国国家原子能机构副主任董保同、美国副国务卿邦妮•詹金斯等出席大会，与世界各地的线上线下参会者进行了对话和交流。此次大会共有800余人参会，100余名专家参加报告和辩论环节。其中，中国14名专家应邀参会，在核安全、核安保、核责任、新建核电、新兴技术与先进反应堆、放射性废物管理、核电公众沟通等专题环节担任主题专家或作报告。

7月5日，国家核安保技术中心举办第一期高纯锗探测器发展和应用线上研讨班。该活动在国际原子能机构(下称机构)核安保技术协作中心框架下举办，得到了机构大力支持。在机构的广泛宣传下，来自中国、印度尼西亚、日本、尼日利亚、菲律宾、缅甸、柬埔寨、突尼斯等10余个国家的60余名核安保领域专家线上出席活动。中国原子能科学研究院，哈尔滨工程大学，同方威视技术股份有限公司的技术专家分别介绍了我国高纯锗探测器的生产、研发及应用情况，并就高纯锗探测器的环境适应性及自动化系统研发等问题与国际专家进行交流。本次研讨班是技术协作中心框架下核安保先进探测技术的应用和发展系列网络研讨班(共举办四期)的第一期，其成功举办有利于促进高纯锗探测器技术交流与合作，为国际社会贡献高分辨率辐射探测技术的中国方案。

7月22日，在卢旺达基加利举行的非洲核科学技术研究、开发和培训区域合作协定(以下简称AFRA)第33届技术工作组会议期间，国家原子能机构与AFRA秘书处共同主办了“核技术与知识分享”中国边会。国家原子能机构副主任董保同以视频方式致辞，AFRA主席阿里·阿达、国际原子能机构副总干事刘华现场出席边会并致辞。43个非洲国家的AFRA国家代表、政府官员及专家学者等参加边会。AFRA是非洲国家在国际原子能机构框架下签订的政府间协定，旨在通过缔约国之间以及缔约国与国际原子能机构的合作，促进核科学技术在工业、农业、医疗和环保等领域的应用，服务地区社会经济和民生发展。AFRA 现有 46 个缔约国，各国涉核主管部门高级别官员担任国家代表。AFRA 技术工作组会议每年举行一次，由各国国家代表参加。第 33 届技术工作组会议于 7 月 18 日至 22 日在卢旺达首都基加利举行。

9 月 26—30 日，国际原子能机构第 66 届大会在奥地利维也纳举行。此次大会审议核科技应用、加强保障监督有效性、财政预算以及朝核、中东、乌克兰核安全等地区热点核问题等议题。大会还审议中方首次在机构大会增设的“美英澳核潜艇合作所涉核材料转让及其保障监督等影响《不扩散核武器条约》各方面问题”这一议题。本次大会选举意大利常驻维也纳联合国代表科尔特斯大使为会议主席，选举中国代表团团长、常驻维也纳联合国代表王群大使等为会议副主席。

首届 RCA 部长级会议及展览。为庆祝 RCA 成立五十周年，促进 RCA 成员国政府间更好地交流与合作，2022 年 9 月 26 日，IAEA 在维也纳召开首届 RCA 部长级会议和展览。会议回顾了 RCA 五十年的发展成就，邀请了成员国部长做主旨演讲，发布了联合声明，并颁发了 RCA 成果奖。会议颁发了 28 个奖项，以表彰为 RCA 做出突出贡献的个人、单位和政府。中国的 IAEA/RCA 核农学协调办公室获得 RCA 人力资源开发奖，中方专家刘录祥获得 RCA 项目奖。本次会议共有来自成员国的部长、大使、国家代表等百余人参加。

会议同期还举办了 RCA 五十年成果展，为期一周。鉴于 RCA 项目为亚太地区的社会经济和民生以及居住环境带来巨大改善，为庆祝 RCA 成立五十周年，IAEA 分别就 RCA 在农业、人体健康和工业领域的项目编制了三份社会经济影响分析报告，重点关注过去二十年为本地区带来巨大成果的有代表性的核技术。报告在部长级会议上发布。

10 月，“国际原子能机构放药及放射源协作中心”正式落地中核集团中国同辐。这是国际原子能机构在法国、俄罗斯、葡萄牙之后建立的第四个、也是亚洲地区首个放药领域的协作中心。国家原子能机构 (CAEA) 代表国际原子能机构 (IAEA) 向中国同辐授牌。

11 月 22 日，在国家原子能机构指导下，中国原子能科学研究院与国际原子能机构签署《关于在核数据科学与应用领域合作的实际安排》协议。合作内容包括联合举办或参加对方组织的培训、研讨及其他国际交流活动，开展核数据测量、验证、评价、应用等联合研究、专家咨询合作等。该协议的签署有助于深化我国与机构在核数据领域的合作，并带动我国有关科研机构加强与其他国际一流核数据研究机构之间的交流合作，将对提升我国核数据研究基础能力、服务我国核科技发展需要发挥积极作用。我国核数据研究始于 20 世纪 50 年代，1975 年依托中国原子能科学研究院组建了中国核数据中心。由中国核数据中心自主研发的“中国评价核数据库”已成为国际公认的五大主流核数据库之一。

（二）与经合组织核能署的合作

10月25—26日，经合组织核能署的辐射防护和公共卫生委员会核应急事项工作组第47次会议在巴黎以线下和线上方式召开，来自中国、奥地利、加拿大、法国、德国、意大利、英国、美国等21个国家和地区的65名专家参加了会议。会议就上次会议以来在核和辐射应急准备、应对和恢复等方面的工作进行汇报并展开讨论。国家核应急办组团线上参加会议并介绍中国核应急工作新进展。国家核应急响应技术支持中心、中国原子能科学研究院、中国辐射防护研究院和香港特区政府保安局推荐的专家线上参加了会议。

（三）举办首届中国—东盟和平利用核技术论坛

9月16—18日，由国家原子能机构与广西壮族自治区人民政府共同主办的首届中国—东盟和平利用核技术论坛以线上线下结合方式在广西南宁正式召开。国家原子能机构主任张克俭、广西壮族自治区副主席许显辉、斯里兰卡驻华大使帕利塔·科霍纳出席主论坛并致开幕辞。国际原子能机构总干事格罗西，中国驻东盟大使邓锡军，最高科学技术获奖者、清华大学原校长王大中院士以视频形式致开幕辞。国家原子能机构秘书长邓戈主持开幕式致辞并作主旨演讲。

本届论坛共包括一个主论坛、五个分论坛和若干配套活动。主论坛以“核技术助力美好生活”为主题。中国同位素与辐射行业协会发布中国—东盟核技术应用国际合作示范项目，中核集团发布“一带一路”可持续发展报告。与会嘉宾共同见证有关涉核企业与相关政府合作伙伴签署相关合作成果文件。分论坛分别以核技术在工业、农业、医疗健康、公共安全、能源科技领域的应用为主题，邀请国内和东盟各国专家学者、行业代表分享相关市场需求、研发方向与产业发展成功经验，增进东盟国家对我国核技术产业能力的了解，挖掘合作潜力、培育合作基础。来自政府管理部门、高校、科研院所、涉核单位的500余名专家、领导、代表，40多个海外单位或机构代表参加会议。

9月17日，在首届中国—东盟和平利用核技术论坛期间，由国家核安保技术中心与中核集团同方威视公司共同主办的“助力共建安宁家园：核技术在公共安全领域的应用分论坛”在广西南宁召开。中国国家原子能机构副主任董保同、泰国驻华公使衔参赞陈善意、中国外交部军控司公使衔参赞徐炜出席论坛并致辞，国际原子能机构核安保司司长叶莲娜·博格洛娃女士以视频方式致辞。本次分论坛旨在搭建中国—东盟地区和平利用核技术平台，分享各国在公共安全领域应用核技术的良好实践，为持续深化公共安全领域的双多边合作奠定基础。论坛邀请到泰国、老挝、越南、印尼的技术专家线上作报告，国家核安保技术中心、中国科学院、中国海关管理干部学院、南宁海关、清华大学、西南科技大学、东华理工大学等政府部门、科研院所及高等院校的14名代表线下分享了核技术在公共安全领域的发展现状和未来趋势。来自泰国、印尼、老挝、缅甸、越南和中国6个国家的两百余人线上线下参会。

（四）出席亚洲核合作论坛

10月31日，中国国家原子能机构组团以视频方式出席亚洲核合作论坛第二十三届部长级会议。相关负责同志在发言中介绍了中国大陆的核电发展情况以及中国的核技术在工业、农业、医疗、环保、安全等领域的应用情况，并指出中国致力于构建清洁低碳、安全高效的现代能源体系，将核能作为碳达峰、碳中和目标的重要选项。“亚洲核合作论坛(FNCA)”成立于2000年，目前有中国、日本、澳大利亚、韩国、孟加拉国、印尼、马来西亚、菲律宾、泰国、越南、蒙古及哈萨克斯坦等12个成员国。论坛框架下共设研究堆应用、核农学、核医学、核安保等7个合作领域，我国参加了以上所有领域的合作活动。

二、双边合作

稳步推进与主要核能国家核能合作。参加中俄总理定期会晤核问题分委会第二十六次会议、中法核安全双边交流会议、中美和平利用核技术合作协定第五工作组视频交流会等。

加强与“一带一路”倡议国家核安全合作。与巴基斯坦核监管局就有关“华龙一号”项目的技术问题进行交流，支持召开“巴基斯坦核安全监管及技术能力研修班”，做好培训工作，进一步帮助巴方提升核电安全监管能力。与签订协议的“一带一路”倡议相关国家核安全监管部门保持沟通。

深化巩固区域核安全合作。视频出席第14届中日韩核安全监管高官会，交流核安全最新进展。

2月6日，国家主席习近平在北京人民大会堂会见阿根廷总统费尔南德斯。双方发表《中华人民共和国和阿根廷共和国关于深化中阿全面战略伙伴关系的联合声明》。声明指出，双方积极评价在和平利用核能方面开展的战略合作，重申该领域签署的相关政府间合作协议，鼓励开展核医学、放射性同位素及其他核技术领域的新项目。

12月1日，中国政府与阿尔及利亚政府签署《中华人民共和国政府和阿尔及利亚民主人民共和国政府关于共同推进“一带一路”建设的合作规划》，提出不断深化两国和平利用核能等领域务实合作。

三、履行国际公约义务

完成《乏燃料管理安全和放射性废物管理安全联合公约》缔约方第七次审议会议中国国家报告审议，中国履约情况获各缔约方高度肯定。

积极推进《核安全公约》缔约方第八次和第九次联合审议会议相关工作，完成中国国家报告编制工作，参加公约工作组会议，维护我方根本利益。

部分企业集团

一、中国核工业集团有限公司

持续突破海外项目开发。成功签署阿根廷核电 EPC 合同，巴基斯坦 C5 项目延付协议重要商务和技术问题全面达成一致意见并完成页签，亚洲首个 IAEA 放药及放射源协作中心落地中国同辐。

稳步推进境外项目工程。巴基斯坦 K3 机组通过临时验收，“华龙一号”海外首个工程全面完工，K2 机组顺利完成首次换料大修，CF3 换料组件顺利交付巴方投入使用。ITER-TAC1 项目完成第一阶段安装。罗辛铀矿生产稳定运营。

加大国际合作力度，积极参与双边多边活动。中核集团董事长余剑锋与 IAEA 总干事格罗西视频会见共商小堆发展倡议，与全球核工业领袖在维也纳集团年会上共议核能发展未来。在第五届中国国际进口博览会期间举办“核创未来”主题论坛，与法国、韩国、俄罗斯、斯里兰卡、西班牙等国代表共议核能未来发展。在奥地利、俄罗斯等国举办“核创未来”主题展览，与全球核工业界分享中核发展成功经验。与法国电力集团联合开展核能发展政策研究、举办中法友好医院三十周年纪念活动，积极拓展中法务实合作。推动亚洲首个国际原子能机构放药及放射源协作中心（集团与机构第三个协作中心）成功落地中国同辐。推动与国际原子能机构签署核数据实际安排和铀资源开发实际安排。积极向国际组织推荐免费专家和兼职专家，为全球核能治理贡献中核智慧。

二、中国广核集团有限公司

（一）核电领域

多年来，中广核积极推进国际合作方面的工作，通过多方面、多渠道、多形式的方式保持同各方的密切合作。2022 年度，积极参加国家能源局组织的 IFNEC 会议，包括 IFNEC 秘书处组织的网络研讨会及 IFNEC 相关的工作会议；持续推荐并完成各目标市场国核电人员参加清华大学 TUNEM 项目的联合培养工作；参加在广西南宁举办的第 19 届中国—东盟博览会。

2022 年，面对新冠疫情和国际形势变化影响，中广核坚持国际化战略不动摇，努力推进东南亚、中东欧等传统重点核能市场开发工作，与相关国家合作伙伴保持持续稳定的交流和联系，确保集团在相关区域核能市场持续保持影响力。同时，大力加强内部协同，不断探索和扩大与外部伙伴的合作领域，全面跟踪西亚、中亚、非洲和南美等潜在市场动态，认真开展市场研究和前期开发，积极寻求合作机会，为后疫情时期国际核能市场开发奠定了坚实的基础。

（二）核燃料领域

2022 年，中广核斯科公司汇总历年来在纳米比亚践行的良好实践，积极向国际传播发展中心联合国务院国资委新闻中心、人民日报社国际部和中国外文局文化传播中心共同发起的“2022（第五届）中国企业国际形象建设案例征集活动”申报案例《湖山铀矿，以属地化发展实现共赢共融》，成功被评为“共促全球发展类”优秀案例。

斯科公司湖山铀矿项目位于纳米比亚中西部的纳米布沙漠地区，资源储量约29.3万吨，位列世界第三，是中广核自主投资、建设和管理运行的特大型铀矿，同时也是中国在非洲最大的实体投资项目。作为国家“一带一路”倡议的重大项目，湖山铀矿的建设成为全球大宗商品市场不景气背景下纳米比亚经济的一个亮点，为纳米比亚带来巨大经济和社会效益。纳米比亚总统哈格•根哥布多次到访湖山铀矿，并表示：“该项目作为在纳米比亚表现突出的投资项目之一，对于我国矿业领域和国民经济意义重大。这个矿山给以前失业的纳米比亚人的生活带来了意义和希望，我们欢迎这样的项目。”

经济建设方面，“以属地化发展实现共赢共融”是斯科公司一直坚持的运营策略，湖山项目在建设过程中为当地提供了5 000个建设就业岗位，投产后更是积极培养并任用本地人才，适应当地法律，加上就业连带关系，给纳米比亚带来几万个就业岗位。湖山项目还投资修建了21 km的矿山公路，现任总统根哥布曾称赞其是在贫瘠的山丘与山脉中，建设了一条通向现代化的高速公路。

普惠帮扶方面，湖山项目专门成立斯科基金会，从2018年至今，斯科基金会通过各类途径累计捐赠超过1 200万纳元。

疫情防控方面，为响应所在国防疫需要，湖山项目积极履行企业社会责任，先后向纳米比亚警察局、国防部队、医院、相关政府机构、弱势群体等捐赠价值2百多万纳币的防疫物资。根哥布总统在讲话中表扬了瑞莱博斯临时病房的迅速建立并投入运行，这与湖山项目的贡献是分不开的。

2022年11月，由斯科公司承办的2022年纳米比亚矿业行业运动会在斯瓦科普蒙德市Vineta体育场主办，来自纳米比亚采矿行业的13家企业共1 500余人参加了本次活动。斯科公司借此机会通过开幕式表演、专项互动等方式开展中华文化推广活动，弘扬中国传统文化和体育精神，纳米比亚矿业协会对本次活动表示了支持与赞赏。运动会进一步加强矿业企业之间的交流与合作，为当地矿业的复苏与发展带来活力，也有力彰显了中国企业的担当和领导力。

三、国家电力投资集团有限公司

（一）与世界核电运营者协会（WANO）的合作

通过视频等线上方式保持与WANO亚特兰大中心的工作交流。WANO亚特兰大中心定期与电厂召开电话会沟通信息并分享经验，每季度为山东核电提供绩效监测报告。由WANO亚特兰大中心与WANO上海办公室共同实施了海阳核电1号、2号机组首次运行同行评估活动，以及国核示范1号机组WANO运行准备支持ORA活动，深入开展SOER、SER、IER的经验反馈，借鉴吸收外部同行经验，促进管理水平提升。积极参与 WANO 上海区域中心的筹建，提供必要的人力和财务支持。

（二）开展与美国电科院（EPRI）的合作

2022 年，全方位推进与 EPRI 的技术交流与深度合作。完成“大体积自密实混凝土工程应用研究”EPRI 技术合作项目，该合作成果以正式 EPRI 技术报告形式发布；推进“基于条件的 1E 级电缆鉴定”和“不同流动工况下的燃料包壳异物磨损试验”技术合作项目研究；首次获得 EPRI 委托的核质保（NQA）项目的“燃料碎片散布与堵塞”研究合同。海阳核电厂《一种单侧不可达奥氏体不锈钢管道连接焊缝超声无损检测方法》《AP1000 燃料缺陷检查》获得 2022 年度 EPRI 成果转化奖（TTA 奖）。

（三）积极会同 ASME 组织开展各项活动

作为 ASME 在中国核能领域最重要的合作伙伴，积极会同 ASME 组织开展各项活动，推动中国国际工作组的建设。组织国内专家通过网络会议参与 ASME 标准周活动，参与 BNCS 会议；ASME NQA 中国国际工作组完成了新一届秘书长选举及届满到期委员留任表决。新任秘书长在两次会议上分别通报了 C&S Connect 系统投票情况。工作组秘书处组织委员们积极使用 C&S Connect 平台，与 ASME NQA 国际活动分委会主席开展工作交流，增进与美国 ASME 总部的沟通。ASME 中国国际工作组覆盖了国内核设施从设计、制造、运维和监管的全行业，积极引导国内核能行业专家关注 ASME 规范和标准的制定、修改和发展方向。推动国内学者参与 ASME 的联合工作，为提升我国核能技术发展的整体技术水平和能力做出了重要贡献。

（四）不断拓展和参与其他国际组织及国际项目的合作

1. 创新合作模式，保持国际合作热度

通过承办会议、参加研讨、专家支持、项目合作等线上线下方式开展国际合作与交流。积极争取在重要国际组织内担任兼职专家，2022 年在 IAEA 等六大国际和地区组织机构及行业协会内担任专家职务逾 20 人。

2. 推动国际战略合作，服务公司主业发展

与法国 EDF 战略合作协议签署，在核设施退役与废物处置、在运核电机组运维服务等领域开展技术交流与合作探讨。与阿根廷 INVAP 公司签署战略合作协议，推动双方在同位素生产工艺、生产设备等方面合作。重启与美国西屋高层对话机制，推动与其 2018 全球整体合作框架 MOU 补充协议落地。与挪威 Halden 实验室共建“人因工程国际合作联合实验室”，成功举办 HALDEN 国际合作项目研讨会，完成与俄罗斯 MBIR 研究堆项目 NDA 签署，积极与韩国电力工程、意大利安萨尔多、西班牙泰纳通、国际核聚变（ITER）组织等企业及组织保持交流，探索核能及多元领域“走出去”的机遇。

四、中国华能集团有限公司

11 月 12 日，华能核电开发有限公司参加了核能行业协会组织的 WANO 上海中心项目工作事务座谈会，讨论如何推进并落实四大核电集团关于“同意设立 WANO 上海中心并于 2025 年完成”的工作目标。

中国核能行业协会

一、中国核能行业协会受国防科工局二司委托，承担亚太地区核科技合作（RCA）、国际原子能机构（IAEA）、亚洲核合作论坛（FNCA）相关技术支持工作。

（一）RCA 相关支持工作

亚太地区核科技合作（RCA）项目成立五十年的主要成果数据。2022 年是 RCA 成立五十周年，经过五十年的发展，RCA 已有成员国 22 个，总支出预算达到 9 000 万美元，共开展 173 个合作项目，举办 658 场地区培训班，培训学员 9 950 人，召开 562 场会议和研讨班，参会总人数 6 923 人，聘请了 4 459 位专家和讲师。

2022 年，协会协助筹备首届 RCA 部长级会议及展览、第44届RCA国家代表会。

（二）向 IAEA 提供相关支持

1. 组织报送 IAEA 动力堆信息系统（PRIS）数据。协会向 IAEA 报送反应堆现状信息、2021 年度中国核电厂运行数据，以及国家数据信息的工作。该数据用于 PRIS 信息系统数据维护及年度出版物编制。

2. 更新《中国国家核电综述报告》(CNPP) 2022 年中英文版。协会负责定期更新并报送《中国国家核电综述报告》。根据约定，中方每两年更新并向 IAEA 报送该报告。

3. 承办 IAEA2024—2025 周期技术合作国家项目评审会。根据系统二司委托，2022 年 6 月 21—22 日，协会承办 IAEA2024—2025 周期技术合作国家项目评审会。会议邀请来自核能、技术合作、放射性废物管理、核应急、核安全、放射性同位素等领域的专家对 28 个申报项目进行了评审。经过严格筛选，向国家原子能机构推荐了中国高放废物地质处置地下实验室大型现场试验关键技术、中国放射性废物处置安全全过程系统分析体系的建立、重水研究堆退役安全实施等 10 个项目。

4. 组织 IAEA 和 NEA 中方人员面试。为向 IAEA 和 NEA 机构推荐优秀的中方实习和借调人员，根据系统二司委托，协会负责组织专家对申请人员进行面试和综合考察，对入围人员就复试相关安排给予指导。

（三）向 FNCA 提供相关支持

1. 参加亚洲核合作论坛（FNCA）高官会和协调员会议。6 月底，协会副秘书长龙茂雄以视频方式参加 6 月 29 日召开的 FNCA 高官会和同期召开的 FNCA 协调员会议。总体上，FNCA 现有 7 个合作项目得到成员国普遍支持，FNCA 在促进成员国信息、技术、知识交流分享和扩大国际交往等方面的作用得到充分肯定。

2.FNCA 第 23 届部长级会议。10 月 31 日，FNCA 第 23 届部长级会议以现场加视频方式召开。协会参与审议“联合声明”和起草“中国国家报告”，并委派协会副秘书长龙茂雄等 2 人参会。会议邀请了蒙古国放疗部肿瘤科主任、蒙古国国家癌症中心放射肿瘤科主任 Uranchimeg Tsegmed 先生做主旨演讲；邀请日本、孟加拉两国从技术现状、未来发展等方面介绍亚洲地区的癌症放射治疗技术；邀请了各成员国做国家报告。国家原子能机构秘书长邓戈代表中方做国家报告。

二、对外开展交流与合作

（一）与 WANO 的交流合作

1. 2022 年，协会合作参与了分别由 WANO 亚特兰大中心、东京中心和巴黎中心在国内组织的同行评估现场评估工作。其中包括海阳核电 1、2 号机组运行同行评估，宁德核电 1-4 号机组运行同行评估，大亚湾核电基地 6 台机组运行同行评估，昌江核电 1、2 号机组运行同行评估，三门核电 1、2 号机组运行同行评估和防城港核电 3 号机组的启动前同行评估。

2. 2022 年 10 月，协会邀请三门核电专家参加了 WANO 巴黎中心在防城港核电组织实施的大修质量管理专题的成员支持活动；2022 年 6 月，协会邀请 WANO 巴黎中心的专家参加了协会组织的对福清核电值长领导力开发专项成员支持活动。

3. 协会驻会副理事长陈桦作为特邀观察员，参加了每年三次（分别为 3 月、7 月和 10 月）伦敦主理事会，协会副秘书长郑伟平应邀（分别为 3 月、7 月和 10 月）参加了巴黎中心、莫斯科中心和东京中心的区域理事会。

4. 受 WANO 伦敦办公室邀请，2022 年 10 月 8 日，协会副秘书长郑伟平参加了 WANO 上海办公室指导委员会的启动会议，并被正式邀请作为该委员会的非投票成员，以促进 WANO 上海中心项目的国内成员协调和协会对 WANO 上海办公室运行业务的支持。

（二）与英国国际贸易部共同编制中英核设施退役治理合作可能性研究课题报告

7 月 21 日，协会与英国国际贸易部以线上线下相结合的方式共同举办了中英核设施退役治理合作可能性研究课题报告发布会。协会副理事长兼秘书长张廷克、英国驻华使馆商务参赞 Matt Ashworth 代表双方机构致开幕辞，国家原子能机构国际合作司副司长黄平莅临会议并讲话，国家原子能机构原副主任王毅韧代表课题组发布调研报告。

会上，英国核工业协会、Createc 公司、Flamgard 公司等 6 家英国公司分别介绍燃料制造、退役、放废处理等领域的新技术、新产品和服务案例。共有 130 多名中英双方政府、企业和研究机构的代表参会。

（三）与阿根廷原子能委员会共同举办小堆与研究堆经验交流会

7 月 14 日，中国核能行业协会与阿

根廷原子能委员会以视频方式召开了中国—阿根廷小堆与研究堆经验交流会，来自中阿双方机构的 81 名专家参加会议。协会先进核能专委会主任李晓明和阿根廷原委会主席阿德里安娜·塞尔奎斯女士出席会议并致辞。

塞尔奎斯主席在致辞中表示阿方愿同中方在核燃料循环、放射性废物管理、人力资源培训、核医学等领域开展全面合作。李晓明在致辞中强调，中国核电技术研发、应用等方面取得了阶段性成果，同时也面临很多问题与挑战，需要与国际上的合作伙伴分享经验、互通有无，中阿双方在小堆和研究堆等方面的交流将有助于双方未来的合作。

中阿双方专家分别就小堆设计与工程建造、研究堆与核技术应用等专题展开了深入的交流与探讨。

（四）与日韩和台湾地区核能产业协会共同举办第九届东亚核能论坛

10 月 24 日，协会联合日韩和台湾地区核能产业协会以视频方式共同召开第九届东亚核能论坛。协会副理事长兼秘书长张廷克代表协会做主旨报告。论坛围绕东亚地区核能发展、放废管理、核电厂退役等议题发表 12 篇报告。大陆地区共有 30 多家行业单位近百人参会。

张廷克在报告中详细介绍了中国大陆核能发展总体情况以及未来展望，回答了外方提出的关于小堆研发、铀资源储备、废物管理和人才培养等相关问题。

日本原子力产业协会理事长新井史朗、韩国原子力产业协会常务副会长兼首席运营官姜载烈、台湾核能级产业发展协会理事长李宗明分别介绍了本国和本地区的核能发展情况，表达对新形势下核能在保证能源安全、实现碳减排目标中的作用充满信心。

（五）参加香港国际核能论坛分享新时代下的核能公众沟通报告

12 月 9 日，香港核学会在香港城市大学举办“核能的最新发展及在减碳上的角色”论坛。来自中国（包括香港地区）、加拿大、英国、美国的知名专家学者以及行业组织代表分享了关于全球核能行业最新技术发展、核能支持减碳的见解，并就如何推动核能公众沟通进行研讨。协会核能公众沟通委员会主任王炳华视频参会并就“新时代下的核能公众沟通”发布报告。共有来自政府部门、咨询组织、专业团体、智库联盟、环保组织、大学院校等 380 余位代表参加论坛。

第四代核能系统国际论坛（GIF）中方主要工作

受科技部国际合作司委托，中国核能行业协会承担第四代核能系统国际论坛联络办公室工作，主要包括以下内容。

一、组织召开 2022 年中国参与 GIF 工作研讨会，协助政府部门研究部署相关工作

12 月 7 日，中国核能行业协会以视频方式组织召开 2022 年度中国参与 GIF

工作研讨会，共有来自科技部、国家原子能机构等政府部门以及参与 GIF 工作的 20 余家单位近 50 人参加会议。

会议邀请中方参与 GIF 工作的相关代表就 GIF 总体进展、中国参与 GIF 各堆型及国内项目进展、GIF 相关工作组 / 任务组情况做了详细报告。与会代表还交流了我国第四代核能系统研发和项目进展情况，讨论了如何更好地利用 GIF 平台，推动国内第四代核能技术研发工作向产业化迈进。

二、组织参加 GIF 相关会议，不断扩展研发合作项目

（一）GIF 政策组 / 专家组代表特别会议

4 月 27 日，GIF 组织政策组和专家组代表通过视频方式召开特别会议。中方专家组代表田佳树、石磊等参加会议。

（二）GIF 高级行业顾问组会议

5 月 5 日，GIF 以视频方式召开高级行业顾问组会议，会议通报了核工业论坛的准备情况，GIF 政策声明的进展以及顾问组将发挥的作用，会议还介绍了经合组织核能署的小堆战略和创新 2050 等会议的相关情况。会议就核工业论坛策划、核能非电力应用任务组、人工智能研讨会等事宜征求了与会代表的意见。GIF 联络办协助中方代表范霁红及其助理参加了会议。

（三）GIF 第 53 届政策组和第 47 届专家组会议

5 月 16—19 日，由 GIF 主办、澳大利亚核科学和技术组织（ANSTO）承办的第 53 届政策组和第 47 届专家组会议在悉尼召开，受疫情影响，中方代表均视频参会。

在政策组开放的会议上，介绍了 GIF 新主席（2022—2024）任期内的重点工作领域，GIF 新一届领导团队构成及其职责分工。会议还邀请核能署和国际原子能机构的代表发言介绍与 GIF 相关的合作。在政策组部门会议上审议了框架协议延期、加强行业参与的政策声明、2022 年会费预算、土耳其加入 GIF 进展等事宜。

国家原子能机构系统工程司副司长黄平作为中方 PG 代表，参加会议并报告了我国核能发展的最新情况。中国核工业集团有限公司田佳树（EG 代表）、清华大学核能与新能源技术研究院石磊（EG 代表）等作为中方正式代表参加了会议。GIF 联络办、中国核动力研究设计院、中国原子能科学研究院、国家电投集团科学技术研究院有限公司、清华大学核能与新能源技术研究院、中科院上海应用物理研究所等单位代表以观察员身份参加会议。

（四）GIF 第 54 届政策组和第 48 届专家组会议

10 月 6—7 日，GIF 在多伦多召开第 54 届政策组和第 48 届专家组会议，会议同期还举办了 GIF 核工业论坛。因本次系列活动均无线上参会方式，受疫情影响，中方代表缺席此会。GIF 联络办负责收集整理相关会议资料并与中方代表分享。根据会议日程安排，例行报告了教育与培训、研发合作、市场与行业参与、监管的相关

内容，以及核能署和国际原子能机构的相关工作，审议通过了加强行业参与的政策声明，核能非电力应用任务组的立场文件，讨论了第55届及之后的政策组等会议的安排等。会议同期还召开了GIF核工业论坛。

（五）GIF各系统、工作组和任务组会议

10月17—19日，GIF以视频方式召开各系统、工作组和任务组会议。各系统指导委员会、工作组和任务组负责人分别介绍了自GIF春季会以来相关工作的进展。

国际热核聚变实验堆(ITER)及我国核聚变研发进展情况

我国于2007年正式加入ITER计划并设立ITER计划专项。ITER计划专项从国际和国内两个方面给予支持，国际部分主要包括我国参与ITER组织管理、实物贡献和现金贡献，以及磁约束核聚变领域国际合作等；国内部分重点支持ITER相关关键技术研发、我国磁约束核聚变能装置和关键技术研发、核聚变能前沿基础研究、高水平科学和工程技术人才培养等。2022年，在各方共同努力下，ITER计划专项各项工作取得显著进展。

一、稳步推进ITER计划制造任务，我国采购包任务完成量已达83%

截至2022年底，我国ITER采购包合同已签署87个，一级厂商23家以上，包括科研院所、国企、民企、合资企业、上市公司等。其中，33个合同已顺利完成验收。目前，环向场超导导体、校正场及磁体馈线超导导体、极向场线圈超导导体、无功补偿系统、高压变电站材料和极向场变流器电源6个采购包已完成所有制造和交付任务，其他采购包仍在大力推进中。我国采购包任务总体上完成量已经达到83%。经与ITER组织多次协调后，我国采购包实物总贡献额度调整为269.212 kIUA（"IUA"为ITER特定账户单位）。截至2022年底，我国已获得154.7674 kIUA，占总额度的57.49%。

设计方面，我国继续按照ITER组织要求开展功能型采购包的初步设计和最终设计相关工作。先后完成X射线相机（RXC）的最终设计评审意见关闭，正式转入生产制造阶段；诊断朗缪尔探针（DLP）初步设计评审意见关闭；气体注入系统（GIS）采购包流量控制阀生产制造评审；GIS聚变功率关闭阀箱系统最终设计评审。此外，我国以氦冷固态增殖剂实验包层概念（HCCB TBM）参与的ITER TBM项目（产氚包层）已完成初步设计状态评估。

生产准备及认证方面，主要包括第一壁、部分诊断采购包及GIS采购包，其中包层第一壁（FW）完成标准手指对制作和高难度边缘手指对制作，完成全尺寸原型件装配，掌握了铍铜连接界面缺陷发生机理，提出了工艺优化方法，尺寸16 mm×9 mm的大铍瓦通过高热负荷测试，完成铍铜连接工艺认证以及铍铜界面可接受缺陷尺寸评估。窗口集成（PI）完成了诊断屏蔽模块（DSM）锻件加工，开展了材料制造准备和关键制造工艺认证，包括激光焊接、电火花刻蚀等。

制造与交付方面，2022 年采购包的制造和交付仍然处于高峰阶段。自新冠疫情爆发，特别是年初乌克兰危机爆发后，我国各部门克服困难，积极恢复生产，持续支持 ITER 现场安装，尽最大努力减轻对 ITER 安装工期的影响，主要包括磁体馈线、磁体支撑、极向场电源变流器安装支持，脉冲高压电站等采购包的现场技术服务协调；同时配合 ITER 组织要求，根据 ITER 现场安装计划，各供应商进一步优化生产进度，减轻疫情对后续生产和供货进度的影响。

二、深度参与 ITER 组织项目管理，核聚变领域国际合作交流成效显著

通过深度参与 ITER 高层决策机制，我国已逐步走向 ITER 计划舞台中央，在不断提升国际话语权同时，也为 ITER 计划执行贡献了中国力量，有力塑造了我国同舟共济、敢于担当的大国风范。2022 年，科技部针对 ITER 组织近百个岗位推荐中国人才 177 人次，其中 45 人进入面试，最终 9 人成功竞聘。

全力克服疫情防控、航班熔断、签证受阻等不利局面，我国代表团现场出席 ITER 理事会特别会议、ITER 理事会第三十届和第三十一届等会议，积极参与放射性废物临时存储、项目基准更新等 ITER 计划当前所面对的棘手问题，适时提出我国解决方案，切实维护我国权益。

坚持纵横深度融合，稳步推进 ITER 采购包工程管理。依据 ITER 组织总体要求，全面参加 ITER 组织项目管理工作。在采购包实施方案策划、技术方案选择、不符合项 / 组织间不符合项处理、运输计划实施、经费评估等项目与合同管理方面进行纵深管理深入沟通，进一步提高项目实施决策的科学性，提升合同管理效率，同时也为团队能力提升提供了更加有效途径。

增量提质，2022 年核聚变标准工作硕果累累。累计发布 46 项核聚变专项标准中文版，10 项核聚变专项标准英文版，2 项国家标准；核聚变专项标准工作组成立，核聚变专项标准管理水平和标准质量不断提高；国家标准化管理委员会审批通过 6 项 ISO 国际标准提案；滚动推进 RCC-MRx 规范与核聚变专项标准的互认工作。

通过参与 ITER 计划，我国在核聚变研究领域先后建立了中美、中日、中韩、中欧、中法、中日韩等双多边合作机制或框架。在此合作框架下，2022 年，成功举办中日核聚变双边合作第十五次联合工作组会议、中韩核聚变领域双边合作联合协调委员会第十次会议、中美科技会晤等一系列聚变领域双多边合作交流活动，稳步推进核聚变领域国际合作。

三、提升项目管理效能，全面推进国内核聚变研发进程

ITER 计划专项国内研发部分以国家磁约束核聚变能发展研究专项（核聚变专项）的形式组织实施，2022 年度，围绕聚变等离子体物理基础和前沿研究，在中国聚变工程试验堆（CFETR）关键技术预研及聚变堆部件研发等方面进行部署。专项共组织实施项目 98 个，包括新立项项目 34 个及延续项目 64 个，其中基础前沿类项目 60 个，重大共性关键技术类项目 37 个，应用示范类项目 1 个。

在核聚变专项支持下，2022 年度国内核聚变能研究取得了一系列阶段性进展，在实验装置能力、关键部件制造、氚工厂内外循环技术等方向均取得重要突破。

（一）中国环流器 2 号 M（HL-2M）等离子体电流突破 100 万安培

HL-2M 是国内规模最大、参数最高的先进托卡马克装置，是中国新一代先进磁约束核聚变实验研究装置。2022 年 10 月，等离子体电流突破 115 万安培，创造了我国磁约束核聚变实验纪录，磁约束核聚变研究能力迈上新台阶。此次新突破，意味着该装置可在超过 100 万安培的电流上常规运行，开展前沿科学研究，对我国自主设计运行聚变堆具有重要意义。

（二）全超导托卡马克核聚变实验装置（EAST）发现新的高能量约束模式

EAST 团队发现一种新的高能量约束和自组织模式，即超级 I 模，其特点是等离子体中心的电子温度垒和边界的温度垒共存，且不具有密度垒，从而大幅度提高了能量约束又能自动排除杂质粒子，因此，无需通过外部控制粒子排除来确保等离子体稳态运行。该研究为 ITER 燃烧等离子体稳态运行提供了一种优化方案，对于未来聚变堆运行具有重要意义。

（三）超导线材产业化能力进一步提升

依托核聚变专项项目，通过对高性能超导材料、结构材料、CICC 导体及实验技术研究，解决了高性能 Nb_3Sn、Bi-2212、低温高强韧奥氏体不锈钢和万安级 CICC 超导导体等“卡脖子”技术，为我国下一代聚变堆超导磁体研发提供了支撑。Nb_3Sn 和 Bi-2212 均实现了千米级线材批量生产能力。满足下一代聚变堆超导磁体绝缘需求的低温树脂及绝缘材料也实现了产业化生产。

（四）CFETR 固态试验包层制造与关键技术完成预研

包层制造技术是聚变能开发的核心技术之一，通过对第一壁材料与包层结构材料连接工艺、包层复杂结构部件的加工焊接工艺、氚增殖剂球床性能测试、包层热工测试等四个方面关键技术预研，完成了 CFETR 固态包层关键制造工艺的探索和测试模块的研制，建立了氦冷 / 水冷包层热工测试平台和氚增殖剂球床性能测试平台，开发了 1:1 规模的固态包层测试模块，验证了固态产氚包层的工程可行性，为未来 CFETR 固态产氚包层的建造提供了重要能力保障。

（五）氚工厂内外循环技术研究取得

新进展

基于CFETR设计的氚工厂内循环三大系统完成了1:1工艺规模的安装和联合调试，为国内首个自主设计的立方量级的同位素处理系统，填补了国内技术空白，有力支撑了CFETR工程设计，为下一步CFETR氚工厂系统设计建造提供了重要基础。氚工厂外循环方面，完成了百居里级反应堆在线产氚实验；开展了两个氚增殖概念包层缩比模块的产氚实验，获得了氦冷和水冷两种增殖包层的产氚率和具有重要工程应用价值的产氚数据。完成1:1规模增殖包层氚提取与氢同位素分离演示系统的安装与调试，验证了工程放大可行性，为CFETR氚工厂外循环系统的设计和建造奠定了基础。

2022年，核聚变专项共获得行业标准1项、其他标准10项；申请发明专利204项，获得授权发明专利107项（其中国际专利4项），获得其他各类专利16项；取得软件著作权49项，出版专著37部；提出新理论、新原理26项；获得新技术、新工艺、新方法43项；研发新产品、新装置36套。人才培养再结硕果，2022年毕业研究生345人，其中博士139人；培养技术人员119人。

随着聚变能重要性的日益突显，世界各国纷纷加快聚变能商业化的步伐。为在未来聚变产业竞争中掌握主动权，在继续执行ITER计划的同时，我国也在积极推进核聚变领域顶层设计，以聚变能发电为目标，组织专家开展中国磁约束核聚变能发电路线图编制和牵头国际大科学工程相关筹备工作。

核技术应用

一、中国核工业集团有限公司

2022 年，中核集团 6 项成果入选国家原子能机构核技术应用领域十件大事，核工业总医院、核工业四一六医院“国考”为 A 类,成功入围国家公立医院第一梯队。

重点项目取得阶段性成果。BNCT 旋转固体锂靶部件研发等 2 个项目获国资委批准立项。成功研制铯 -137（^{137}Cs）同位素放射源组件，助力神舟十三号飞行任务圆满成功。肿瘤“布拉格治疗”技术引起业界高度关注，钇 -90（^{90}Y）树脂微球实现常规化治疗 40 例。成功研制并发布国内首套板材电子束固化设备，推动家居产业变革升级。

科研创新平台有效运行。中国同辐成功创建亚洲首个国际原子能机构放药及放射源协作中心，与清华大学合作推进的粤港澳大湾区国创中心粒子应用技术创新中心 8 月入轨运行，原子高科荣获“国家原子能机构核技术（放射性药物工程转化）研发中心”授牌，海得威获批“深圳市碳同位素应用工程技术研究中心”。

同位素原料多点布局。高丰度一氧化碳气体项目实现稳定进料，放射源研发生产基地和秦山基地开工建设。核药全国布局加快，昆明等 4 家医药中心投产，华北基地按期封顶，华东基地正式开工，合肥等 3 条正电子生产线建成投产，彭山放射性药物生产基地正式投产。

核特色医疗成色更足。总医院三香路院区健康管理中心建成投用，以放射治疗中心和核医学中心为重点的浒关院区二期项目基坑开建。北核医核技术医学应用示范项目（一期）立项。四一六医院分子影像诊断中心和 TOMO 放疗中心投入使用。四一九医院成为广东省第一批医养结合示范机构，合作共建儿童医院项目封顶。五〇四医院核医学科投入运行,碘 -131(^{131}I)累计治疗甲癌 100 余人，在甘肃产生较大的社会影响力。深入贯彻落实国家“一县一科”规划，打造“中核集团核医疗整体解决方案”，与百济神州等共同成立县域卫生健康高质量发展产业联盟，建立浙江核素治疗联盟，与协和医院共同开展“氯化锶治疗分化型甲状腺癌骨转移单中心临床研究”。

核医疗装备加速推动。中核粒子公司实现实体化运作，明确核医学影像、医用直线加速器、粒子放疗装备三大业务方向。BNCT 首台套示范项目与重庆市璧山区签署合作协议，医用直线加速器并购项目完成尽职调查和商务谈判。

辐照应用加速布局。成立辐照应用事业部，专注加速器及其辐照应用领域，梳理、挖掘辐照站、核级电缆、辐照发泡材料等细分领域潜在标的。推进中国同辐辐照事业部实体化，为冬奥会表彰用品辐照灭菌，获北京冬奥组委感谢信。

核应急医学救援能力不断提升。总医院、四一六、四一七和四一九等 4 家医院国家核应急医学救援分队能力建设全部通过验收，新增四一六为国家核应急医学教学培训基地，新增北核医、四〇四医院和五〇四医院为国家核应急医学救援分队。总医院急诊急救与危重症救治中心大楼（B 楼）开始施工，着力建设国际一流的核辐射损伤救治中心。积极与火箭军、陆军、地方核应急救援组织等举办论坛、联合演练，探索协同救援机制。成立中国核学会核应急医学分会，在核医疗及核应急领域影响力显著提升。

二、中国广核集团有限公司

（一）科技创新

在加速器研发制造方面，中广核核技术公司已实现高、中、低能全系列工业电子加速器的全覆盖，实现了电子加速器在辐照加工、材料改性、消毒灭菌、核农学、核环保以及无损检测等领域的应用，稳居国内核技术应用第一梯队，相关产品远销韩国、泰国、印度、美国等国家。2022 年，公司电子束杀灭冷链食品外包装新冠病毒方法及装置通过专家评审，具备现场推广应用条件；成功研发 DG 型加速器配套中频电源，电能转换效率提高 15%；电子束 EB 固化实现产业化，填补国内 EB 产业化应用的国产化帘式低能电子加速器空白，可有效解决 EB 辐射应用推广中存在的设备一次性投入大和使用环境条件要求高的弱点；研制拥有自主知识产权的国产化微焦点 X 射线源，填补我国在微焦点 X 射线源的技术空白。

在辐照应用方面，中广核在国内现有辐照中心 15 座，布局电子加速器 60 台，总功率超过 4 700 千瓦。扎实开展乡村振兴，统筹推进百色农产品电子束保鲜、乐业垃圾渗滤液处理重点帮扶项目，其中牵头编写申报的《创新农产品加工技术 助力乡村产业振兴——以中广核帮扶百色市电子束保鲜项目为例》，成功入选国家乡村振兴局发布的全国首批 36 个“社会帮扶助力巩固拓展脱贫攻坚成果同乡村振兴有效衔接典型案例”，成为国务院国资委所属中央企业 6 个入选帮扶案例之一。2022 年，中广核技下属金沃科技公司荣获省级专精特新中小企业。

在环保应用方面，中广核联合清华大学自主研发的国内首创、国际领先的电子束处理特种废物技术，已在印染废水、医疗废水 / 固废、抗生素菌渣、化工园区废水、制药废水、垃圾渗滤液、煤化工焦化废水、油气田采出废水、城镇生活污水等领域成功应用。与传统处理手段相比，该技术安全、绿色、高效，具有适应面广、反应速度快、降解能力强、处理效率高、使用成本低等优势，为常规手段难以处理的难降解有机污染物提供了一种全新有效的解决方案。2022 年，清华大学——中广核达胜电子束及环境技术应用联合研究中心成立，以深化合作；获批“江苏省电子加速器环保应用工程研究中心”等重点实验室，为加快业务发展提供有力支撑。电子束处理际华纺织印染废水示范项目完成建设，为际华三五四二纺织有限公司的印染废水处理提供了全新高效解决方案。乐业县垃圾渗滤液生态帮扶项目建成投运，并自主研发“和美Ⅰ号”电子束全量化处理垃圾渗滤液一体化设备，有力解决县生活垃圾填埋场无害化处置能力缺口问题。

在测控装备业务方面，公司《先进核探测信号处理关键理论、技术与应用项目》获四川省科学技术进步奖一等奖；公司《负压生物安全舱》项目荣获江西省优秀新产品一等奖。下属久源公司荣获省级专精特新中小企业。

在新材料方面，公司自主研发生产的XETFE产品符合GJB 773B标准，已批量应用于国内及俄罗斯航空线缆领域，并获得“苏州制造”品牌荣誉。2022年，下属新材料业务公司厦门瑞胜发荣获国家工信部专精特新“小巨人”企业称号，江苏三角洲、江阴爱科森、河北中联、中山三角洲荣获省级专精特新中小企业。

（二）产业发展

在加速器研发制造方面，中广核核技术公司加速器市场占有率保持领先，其中消毒灭菌加速器销量创历史新高；国内最大的加速器制造基地和技术创新中心完成建设；加速器生产标准化建设取得新进展，加速器生产、安调周期分别缩短40天、18天，设备交付效率不断提升。主动对接“一带一路”倡议，泰国首个商用电子束辐照消毒灭菌项目获评“中国—东盟核技术应用国际合作示范项目”，实现海外加速器销售快速增长。在测控装备方面，公司两套车载式货物车辆检查系统为2022年北京冬奥会及冬残奥会提供服务。在医疗健康方面，年内完成2台质子治疗设备签约。在新材料业务方面，生物可降解材料、新能源材料等实现销售突破。

三、国家电力投资集团有限公司

核技术应用产业持续发力，初步形成“一台两地”产业布局。技术研发平台建设更加完善。核力同创公司扎实推进科技创新和市场化改革取得积极成果，入选国资委“科改示范企业”。重庆创新医用同位素项目实现落地，坚持“研产一体化”推进项目建设，研、产两线均取得积极进展。科研项目快速推进，完成项目立项，科研合同已正式签署；三台加速器正在加紧研发，已经完成强流回旋加速器、放化分离设施等设备初步设计，以及部分长周期物项和服务采购。生产项目准备扎实开展，与地方政府签署合作协议，推动落实支持政策与项目用地；策划落地产业化投资方案，引入战略投资者，采用跟投机制，组建混合所有制项目公司核素同创，确立风险利益共担的市场化运作机制；积极推进科技人才激励机制建设，获批国资委项目跟投试点，是央企首批、集团唯一的试点单位。无锡产业项目成果初显。功率芯片质子辐照项目厂房建设竣工验收，自研设备全部到达现场，安装工作正在推进。加速器先进功率源项目引入了骨干技术团队，采用跟投机制组建项目公司核力电科，成立当年即实现盈利。

核能骨干企业

中国核工业集团有限公司

2022年是党的二十大召开之年，是我国踏上全面建设社会主义现代化国家新征程、向第二个百年奋斗目标进军的重要一年，也是“十四五”规划实施的关键之年、国企改革三年行动收官之年。

一年来，中国核工业集团有限公司（以下简称中核集团）深入贯彻党的二十大精神和习近平总书记重要指示批示精神，完整、准确、全面贯彻新发展理念，落实“疫情要防住、经济要稳住、发展要安全”总体要求，克服困难挑战，抓好工作落实，实现了全年改革发展的目标任务。产业经济实现平稳较快发展，净利润同比增长18.2%，EVA同比增长22.7%，主要考核指标提前完成。连续17年、6个任期获得国资委业绩考核A级，连续3年成为全球唯一的核工业世界五百强企业。

大力推进科技自立自强。全年研发投入242亿元，研发投入强度9.39%。加快推进“创新2030”工程，“华龙一号”国内外4台机组全部按期投入商运。高温气冷堆示范工程实现双堆初始满功率。快堆成果获得中国专利金奖。系统布局核能“三步走”发展战略，启动实施一体化闭式循环先进快堆核能系统。“人造太阳”装置创造了运行新记录，配合部委研究聚变能发展战略。加快组建“先进核能技术全国重点实验室”，加快推进先进核能原创技术策源地建设。

推动产业经济实现平稳较快增长。核电保持积极安全有序发展。国务院2022年核准10台核电机组，达到近十年来的新高，其中，中核集团三门3、4号和漳州3、4号共4台机组新获核准。核电新厂址开发和前期工作取得了不错的成绩。目前控股在运核电机组25台、装机2 375万千瓦，核准在建机组13台、装机1 375万千瓦。提前实现全年发电任务，集团所有核电机组全年发电量约1 850亿千瓦时，同比增长11%。核电建设、运行、新项目核准都保持领先。新能源装机达到1 538.75万千瓦，新获新能源项目指标1 800万千瓦,新签抽水蓄能5 330万千瓦。“核水风光储”新型电力系统正在加快构建。

核工业产业链体系能力不断提升。铀矿全年地勘投入增长73%，找矿成果增长3倍以上，连续两年全球第二。全面完成核燃料生产供货任务，分离功成本已经低于国际市场价格，获得超过1万吨的分离功国际订单，CF3燃料组件批量生产并出口巴基斯坦。八二一高放玻璃固化设施完成检修、恢复运行，高放废液处理量超过三分之二。龙和中低放废物集中处置场全面建成投运，“北山一号”研制成功，公海铁联运体系正式启动运行。中国核建立足上海主动融入区域发展，服务重大工程和核电建设。核技术应用、装备制造等产业实现了新的发展。

加快构建新发展格局。全产业链“走出去”取得丰硕成果。自主三代核电“华龙一号”巴基斯坦卡拉奇2、3号机组全面建成并投入商业运行，阿根廷核电项目EPC商务合同成功签署。分离功出口提前完成“十四五”目标，海绵锆、燃料组件等核燃料相关产品持续稳定拓展海外市场。核医学体外诊断类产品成功获多国准入，辐照站整体解决方案出口马来西亚，无损检测电子直线加速器出口土耳其和泰国，安检安保设备覆盖全球约170个国家和地区。高质量推进国际热核聚变实验堆核心安装工程，为最大国际大科学装置贡献中国智慧和中国力量。“十三五”至今累计签订海外工程项目100余个，参与巴基斯坦塔尔火电建设、阿联酋“一带一路”倡议产业园等多个工程建设项目。

加快推进国有企业改革。中核集团各单位压实收官责任，围绕见实效落实全部举措。全系统深入开展培训、问卷、督导工作，推动高质量收官并巩固深化改革成效。改革三年行动年度考核位列央企第五、军工央企第一。科研院所改革持续深化，核动力院、原子能院、地研院纳入中组部“党委领导下的院所长负责制改革试点”。对标世界一流管理提升，形成45个内部管理标杆。加大压减力度，完成法人压减226户，超出年度计划23%，法人总户数实现零净增。全面完成23家“两非”企业剥离，持续推进亏损微利企业治理。中国核电成为首批国资委公司治理示范企业，5家单位新增纳入国资委第二批“科改示范企业”。中核国际成功复牌，中核汇能成功增资引战75亿元。精细化管理年专项行动扎实推进，形成一批精细化管理提升先进经验。中核集团改革成效得到中央领导和国资委的肯定。《红旗文稿》《国资报告》等集中宣传介绍中核集团改革经验。

着力防控安全环保风险。安全生产专项整治三年行动圆满收官。“863基本动作要领”深入宣贯推行。22次同行评估、16组单位核安全提升“结对子”成效明显，原子能院等单位提升效果比较显著。所有核电核设施保持安全稳定运行，17台核电机组WANO指数满分，保持世界领先水平。28个集团级历史遗留风险点安全受控，2个风险点具备销降条件。核与辐射安全保持良好记录，生态环境安全受控，工业安全形势稳定，安全环保形势平稳。

中国广核集团有限公司

2022 年，中国广核集团有限公司坚持以习近平新时代中国特色社会主义思想为指导，以学习宣传贯彻党的二十大精神为主线，坚决贯彻党中央、国务院决策部署，落实国务院国资委工作要求，深入践行“严慎细实”工作作风，严守核安全，开拓创新，团结奋进，圆满完成系列重大保电保供任务，全面实现关键业绩指标。总资产超 9 100 亿元，在运总装机超 7 700 万千瓦，在国务院国资委经营业绩考核中连续 9 年荣获 A 级，党建责任制考核首获 A 级，综合效益稳居央企前列。

安全生产平稳有序。安质环态势稳中向好。扎实推进安全生产专项整治三年行动全面收官，实现“两个杜绝、六个零”。圆满完成冬奥会、冬残奥会、党的二十大期间重大保电任务。领导班子成员带队开展安全生产大检查，安质环异常事件数量同比下降。核电工程 20 万工时事故事件率呈持续下降趋势，阳江核电雨污分流进入施工阶段，海上风电安质环水平明显改善，网络安全持续强化。生产运营业绩稳中有进。在运核电机组 79.2% 的 WANO 指标达到世界先进值。CPR 机组平均能力因子 93.6%，连续五年达到 WANO 先进值。全年完成 19 次大修，CPR 机组年度大修平均工期达到 26.2 天，创历史最好水平。岭澳核电 1 号机组连续安全运行近 6 000 天，继续刷新世界纪录，大亚湾基地率先平稳完成中系运行技术规范切换。狠抓境内外新能源设备健康管理，着力推进德令哈光热示范项目技术改进，跻身行业领先水平，境外新能源项目全部发电设备非计划停机率创近三年最好水平。

工程建设稳步提升。工程管理持续优化。出台《集团核电工程建设管理大纲》，推动管理下沉和生产前移。强化造价控制，实行概算硬约束。出台“华龙一号”全面创优激励方案。加强境内新能源项目开工前准备，成立境外新能源工程管理中心。核能重点项目扎实推进。“华龙一号”首堆平稳实现热试、装料、临界等重大里程碑节点。红沿河核电 6 号机组实现高质量投产，实现核能供暖示范项目正式投运。陆丰核电 5、6 号机组核准开工。惠州核电 2 号机组、苍南核电 1 号机组接续实现穹顶吊装阶段创优。核燃料业务实现持续突破，哈组件厂首批 68 组产品成功交付阳江核电，乏燃料公海铁联运体系正式运行。非核项目建设明显加快。境内新能源年度开工投运装机均创历史最好。兴安盟一期成为我国第一批风光大基地首个投运项目。全国最大的平价海上风电汕尾甲子项目全面建成。全国首个与海洋牧场融合发展试验项目烟台莱州海上风电实现并网。全力推进海外新能源绿地项目开发建设，马六甲电厂全面建成投产，韩国大山二期获取发电许可证。大力推进核技术应用业务在垃圾渗滤液和化工污水处理领域的突破。环保产业无锡等离子项目技改后实现85%以上产能稳定生产，枝江污水处理二期项目和兴安盟生物质项目完成主体工程。

市场开发结出实果。市场开发机制不断完善。强化政企合作，签署19项战略合作协议。优化核能市场开发组织体系。集团总部统筹推进非核产业重大基地、重大项目开发，推动产业协同发展。核能新项目开发取得明显突破。非核市场拓展取得新进展。境内新能源全年新增资源储备超过1 800万千瓦。充分利用光热技术优势，获得“光热+”项目近300万千瓦。首个自主开发的湖北魏家冲抽蓄项目获得核准。探索央地合作新模式，与广西投资集团有限公司联合中标防城港180万海上风电项目。境外新能源，成功锁定老挝北部500万千瓦清洁能源大基地开发权。环保产业新增供排水规模36万吨/日，“危固废智能环保管家”在大亚湾基地落地。

经营水平持续提升。上网电量再创新高。全年上网电量3 099亿度。24台CPR机组平均利用小时数达到7 980小时，稳定在较高水平。境内新能源，全年实现上网电量600亿度，积极参与绿电交易，全年销售17亿度。境外新能源，全年实现上网电力520亿度。提质增效深入推进。坚决推进“两非”剥离、“两资”处置，彻底退出城市燃气等非主业业务。有效降低桂林银行持股比例。进一步压减非生产性支出。推进存量贷款重组。强化资本运作，中广核矿业引入国家混改基金等机构投资者，能源国际巴西公司引入中拉基金。深入查摆问题，立行立改，有效降低经营风险。积极配合国家审计署完成财务收支审计。坚决落实国资委对集团决算批复的整改意见。规范集团参股投资管理，组织开展境外“违规经营投资”专项整治。“中广核”被认定为驰名商标。

科技创新扎实推进。科技创新体系更加完善。贯彻落实国有企业打造原创技术策源地部署要求，制定建设方案。重大科研项目管理引入系统工程方法和工具。持续加强科研保障，强化科技创新统筹、组织和协调，科研投入强度稳步增长。重大科研项目有序推进。“华龙一号”GDA历时五年顺利取证，梯次推进华龙技术优化，形成了“建设一代、改进一代、研发一代”的战略态势。自主化攻关任务取得扎实成效。深入推进南方中心建设，与中科院、清华大学等单位开展学科共建，正式开建中山研发基地，阳江热室完成首批主工艺设备壳体安装。长三角中心完成建设方案制定。产业数字化转型初见成效。发布集团数字化转型实施方案，落地产业数字化多个场景，核电运营领域开发了11个群厂关键敏感部件信息化应用场景，其中CRF泵组场景在宁德核电试点应用，苍南核电智慧工地项目投运，境内新能源开发了关键设备预测性健康管理系统。

改革三年行动高质量收官。体系建设全面提升。以中国特色现代企业制度为主线，系统优化产业体系、投资体系、产权体系、治理体系、组织体系和科研体系。打造“6+1”梯次产业布局，优化投资分类、投资标准和投资流程，着力理顺产权与管理关系，全面建成以公司章程为核心的治理体系，打造“战略管控型、价值创造型、发展赋能型”总部。队伍建设更加坚强有力。选优配强成员公司领导班子，全年选聘二级成员公司“董书法”7名、总经理12名。队伍能力素质加快提升。连续三年开展集团公司党委管理干部公开选拔，总部处长、成员公司管理岗位公开竞聘比例超过50%。考核、考察干部560余人次。中广核党校线上线下累计培训超1.15万人次。培养核电站操纵员、高级操纵员137名，新晋高级职称及以上人员600余人。“三能改革”全面破冰破局，末位调整和不胜任退出管理人员196人，市场化退出员工1 125多人。建立全集团高潜人才库，遴选各类高潜管理人才1 100余人。坚决扛起保就业社会责任，招录高校毕业生2 387人。成员公司改革亮点纷呈。研究院形成“三列五层”科研岗位体系，健全配套薪酬分配机制，引导科研人员心无旁骛搞科研。铀业公司健全参股、控股企业治理机制，打造特色治理模式。能源国际进一步做实区域公司，通过穿透管理、靠前指挥，实现总部和区域公司“一盘棋”。旗下上海科技公司实施“总师”积分制管理，按照价值贡献确定积分。

国家电力投资集团有限公司

2022年，国家电力投资集团有限公司（以下简称国家电投或集团公司）坚定不移地落实党中央国务院各项决策部署，迎难而上，经营业绩再创新高，全球最大的清洁能源发电企业基础进一步巩固，新兴产业全面落地，改革创新持续深化；学习贯彻党的二十大精神，优化调整“2035一流战略”和“十四五”规划，为极不平凡的2022年递交了一份极为重要的答卷。

质量效益指标全面提升。到2022年底，集团公司装机2.32亿千瓦，其中清洁能源装机1.55亿千瓦，占比66.75%。控股装机2.12亿千瓦，其中清洁能源装机1.4亿千瓦，占比65.87%。“两利四率”指标顺利实现“两增一控三提高”，圆满完成国资委考核目标和“稳增长”任务。资产总额、利润总额、净利润、营业收入利润率、净资产收益率稳步提升。2022年《财富》世界500强企业位列第260位，比上年提升33位。

新能源项目规模再创历史新高。全年新能源投产规模持续领跑全国，成功获得国家“沙戈荒”青海省海南州戈壁基地开发权；新疆区域150万千瓦资源、青海共和100万千瓦源网荷储项目分别入选国家第二批大型风电光伏基地正式项目和预备项目清单；全年共获得240万千瓦海上风电开发权。境外新能源项目多点开花，成功获取匈牙利托卡伊20万千瓦光伏项目开发权；土耳其胡努特鲁混合电站、乌兹别克斯坦咸海光伏治沙、巴西圣西芒水光氢混合能源等一批重点项目取得积极进展。

履行国家重大使命成效显著。核电重大专项方面，高质量完成“国和一号”里程碑节点。勇当“国和一号”现代产业链链长，攻关形成一批重点创新成果，推动核电项目批量化建设带动国产化应用，建立共性技术研发行业平台，建设“国和一号”产业链联盟；2022年，全国核准的10台核电机组中，有6台采用CAP1000技术，实现历史性突破。重燃重大专项方面，组织全产业链攻坚克难，通过试验验证攻克近百项关键核心技术，在国内首次建立了完整有效的重燃自主研制体系；重型燃机数万个关键零部件、关键材料、关键软件等均为国内首次自主研制，有效填补了我国重燃产业链空白，引领带动了产业链上下游整体能力提升。能源工业互联网平台方面，建成覆盖电力等领域能源工控网络安全态势感知大数据平台，能源企业预警平台已上线运行，有力支撑能源系统安全监管和决策。

创新见效成果突出。突破了一批国内外领先的核心技术，新兴产业创新成效显著，形成了用户侧智慧能源的顶层设计及路径，构筑了覆盖源、网、荷、储各环节的坚实技术基础，支撑产业创新取得重要突破。构建了氢能制、储、输、加、用全产业链，自主化燃料电池投入商运，“氢腾”

品牌在北京冬奥会等重要舞台亮相服务，PEM 制氢技术水平国内领先；全球最大功率“容和一号”铁 - 铬液流电池首条量产线投产；国内首台百吨级纯电交流驱动自卸车在南露天煤矿应用；“换电重卡—电池银行—换电站运营”三位一体运营模式实践成果获得第五届 APEC ESCI 最佳实践奖智慧交通类别金奖；国内率先研发的高温水洗颗粒制备移动生产线投产。建设了一批引领性创新示范工程，全球最大的可再生能源制氢合成氨项目——大安项目开工；国内首套 10 万吨级燃机烟气碳捕集项目——长兴岛 CCUS 项目实现投产试运行；国内首例光伏直流电直供电解铝项目——昆明阳宗海项目建成投运。传统产业创新多点发力、效果凸显，IBC 电池量产平均效率达到 24.2%，钙钛矿叠层电池实验室效率突破 30%，国内首条光伏组件回收中试线综合回收效率达到 92%，光伏生态环境效应研究成果达到国际领先水平；“御风系统”成功为北京冬奥会提供预报服务；水电智能远程运维技术成功入选国际水电协会展示案例。建设了一批国内领先的创新平台，投运国内首个光伏储能实证实验平台，完成首个整年度户外实证和数据发布。与东南大学共建的发电装备安全运行与智能测控国家工程研究中心正式获批并进入实质建设阶段。打造粤港澳大湾区国家技术创新中心智慧能源分中心、新型电力系统全国重点实验室分室及清洁能源融通创新发展平台。成立山东省先进核能技术创新中心。

融合协同成绩斐然。县域开发方面，集团公司已进入 430 个县，与京东、阿里在农产品上行、智慧园区等领域持续深化跨界合作。上下游产业协同方面，与合作伙伴共同发力新型储能新赛道，投运全国单体最大的独立储能电站，在储能领域形成了新源智储、融和元储等具有较强综合竞争力的品牌，其中新源智储入选“科改示范企业”，获得“国家高新技术企业”认定。产金融合方面，国氢科技完成 B 轮融资，成为氢能领域首个市场估值超百亿的独角兽企业。绿色产业融入生态文明建设方面，集团公司光伏治沙模式纳入《全国防沙治沙规划（2021—2030 年）》（送审稿），乌兰布和、磴口 30 万千瓦先导项目实现投产。大客户合作方面，与中国融通、中国中铁、辽宁交投合作取得突破。与恒基兆业联合中标深圳福田 129 个区属公共建筑智慧能源项目。

改革管理硕果累累。圆满完成国企改革三年行动攻坚任务，名列 2021 年度央企系统考核第一，集团公司董事会在国资委考评中获评“优秀”等级，所属 3 家“双百企业”、2 家“科改示范企业”专项考核成绩均为标杆或优秀。持续完善与国有资本投资公司相适应的组织体系和运作机制，完成核能总部入鲁，推动综合智慧能源产业创新中心成为科技创新公司，组建综合智慧能源科技有限公司，成立铝业协同中心、抽蓄中心、资本运营中心、经济运行支撑中心、安全运行监控中心和技术监督中心，原有的产业创新中心也逐步开始发挥作用。建立用工计划与工资总额联动机制，促进全员劳产率提升 10%。中国电力和上海电力上市公司股权激励方案获国资委批准。国核铀业创新医用同位素研发生产项目列为央企首批跟投试点。二三级企业在改革管理上也做了许多全新的探索。

积极履行央企社会责任。坚决做好稳增长工作，收入利润再创新高，充分发挥国资央企稳经济大盘“压舱石”作用。按照习近平总书记“绝不拉闸限电”重要指示，全力以赴做好能源保供工作，切实扛起能源央企社会责任，做到煤电机组应开尽开、设备稳定可靠、煤炭增产增存，保供火电机组发电量同比增加 2.1 个百分点。创新能源保供模式，大力实施“雪炭行动”，保定、苏州、深圳、湖州、兰考综合智慧零碳电厂第一期均并网投运，切实发挥保供作用。与中煤集团实施“煤炭 + 煤电”专业化整合，为中央能源企业优势互补、产业融合提供了样板。核能供暖、风电供暖、生物质供暖、光伏供暖等项目，为各地保电供暖工作提供了绿色转型发展的成功案例。圆满完成了党的二十大、迎峰度夏、迎峰度冬、冬奥会等重大保电工作，川渝等区域保供关键时段实现机组 100% 开机，保供关键指标优于国家部委考核目标值，得到了国家发改委等有关部委和上海、河北等 24 个地方政府的肯定与表扬。坚决完成疫情防控重点任务，面对疫情防控严峻形势，未发生聚集性疫情。勇担疫情防控期的保供职责，为多个城市的正常运营提供了有力支撑。坚决贯彻落实乡村振兴战略，超额完成中央企业定点帮扶工作任务，投入定点帮扶资金约 7 499.6 万元，消费帮扶 5 122.7 万元，引入帮扶资金 686.5 万元。推进“绿电 + 乡村振兴 + 生态”融合发展，以清洁能源推进生态建设与惠民富农良性互促。通过“生态光伏+储能+蓄热”清洁供暖一体化，解决青海贵南县农牧民群众 3 万余人的供电、供暖、污水和垃圾处理等问题。

2022 年，国家电投在核能领域取得的主要成效情况如下：

1. 海阳核电保持安全稳定运行，圆满完成能源保供工作

2022 年，海阳核电两台机组总体保持安全稳定运行，未发生 INES 1 级及以上运行事件。WANO 首次运行同行评估获评 2 级。前三季度，海阳核电 1 号机组 WANO 指标 7 项达到卓越值，8 项达到先进值；2 号机组 9 项 WANO 指标达到卓越值，10 项达到先进值。

2. 完成示范工程建设调试攻坚任务，安全质量总体稳定

始终坚持“安全第一，质量第一”，克服新冠疫情带来的巨大挑战，集中力量，攻坚克难，完成系统完整移交、安全高效调试、稳定接产运行等重点工作，聚焦“保安全、保质量、提升工效”，全力抓好工程建设各项工作，高质量完成年度建设目标：1 号机组完成冷试，2 号机组 220 kV 倒送电完成。

现场安全质量可控在控，项目管理与风险管控能力持续提升。挪威船级社“HSE 国际标杆建设”安全评级达到 8.0 级。

3. 积极推进核能项目核准，核准工作成果显著

2022 年，主动作为、积极协调各方力量，推动核能项目取得多项突破：海阳 3、4 号机组核准并开工，廉江一期获得核准；莱阳，海阳 5、6 号机组和海阳小堆 3 个项目取得前期工作许可，实现梯级发展的良好布局。

4. 核能拓展取得显著成效

2022 年，国家电投“暖核一号”海阳核能供热项目安全、稳定、可靠完成第三个供暖季供暖任务，开启第四个供暖季；前三个供暖季累计为全国首个“零碳”供暖城市海阳，提供清洁热量 258.2 万吉焦，相当于节约原煤 23 万吨、减排二氧化碳 42 万吨，有效改善了当地供暖季空气质量与海洋生态环境，真正实现了“居民用暖价格不增加、政府财政负担不增长、热力公司利益不受损、核电企业经营做贡献、生态环保效益大提升”。6 月份，“暖核一号”三期 900 MW 核能供热工程正式启动，预计 2023 年供暖季前建成投运，最终供热区域可达青烟威地区，每个供暖季可提供清洁热量 970 万吉焦、满足 100 万居民供暖需求，将实现零碳热源跨地市互通共享，有力推动胶东经济圈一体化发展。

5. 核电重大专项取得积极进展，关键设备研发实现重大突破

“国和一号”首台屏蔽电机主泵正式发运；CAP1000 屏蔽电机主泵首台国产化产品一次出厂试验成功，实现我国 CAP1000 主泵产品“零的突破”，标志我国屏蔽主泵产业链又跨上了一个崭新的台阶，具备了 AP/CAP 全系列屏蔽主泵国产化产品的供货能力。

堆外核测仪表设备工程样机研制和基于国产现场总线技术的核电数字化仪控系统设备研制顺利通过国家能源局验收，标志着我国核电仪控系统自主可控程度的进一步提升。

中国华能集团有限公司

2022年，中国华能集团有限公司（以下简称华能集团）面对百年变局和世纪疫情相互叠加，全球政治格局和能源供需格局深度调整，以及电煤价格高企带来的严峻挑战，坚持以习近平新时代中国特色社会主义思想为指导，以迎接宣传贯彻党的二十大为主线，坚决贯彻“疫情要防住、经济要稳住、发展要安全”的重要要求，主动作为、应变克难，有效应对超预期不利因素影响，安全生产总体平稳，营业收入、发电量、供热量再创历史新高，各项工作取得新成效，圆满完成年度各项目标。

一是能源保供彰显华能担当。坚持把能源保供作为最重要、最紧迫的政治任务，牢记“国之大者”，不计成本、不计代价，全力以赴保发电、保供热、保民生。有效统筹疫情防控和能源保供，涉疫地区近百家基层电厂实施全封闭管理，全部机组实现应开尽开、应发尽发，确保电力生产运行安全可靠，圆满完成党的二十大、冬（残）奥会、迎峰度夏等重要时段保障任务。

二是低碳转型迈出新步伐。坚持把绿色低碳转型作为推动高质量发展的战略性任务，全力打造新能源、水电、核电转型三大支撑。澜沧江西藏段、澜沧江云南段、雅江中游西南三大多能互补基地纳入国家“十四五”电力发展规划。

三是提质增效成效显著。公司上下聚焦内部深度挖潜，大力提质增效升级，风电、光伏、水电单位千瓦盈利水平对标行业领先。坚持过紧日子思想，大力推进降本节支。强化资金集约精益管理。加强燃料成本管控，从严控制生产性费用支出。

四是改革三年攻坚圆满收官。对标对表习近平总书记关于深化改革重要指示精神，坚持对照目标要求抓收官，聚焦短板弱项抓提升，国企改革三年行动任务全面完成，大多数量化指标优于央企平均水平。深入贯彻“两个一以贯之”，将党的领导融入公司治理各领域各环节，更好发挥党组把方向、管大局、保落实作用，中国特色现代企业制度更加完善，布局优化和结构调整取得明显成效，企业活力显著增强。

五是科技创新活力明显增强。坚持服务国家战略需求，大力实施创新驱动发展战略。国家科技重大专项——石岛湾高温气冷堆核电站示范工程成功实现双堆初始满功率运行。高效灵活煤电及CCUS全国重点实验室获批国家首批“全国标杆重点实验室”。海上风电、CCUS原创技术策源地进入全面实施阶段。关键核心技术攻关取得重大突破，大面积钙钛矿光伏组件效率达到世界最高，自主可控技术加快推广应用。累计获省部级以上科技奖63项，其中一等奖12项，国际标准、专利质量排名、获奖数量均居行业首位。

2022年，华能集团按照“积极安全有序发展核电”的总体要求，全力推进三大核电基地开发建设，积极开拓新的优质厂址，纵深推进经营改革发展，各项工作呈现良好发展态势，公司核电产业进入高质量规模化发展新阶段。

一是安全生产稳中加固。落实国家能源局等五部委关于新一轮核电行业安全质量提升行动部署，发布《核电安全质量提升行动实施方案（2022—2025年）》，5方面15项具体任务深入推进。深化安全质量督导体系运转，开展安全生产责任制深化落实巡查评估、“遵守程序、规范记录”等专项活动，完成各项目安全质量总监派驻。以“三色使命、万无一失”核安全文化理念为引领，举办华能集团首次“核安全文化月”活动，持续开展核安全文化大讲堂、“核安全文化震撼教育日”等活动，建立经验反馈快速响应机制，本质安全水平持续提升。努力提升生产管理水平，开展高温气冷堆示范工程生产管理能力专项提升，生产管理趋势向好。持续健全生产管理体系，石岛湾压水堆扩建工程和昌江核电生产准备工作有序推进，启动集团级核电技能实训基地申报流程。持续推进核应急技术支持和支援能力建设，筹备开展华能集团核应急综合演习。

二是项目开发建设扎实推进。高温气冷堆示范工程安全高效完成燃料装卸系统优化，双堆达到初始满功率，完成“双堆初始满功率运行”年度目标。海南昌江核电二期项目（2×120万千瓦）全面开工，3号机组提前46天启动核岛安装，提前30天完成反应堆内部结构16.5米板浇筑，超前完成183间房间移交，年度主要里程碑节点按期完成。石岛湾扩建一期项目申请报告上报国家发改委，正全力推进初步设计、施工准备、项目核准等工作。霞浦4台压水堆项目取得国家能源局同意开展前期工作的文件，正加力推进“两评”、用海用岛等项目核准支持性文件；综合配套办公区启动建设。

三是经营管理能力持续提升。全面梳理完善制度体系，核电系统各单位完成年度程序/制度升版。核电产业“十四五”发展规划落地实施。深入开展经营能力提升专项行动，成立督导专班，推动经营难点问题不断取得新进展。核电系统经营管控平台、数字化财务平台、资金预算系统等上线运行，大幅提高经营管理信息化水平。华能核能技术研究院通过ISO质量管理体系、环境管理体系、职业健康与安全管理体系“三体系”认证，企业管理标准化进一步规范。扎实推进合规管理体系建设，成立合规管理委员会和合规管理工作小组，“合规管理强化年”17项工作任务均按计划完成。依法做好信访维稳、国家安全和保密工作，进一步提升重大活动、重要时段稳定保障能力。

四是干部人才队伍建设不断加强。落实新时期好干部标准和国企领导人员“20字”要求，精准科学选人用人。召开核电系统首次人才工作会议和年中人才工作专题会，组织编制产业人才发展规划及配套三年行动方案。优化人才引进配套机制，创新“内部荐才”，深化“校企联合”；大力实施四项人才转化培训，加速文化融合；深化后备人才库建设，加大干部竞争性选拔，构建后备干部和优秀年轻干部选拔培养使用长效机制，大力推动核电系统两平台三基地间干部交流；依托三级技术技能人才管理体系培育高级人才；建立核电系统共享专家库，为核电系统各单位攻坚难题提供强力技术支撑。

中国大唐集团有限公司

2022年党的二十大胜利召开，开启了以中国式现代化全面推进中华民族伟大复兴的新征程。2022年是中国大唐集团核电有限公司（以下简称大唐核电）历史上具有里程碑意义、可以载入史册的一年。这一年，大唐核电深入贯彻落实习近平总书记重要指示批示精神和大唐集团公司决策部署，面对诸多风险挑战，积极应对，攻坚克难，办成了许多大事，解决了很多难题，规范了制度体系，核电公司投资发展、前期项目和党的建设等各方面工作取得重要成绩。

（一）核电公司发展战略调整

大唐集团核电产业自2003年至今共计开发储备了14个核电厂址，其中沿海厂址8个，内陆厂址6个，各项工作取得了长足发展。2022年以来，国家核电产业政策发生变化，国家积极有序推进核电建设，高度重视核电安全，在已有四家控股资质运营商的情况下，国家能源局明确表示近期不再增加核电控股资质主体，对大唐核电的工作带来新的挑战。

大唐核电审时度势、顺应形势、积极面对，将核电发展战略由“争取控股资质、实现控股经营核电”调整为“以经济效益为中心，提升集团归母利，有效增加优质权益容量，积极储备沿海厂址资源，加强能力建设为获得控股资质打下基础”，并将核电公司产业定位由控股运营型转变为投资开发型，工作重点转移到项目前期与合作开发上，核电公司产业定位和发展战略的调整是解放思想、提质增效在核电公司落地的成功典范，这一转变焕发了核电公司高质量发展的新活力。

（二）核能行业协会、学会资格恢复

2022年集团公司核电产业取得突破性进展，宁德核电收益稳定，重点项目推进、股权合作、厂址开发等工作都取得积极进展。核能行业协会是了解研究世界和国内核电行业发展动态和趋势的优良平台，是指导项目开发产业布局的必要条件，为推动集团公司核电产业发展，核电公司就行业协会重要性和必要性积极与集团公司领导及相关部门沟通，最终决定恢复中国核能行业协会副理事长、中国核学会副理事长和中国电机工程学会核能发电分会副主任委员，为集团公司核电产业高质量发展奠定了优良基础。

（三）核电中长期发展规划制定

发展战略确定后，根据现有核电项目，结合拟发展项目制定了《核电公司中长期发展规划》，计划“十四五”末暨2025年已核在建在运权益容量594万千瓦，储备沿海厂址容量约2 000万千瓦，内陆厂址容量2 900万千瓦，利润总额15亿元。“十五五”末暨2030年已核在建在运权益容量600万千瓦，储备沿海厂址容量超3 000万千瓦，利润总额30亿元。

（四）宁德一期保持高水平盈利

宁德一期盈利持续稳定，2022年完

成发电量 314.13 亿千瓦时，同比减少 5.25%；实现营业总收入 109.86 亿元，净利润 24.51 亿元与去年持平，资产负债率为 67.59%。全年预计利用小时 7 697 小时。平均电价 0.397 4 元 / 千瓦时，较上年同期增加 0.028 5 元 / 千瓦时，增加净利润 0.22 亿元。我方派驻班子成员担任党委副书记、副总等职务，分管核安全文化建设和执照申请、采购和商务合同、电力市场营销等重要工作，对宁德一期核电运营做出贡献。

（五）宁德二期核准上报取得突破

宁德二期核准上报工作困难重重，历经三年艰苦努力于 2022 年取得重大突破。2020 年集团牵头上报宁德二期核准申请，因核电控股资质原因被退回。随后与中广核就双方均股上报展开多轮谈判。2022 年 6 月经集团公司领导向国家能源局汇报协调、与中广核方高层谈判磋商，8 月 8 日，集团公司与中广核在北京签署双方合作协议；8 月 24 日，向国家发改委联合上报了宁德二期核准申请；11 月，国家能源局已正式接收核准申请。同时大唐集团获得中广核广东惠州一期 18% 股权。

（六）庄河项目对外合作进展顺利

庄河项目 2022 年 2 月列入《“十四五”现代能源体系规划》开工备选项目，原合作方技术路线不符合国家“十四五”开工条件，大唐集团面临无偿转让控股权的风险。为尽快推动项目核准，需要尽快寻找新合作方调整技术路线，在此过程中，大唐集团先后 6 次拜访辽宁省、大连市及庄河市三级政府，2 次参加大连市政府专题协调会。大唐集团公司领导出面参与协调工作。最终辽宁省、大连市和庄河市三级政府均充分认可大唐集团在当地 16 年来的努力与付出，在技术路线转换过程中，三级政府给予大唐集团大力支持，大连市确定项目一期工程（5、6 号机组）采用“华龙一号”技术路线优先推进，由中核集团与大唐集团合作开发，确保“十四五”期间开工。11 月 17 日，大唐集团与大连市政府、中核集团签署了三方合作协议。同时大唐集团获得中核浙江秦山一期 20% 股权。

（七）前期项目全面积极推进

1. 广东阳西核电项目。阳西项目已列入国家“十四五”规划厂址保护和深入论证目录。项目 1、2 号机组由中广核牵头开展前期工作，进度滞后。2022 年，由中核集团牵头开发阳西 5、6 号机组项目，项目有望在“十四五”末期具备核准条件。

2. 广东江门核电项目。江门项目 2016 年完成厂址普选，2022 年，中广核距该厂址 500 米处选址并完成初可研评审。同年，国家能源局开展核电厂址复核期间，中广核计划将其厂址上报并列入国家核电规划，我方面临出局。8 月，公司领导专程拜会江门市委书记，得到了理解和支持。9 月底，在集团公司领导指导下，大唐集团与中广核达成合作意向，共同以中广核控股 51%，大唐集团股比 49% 开发江门核电项目，同时大唐集团获得中广核山东招远 8% 股权。

3. 山东文登核电项目。中广核于 2008 年开发，2014 年完成了项目初可研工作，是稀缺的沿海优质厂址。大唐集团山东公司与威海市政府建立了良好的合作关系，主动争取开发文登前岛核电项目。2022年6月，集团公司领导拜会了威海市及文登区政府领导，获得了政府领导的认可。2022年10月24日，取得《威海市文登区人民政府关于同意开展文登区核电项目前期工作的批复》，同意大唐集团在文登区开展前岛核电项目前期工作。这是福岛核事故以来，大唐集团首次获得政府出具的相关批复。

4. 宁德三期、海南儋州（东方）厂址。未能获得开展前期工作的支持性文件。2022年，宁德三期项目在区域公司的协调下，多次联系地方政府。8月，拜访宁德市委书记，争取支持；会后编制了核电税收汇报材料进行了汇报。

5. 沿海新厂址储备积极开展。与东北院、华东院、广东院深入交流，全面启动沿海新厂址普选工作。2022年，在辽宁黄海沿海取得了初步成果。

6. 核电内陆厂址展开保护工作。大唐核电在江西、重庆、安徽、湖南、黑龙江和贵州储备了6个内陆核电厂址，2022年重点开展了核电厂址保护研究工作，完成了内陆核电统计表，编写了《内陆核电项目情况汇报》，编制了内陆核电项目调研方案。

（八）国企改革三年行动全面推进

一是坚持现代企业制度建设，制定《中国大唐集团核电有限公司所属企业董事会管理办法（试行）》等10余项管理制度，规范所属企业董事会运行，完善法人治理结构，落实董事会职权，提升治理体系和治理能力现代化水平。二是坚持“两个一以贯之”，持续推进“双向进入、交叉任职”领导体制改革，公司系统企业均已实现党委书记、董事长“一肩挑”。三是全面落实任期制和契约化管理，不断激励经理层干事创业活力，“两书一协议”签订率达到100%。四是制定《领导人员末等调整和不胜任退出管理办法（试行）》《党总支关于推进领导人员能上能下实施细则（试行）》。五是建立健全适应公司高质量发展的市场化用工体系，2022年人员补充全部采用系统内公开招聘。六是岗位合同签订率和全员绩效考核覆盖率达100%。

中国一重集团有限公司

中国一重集团有限公司（以下简称中国一重），是新中国成立后在发展国民经济第一个五年计划期间由前苏联援建的重型机器制造厂，是按照国家战略部署、功能定位，率先在祖国边疆荒原建立并发展起来的共和国“长子”。党的十八大以来，习近平总书记分别于2013年8月、2018年9月，五年两次视察中国一重，强调指出，“国家要发展，制造业要发展，装备制造业是重中之重，是现代化大国必不可少的”，并勉励一重要“肩负起历史重任，制订好发展路线图，加强党的领导、加强班子建设，改革创新，自主创新，提高管理水平，调动各类人才创新创业积极性，把我们的事业越办越好”。近年来，中国一重坚持以习近平新时代中国特色社会主义思想为指导，认真贯彻落实习近平总书记重要指示精神和党中央决策部署，牢记殷殷嘱托、坚守初心使命，以埋头苦干的勇毅和舍我其谁的担当不断提升制造能力、增强创新动力、汇聚发展合力，现已成为中国核岛装备的领导者、国际先进的核岛设备供应商和服务商。

在核电产品制造方面，中国一重加快推进自主创新，关键核心技术不断取得突破，完全掌握了CPR1000、CAP1000、“华龙一号”、“国和一号”、CAP1400、“玲珑一号”等堆型核岛主设备的制造技术，实现了我国三代核电核岛一回路主设备及常规岛主要大型锻件全部国产化。主要产品有以“华龙一号”、CAP1400示范工程为代表的三代核反应堆压力容器蒸发器、稳压器、主管道、锻焊主泵泵壳、堆芯补水箱，以中国实验快堆、示范快堆和高温气冷堆为代表的四代核反应堆压力容器等核能装备。

2022年，中国一重坚持市场导向，着力加强市场开发力度，核电产品市场占有率稳步提高，签订6台中核能源高温气冷堆反应堆压力容器及6台金属堆芯支承结构制造合同，其中高温气冷堆反应堆压力容器市场占有率由33%上升至50%。同时，中标10台“华龙一号”反应堆压力容器，市场占有率100%；“华龙一号”蒸发器锻件，市场占有率由40%上升至61%。此外，新材料板块实现新突破，独揽哈电集团三门核电整锻低压转子，持续保持国内独一无二的地位。全面突破三大主机厂常规火电百万千瓦超临界机组发电机转子市场，核电百万千瓦发电机转子市场业绩稳定增长，覆盖核电业主率达75%。加快产品结构调整，实现高技术高附加值产品订货，签订上海汽轮机核电焊接低压转子批量试制订单。

一、核电装备生产情况

中国一重是国内唯一具有核电石化产品设计及转化、材料研发、锻件制造、加工、焊接、装配、包装发运等全流程技术、制造能力的供应商，拥有高纯净钢锭、整体锻造等多项自主研发，并处于国际先进水平的关键制造技术，可实现年产钢水50万吨、锻件24万吨，拥有4台大型自由锻造压力机，具备年产12台核岛全套主锻件（含反应堆压力容器、蒸汽发生器、稳压器、主泵泵壳等锻件）的能力。拥有目前重复定位精度高、工作台承载500吨位的INNSE ϕ260数控铣镗床，PAMA ϕ160数控落地镗铣床、7×15米及5×10米数控桥式动梁龙门镗铣床等世界一流水平的重型加工设备数十台；拥有560/250吨桥式起重机等几十台重型起重设备；拥有1 100吨桅杆吊；拥有弯管/直管/立管堆焊焊机、带极堆焊设备、窄间隙焊机、马鞍接管焊机、热丝TIG焊机等百余台自动焊机，焊接设备的能力和规模均为国内顶尖水平；拥有涡流检测系统、多通道超声检测系统、CRDM&BMI超声检测系统及3台9 MeV直线加速器等多台先进的探伤设备；拥有三个国家认可的检测中心，具备化学分析、力学性能试验、金相检验能力，配置了透射电镜、Gleeble3500热力模拟试验机、激光跟踪仪、数控三坐标测量机等检测设备。

近年来，随着国内核电项目快速增长，国内主要核岛锻件、设备制造厂产能、质量及进度均面临极大的挑战。为了应对当前市场形势，中国一重投入数亿元升级改造设备，已升级完成洁净钢平台，并将新建2台加热炉、3台热处理炉；采购完成了7米×15米、6米×10米数控龙门铣；ϕ200毫米、ϕ180毫米数控镗床等高精尖设备，未来还计划新上6.8米×23米双龙门镗铣床、多台加工专机、射线探伤室、大量焊接设备、600吨天车、水压地坑等，实现硬件实力提高，并完成了前盐新基地的核电取证工作。此外，持续优化技术、工艺方案，应用电子围栏、AR技术、设备组网、物项追踪等信息化、现代化、自动化技术，实现技术升级。2022年，中国一重承制的太平岭2号机组反应堆压力容器调配至太平岭1号后顺利完工发运，先后完成了防城港4号机组稳压器、漳州2号机组反应堆压力容器、示范快堆1号机组反应堆压力容器及堆内构件与旋塞设备现场安装调试、昌江小堆反应堆压力容器等产品的交货。

二、科研开发进展情况

2022年，中国一重紧密围绕国家战略需求，履行好央企责任，切实完成好党和国家交给的各项任务，突出解决我国重大技术装备“卡脖子”难题和进口替代等问题，彰显初心和使命。积极承担国资委CYD、“1025工程”二期项目、国家科技部“揭榜挂帅”项目、核电重大专项项目等30项。

一是核电重大专项“核电设备用大尺寸材料无痕构筑技术”子课题“水室封头整体模锻成形技术研究”已完成攻关，率先在核电用大锻件及特厚板领域方面，开展了偏析问题研究；“CAP1400主管道空心锻造技术研究”项目，开发了主管道空心锻造技术成功完成首件主管道热段制造，并完成主管道空心锻件评定。该主管道技术水平达到世界领先。

二是在国内首次实现 508- Ⅳ钢 200 吨级钢锭及特大壁厚锻件工程化制造，形成 508- Ⅳ钢特厚大锻件的材料性能数据库、工艺规范、技术标准，实现我国核压力容器用钢的代际进步和自主保障。

三是“核电站中低放可压缩固体废物处理技术开发及应用”项目，打破核固废超压处理技术长期被国外垄断，实现低放核固废超压处理主设备首次整机国产化应用，该项目应用了四柱式高刚性缸梁一体结构设计、冗余安全密封结构、对中侧部穿孔装置、废气废液收集、柔性压制工艺、故障报警与诊断等一系列关键核心技术；“乏燃料贮运容器球墨铸铁罐体研制”项目，开发乏燃料贮运容器球墨铸铁罐体制造技术，解决材料化学成分设计、球化孕育处理及铸造工艺技术难题，完成罐体综合性能评价，具备市场供货能力；“第四代核电高温气冷堆压力容器大锻件制造技术研究开发”等多项先进核能技术研发进程加速。

四是在核能领域拥有“重型技术装备国家工程研究中心”“国家能源重大装备材料研发中心”两个国家级研发平台，在核电装备领域开展前沿性、紧迫性技术研究。2022 年研发平台累计开发新产品 5 项、新技术 4 项，申报专利 25 项，其中发明专利 22 项，发表 SCI 论文 4 篇，完成 2 项能源行业标准、9 项中国核能行业协会团体标准和 4 项中国锻压协会团体标准的编制。

三、核电产品合作情况

中国一重与核动力院就巴基斯坦 K2、K3 核电机组压力容器制造的经验进行了分享，核动力院对 K2、K3 核电机组与漳州 3、4 号核电机组压力容器的区别进行了介绍，中原公司就 K2、K3 核电机组压力容器制造过程中一些见证和检测的经验进行了分享，为争取 C5 等后续海外“华龙一号”压力容器项目创造了有利条件。

四、人才培养和培训情况

中国一重始终高度重视核电设备制造人才的培养和职工培训工作，在制定公司年度培训计划中突出了核法规、核质量保证手册及程序文件、核安全文化等方面的培训内容，保证了培训质量和培训效果。2022 年，共举办核体系责任人员培训班 110 期，参训职工达 6 600 人次。

一是在核文化、核质量与安全知识培训方面，在全公司持续开展质量体系、核安全文化等宣贯培训，坚持“安全第一”的指导思想，落实“四个并重”的核安全文化核心内涵，核安全文化八大特征和民用核安全设备制造质量等内容，制定系统培训学习计划，使广大职工直观地认识到核安全的重要性，提高广大职工对核用产品技术和质量的关注度。

二是在核电项目质保大纲培训方面，加大了对核电产品项目质保大纲的培训力度，开展了霞浦国家重大示范工程项目等多个核电项目质保大纲和程序培训。注重将核电项目制造技术结合生产进度确定培训重点，尤其是把项目制造过程中容易出现的问题、采取的防范措施等方面内容补充进来，保证培训取得实效。公司各单位以核电项目培训为契机，全面核查本单位在制核电项目培训的开展情况，认真总结和改善不足，不断提高核电产品质量。

三是在强化核电人才内部培养和教育培训的同时，积极选派相关人员参加国内相关机构开展的无损检测资质培训、核能行业质量保证监查员培训等，在满足公司当前核电产品制造需要的基础上，积极做好人才的培养和储备工作。同时，选派业务骨干到同行业知名企业进行学习，不断开拓视野，汲取先进的管理理念和实践经验，通过核电制造方面人才的培养，不断提升核电制造的业绩和管理工作水平。

哈尔滨电气集团有限公司

2022年，哈尔滨电气集团有限公司（以下简称哈电集团）核电产业以习近平新时代中国特色社会主义思想为指导，深入学习党的二十大精神和习近平总书记系列讲话精神，以落实党要管党、全面从严治党为主线，抓班子、带队伍、打基础、抓作风，全面加强核电产业的凝聚力、组织力、战斗力，较好完成2022年工作。

一、市场开发工作

哈电集团坚持“三商”发展定位，在制造、运维服务、系统成套、产品拓展上下大力气，抓住核电发展新机遇，全面深入落实集团间的战略合作，努力打造一流的核能设备制造服务企业。

1. 重点市场全面突破，打造一流核能装备制造商

通过高层领导走访深化战略合作与互动，各层级高频率走访、沟通促进战略实施与战术协同，进一步提升哈电品牌的信任度、满意度。

以创新和自主化为突破口，以用户需求为导向，以市场开发为龙头，以提升用户满意度为抓手，推动涉核企业项目、质量管理水平不断提高，赢得用户信任，取得了5个机组汽轮发电机组产品订单。

蒸汽发生器实现规模化、批量化生产，产品质量和交货能力得到市场认可。签订了3个机组“华龙一号”蒸汽发生器产品订单，巩固了核岛关键设备的市场占有率。

核主泵产品市场占有率领先，取得了4个机组“华龙一号”主泵产品订单。

以蒸发器、主氦风机等拳头产品为纽带，统筹做好项目相关方工作，获得18套主氦风机订单，高温堆产品市场优势不断扩大。

2. 持续拓展产业布局，打造核能装备系统集成商

推动传统优势产品和技术在核电领域拓展应用，中标两个机组海水淡化项目以及高温气冷堆项目12台水冷壁，与中广核联合研制抽汽逆止阀等五类阀门。

哈电股份于2022年11月完成《核蒸汽供应系统集成供货管理体系》试运行，建立了上下统一的核质保体系，在遵守核安全法规、质保体系监查监督、质量经验反馈、质量趋势分析、股份公司内部核电资源共享、核安全文化建设等方面取得了良好实践。

二、用户服务工作

哈电集团坚持市场导向，全面贯彻以客户为中心的营销理念，以提升服务水平塑造品牌形象。围绕设备安全稳定性保障、备品备件、检修服务、技术服务、机组延寿增容、供热改造等用户需求积极进行市场开发，大力推广“互联网+服务”，打造全方位运维服务商。依托哈电集团电站服务平台建设提升核电板块运维服务水平，强化网上备件商城、智能运维等数字化服务手段，及时响应用户需求，推动产业制造服务转型。

三、项目执行工作

2022 年 6 月 13 日，哈电集团（秦皇岛）重型装备有限公司承制的漳州 2 号机组蒸汽发生器顺利通过出厂验收，并于 6 月 22 日顺利发货。

2022 年 8 月及 2022 年 10 月，哈尔滨电气动力装备有限公司推动供方分别完成 3 台 CAP1000 后续项目屏蔽主泵电机外置热交换器的制造及交付。

2022 年 8 月，哈尔滨电气动力装备有限公司推动供方完成 4 台 CAP1000 进口项目屏蔽主泵电机整机的港口发运，最后 4 台电机已于 2022 年 10 月全部完成产品试验验证。

2022 年 9 月，哈电集团（秦皇岛）重型装备有限公司承制的惠州太平岭核电 1 号机组蒸汽发生器顺利发货，承制的宁德核电 5 号机组蒸汽发生器完成全部制造工作并具备发货条件。

2022 年 11 月 22 日，由沈鼓核电与哈尔滨电气动力装备有限公司联合研制的全球首台最大三代核电技术反应堆冷却剂屏蔽电机主泵，从沈鼓核电装备生产基地正式发运，标志着哈尔滨电气动力装备有限公司已全面具备了屏蔽式主泵电机的国产化制造能力，为后续屏蔽系列主泵电机国产化供货提供了有力保障。

2022 年 12 月 11 日，CAP1000 海阳项目首台主泵耐久试验在沈鼓核电泵业公司现场顺利完成，各项试验指标均满足要求，标志着哈尔滨电气动力装备有限公司已具备 CAP1000 屏蔽电机国产化设计及制造能力。

2022 年，哈尔滨锅炉厂有限责任公司完成了漳州核电 1、2 号机组核岛类容器项目 22 台主设备的制造并交付。

2022 年，佳木斯电机股份有限公司完成了漳州核电项目、太平岭核电项目、昌江核电项目 3 号和 4 号机组、三澳核电项目等共计 3.2 万千瓦泵用电机、风机用电机等电动机产品交付。

四、产业规划与协调工作

1. 组织哈电集团各涉核企业完成集团公司核能产业十年规划编制并通过审批，制定规划重点任务分解表，保证战略目标全面分解、有效实施。

2. 统筹开展产业协调工作，落实集团公司关于机构改革和职能调整的相关要求，与客户积极沟通，协调“国和一号”示范工程、“华龙一号”、高温气冷堆等重点项目进展，推动项目执行中的问题和难点得到妥善解决。

五、科研开发

哈电集团持续加大科研投入，瞄准绿色低碳、高端数字化项目积极开展新产品研发，积极参加国家标准、行业标准和团体标准的起草制订工作。由哈电重装公司牵头完成的“高温气冷堆蒸汽发生器制造技术研究及工程应用”荣获中国核能行业协会科技进步一等奖，在6个入选项目中排名第一，该研究成果实现了我国第四代核电蒸汽发生器自主化和国产化，提升了我国装备制造业自主创新能力。哈电阀门公司成功完成“华龙一号”及CPR1000核电机组汽水分离再热器先导式安全阀研制及应用，获得机械工业科学技术奖三等奖。

六、质量保证

哈电集团以习近平总书记提出的“理性、协调、并进”的核安全观为指导，坚持“安全第一、质量第一”的根本方针，积极培养核电从业人员的法制意识、责任意识、风险意识和诚信意识，构建诚实守信、坦诚开放的核安全文化氛围，以高质量发展为总向导，扎实有序推进核安全文化建设工作。

1. 主要工作情况

在多年核电领域的深耕和探索过程中，哈电集团各涉核企业形成了总体统一又各具特色的核安全文化。为了建立集团内上下一致的核安全文化管理体系，全面落实国家核安全局倡导的80项良好行为实践，哈电集团在深入理解和充分践行的基础上推陈出新，围绕“全面统筹、系统推进核安全文化建设，实施核安全文化建设评估，加强交流、深入探讨核安全理念和加强、注重核安全文化建设队伍的培养”四个方面为重点，制定了详细的核安全文化建设规划，每年度以工作计划下发执行并开展总结评估。在集团和所属企业中开展系统的核安全文化研修和宣贯活动，在全集团范围内示范和推广核安全文化建设先进企业的相关经验，推进核安全文化落地生根，将核安全文化与企业文化、质量意识相关联，全面贯彻国家关于装备制造企业“高质量发展”的总体发展思路。

2022年，哈电集团高质量发展制订新举措，建立了从集团公司党委书记到所属企业党组织书记，再到基层单位党支部书记的“三级书记抓质量”工作机制，强调要充分发挥“一把手”在质量管理中引领和关键作用。“三级书记抓质量”以各级书记设立工作任务清单为抓手稳步推进，作为哈电股份核级设备生产制造主力军的哈电重装公司和哈电动装公司，分别将核安全文化建设工作纳入二级书记工作任务清单，领导带头，率先垂范，带领全员不断提升核安全文化建设水平。

2. 阶段工作成效

哈电集团用核安全文化武装员工的头脑，用人员行为工具（一种管理办法）规范员工的行为，用完善的质量保证体系管控制造过程，同时核安全文化作为核质保体系有效的补充，确保公司以稳定的产品质量兑现合同。公司已完成从“认识、决心、态度、口号”向“制度、程序、细则和习惯”的转变。

一是核安全文化制度体系健全完善。集团公司制定并下发了《核安全文化评估控制程序》《核安全文化评估管理办法》

《核安全文化建设工作指标》等制度文件。企业在集团的统一指导下，编制了《核安全文化手册》《核安全文化建设工作程序》《核安全文化评估办法》等文件，核安全文化建设体系文件健全完善，核安全文化建设新机制全面形成，基础工作进一步夯实。

二是成员企业核安全文化建设水平显著提升。通过哈电集团牵头策划核安全文化建设工作，制定核安全文化建设五年工作指标、策划年度核安全文化建设工作、进行核安全文化经验交流和开展核安全文化的检查评估等手段，涉核企业统一开展了核安全文化领导层授课、经验反馈、文化评估等工作，核安全文化建设工作水平明显改进提高。

东方电气股份有限公司

一、2022年度工作概述

坚持碳达峰、碳中和目标，以“绿色动力、驱动未来”为方针，重创新、提质效、强执行，践行“不忘产业报国初心、牢记制造强国使命”的誓言。

（1）不断完善核蒸汽供应系统设备制造和供货能力范围，开展核安全关键设备的新工艺技术研发，完善了核岛主设备自主制造能力。

（2）加快推进科技自立自强，攻克一批关键核心技术，组织攻关一批原创性技术。

（3）进一步推动质量管理和核安全文化建设，践行核安全文化培育和实践，优化核安全文化评估体系。

（4）持续壮大核能人才队伍，扩充高层次专家蓄水池，选拔一批高技能人才、青年技术人员，为我国核能行业发展机遇期提前做好人才部署。

二、企业经营

2022年，东方电气实现营业收入553.53亿元，同比增长15.8%；实现利润总额28.55亿元，同比增长24.7%。其中，核能产业新增生效合同超60亿元，新中标订单超70亿元。

三、核能科技成果

1. 新产品研发取得阶段性成果

福清核电5号“华龙一号”核电汽轮发电机运行良好；完成“国和一号”蒸汽发生器、融合“华龙一号”首台漳州核电1号堆内构件研制。

2. 关键零部件国产化工作取得新进展

汽轮发电机控制系统、低压转子锻件、汽水分离再热器（MSR）U形管等六项核心部件成功实现国产化工程应用。

3. 积极推动先进电力装备核电领域原创技术策源地

联合国内高等院校、科研院所，加速建设先进电力装备核电领域创新联合体，多途径多渠道加速科技成果转化、加速推动原创性、颠覆性技术的研发，实现能源绿色低碳高质量发展。

四、质量管理提升和核安全文化建设

1. 质量是企业立足之本

2022年，东方电气进一步提升质量监督有效性，以质量问题为导向，开展专项质量提升计划，全年重大质量事故、重大质量管理问题、顾客重大质量投诉为零，质量态势总体稳定。

2. 加强核安全文化建设

2022 年，东方电气从“核电体系、文化氛围、全员践行、评估改进”四个维度推动核安全文化培育和实践，优化核安全文化评估体系，公司下属涉核企业的核安全文化评估分数提升明显，提升率超 10%。

3. 做好核安全文化主题活动

2022 年，东方电气涉核企业组织质量大讲堂、质量知识讲堂、质保体系培训与交流，核安全文化学习、定期开展项目交流会、核电相关标准宣贯、安全警示等。时刻牢记安全使命，铸造安全可靠的核电产品。全年组织相关活动 20 余次。

4. 以赛代练，提升员工技能

2022 年，东方电气还切实营造青年职工学习交流、创先争优的良好氛围。同时，为激励广大青年走技能成才、技能报国之路，扎实推进青年精神素养提升工程走深走实，全年举办了第二届青年职业技能大赛，大赛为四川省级二类竞赛，大赛设置钳工、焊工、机床装调维修工、工业机器人应用、三维建模、PPT 设计制作等 10 余个竞赛项目（工种）；第十七届“振兴杯”全国青年职业技能大赛选拔参赛队员，最终 150 名青年员工站在决赛舞台上同台竞技，各展才能，此次竞赛为全集团青年技能提升、职业成长提供了广阔舞台。

五、核能专家及人才团队建设

东方电气涉核企业深入实施“人才强企”战略，进一步深化人才发展体制机制改革，畅通员工职业发展通道，激励各专业优秀人才脱颖而出，形成各专业领军人才各展其能、各尽其才的培养、使用、激励机制。企业按照“民主公开、竞争择优”的原则，选拔出 30 余位核能技术专家。

上海电气集团股份有限公司

截至 2022 年年底，上海电气集团股份有限公司（以下简称上海电气）累计承接包括二代改进，AP1000、EPR、“华龙一号”、“国和一号”等三代以及高温气冷堆、快堆等不同堆型的核电主设备（压力容器、蒸汽发生器、稳压器、堆内构件、控制棒驱动机构、主泵、汽轮机和汽轮发电机等）共计 449 台 / 套；实现完工或交付 229 台 / 套，专业化基地的产能效益得到有效体现。

一、核电项目管理

2022 年，上海电气各涉核企业持续推进精益化管理，圆满完成了当年的出产任务，项目执行整体运作平稳。全年出产主设备 18 台 / 套。随着在手项目的陆续投产，在制主设备数量维持在 65 台 / 套左右。

1. 核岛设备。共出产核岛主设备 16 台 / 套，包括：蒸汽发生器 6 台、堆内构件 2 套、控制棒驱动机构 2 套、主泵 6 台。此外，出产 66 台 / 套核岛辅助设备，包括装卸料机 1 套、燃料抓取机 1 套、人桥吊 2 套、辅助吊 2 套、常规用泵 16 台、核二三级容器 44 台。

2. 常规岛设备。共出产常规岛主设备 2 台（汽轮机、发电机各 1 台），常规岛辅机 1 套、配套电机 13 台。

3. 仪控仪表类设备。共出产各类仪表和器件、调节阀、小三箱、电动执行机构约 3 600 台 / 套。

2022 年项目执行的亮点有：

1. 三代“国和一号”主设备收官。年内成功交付了“国和一号”1 号机组湿绕组电机主泵、2 号机组堆内构件，并完成 2 号机组控制棒驱动机构出产。

2. 三代“华龙一号”主设备批量出产和投产。年内实现漳州核电 1 号机组汽轮发电机组、主泵，宁德核电 5 号机组蒸汽发生器、太平岭核电 2 号机组堆内构件的出产。陆丰核电 5、6 号机组和防城港核电 5、6 号机组主设备投料在制。

3. 海外项目收官。年内完成 Koeberg 2 号机组 3 台蒸汽发生器交付，南非蒸发器更换项目圆满收官。

二、核电质量管理

2022 年，核电质量管理工作有序推进，各项质量指标及管控要求得到有效落实，年度质量稳定目标全面实现；同时，积极落实核安全文化培育工作，开展了多种类型的核安全文化建设活动。

上海电气核电集团有序部署和开展质量管理重点任务。在质保体系方面，核电集团民用核安全设备集成供货管理体系的试运行已满两年，编制了体系试运行总结报告并上报国家核安全局；在实物质量方面，扎实提升质量管控水平，根据对各所属历史质量信息的分析，在考核指标的基础之上新增35项监控指标并进行跟踪管控、动态聚焦，通过见证点监督、巡查监督、文件审查等专项质量监督形式执行监督工作验证；在核安全文化建设方面，编制了《核安全文化建设方案》以明确核安全文化建设的具体路径及措施，编制了《核安全文化建设大纲》以建立核安全文化建设的管控体系，并引入监管单位技术支持，首次开展统一标准下的核电集团核安全文化评估工作；在质量信息化建设方面，建设质量管理系统和运营分析平台，实现4项业务模块，包含15项业务子板块的功能上线，并初步实现运营分析平台与质量信息系统的对接。

2022年度开展质量月活动，本次质量月的主题是“巩固质量管理基础，弘扬卓越核安全文化”。集团本部及各企业开展形式丰富的质量活动，通过培训、竞赛、案例征集、建议征集等方式深入开展质量教育，全面提振质量意识，将企业的质量管理推升到更高的水平。

三、核电科研管理

上海电气核电集团秉承“以科技创新铸造核心竞争力”的宗旨，坚决落实“改进过去、攻关当下、研发未来”的发展路线，致力于产品做到极致和技术赋能产业，实现存量产品技术提升和增量产品技术突破。

2022年技术工作的亮点有：

1. 组织编制科技发展规划。以“先进核能系统”为主体，修订形成了“十四五”科技发展规划，描述了国家政策和市场情况，分析了技术发展现状和趋势，明确了产品技术布局和产品发展路径，发布了新产品开发计划，聚焦集团新赛道技术，加强科技发展规划引领。

2. 开展工艺改进促进技术水平提高。从技术先进性、制造周期、制造质量等方面分析梳理了30项工艺改进项目及国产化项目。通过工艺改进的实施，实现产品一次合格率100%，完成了12项落后关键技术的赶超。

3. 推进数字化协同平台建设。由上海核工院牵头，上海电气核电集团组织下属企业，联合编制了“基于工业互联网的核电主设备设计制造运维协同”项目建设方案，申报了上海市经信委“2021工业互联网+”专项。2022年10月，上海核工院、上海电气核电集团以及下属企业与上海市经信委签订了项目计划任务书。

4.2022年，完成“华龙一号”、散裂靶集成测试样机、机械密封、钠空气热交换器等6项政府科研项目验收工作。获得8项科技奖项，包括中国核能行业协会科技进步奖、机械工业科学技术奖和电力科学技术进步奖等。

二重（德阳）重型装备有限公司

2022 年，全球进入新的动荡变革期。以习近平同志为核心的党中央审时度势提出了“人类命运共同体”发展理念，推动实现更加强劲、绿色、健康的全球发展倡议。二重（德阳）重型装备有限公司（以下简称二重装备）各级干部职工响应党中央号召，以公司核能装备发展目标为己任，多措并举，坚持科技研发、生产经营两手抓，在核电锻件和设备两条战线上持续攻坚，核能装备核心零部件供货和研发实现稳步提升。

2022 年，二重装备全体干部职工克服 60 年一遇极端高温天气导致的限电限产影响，团结一致、攻坚克难，统筹疫情防控和改革发展，坚持稳字当头、稳中求进。主要经营指标较上年同期均有增长。持续加大力度搞好精益班组建设，打造精益化生产现场。将精益化管理成果纳入公司体系、制度，以体系的刚性执行，保障精益化管理向纵深推进，全面提升企业核心竞争能力。推进精益化管理与数字化转型有机结合，以数字化手段助推精益化管理。推进设计、管理、生产、现场管理等全流程数字化升级，提高数据统计分析应用能力。以数字化、智能化能力保障产品质量，最终带动生产成本控制、交货期管理水平稳步提高。

一、核能产品生产取得的主要成绩和进展

2022 年，二重装备在核能装备制造领域继续保持大型核级铸锻件及核电成台套设备供货两条主线齐抓并进。核岛部分实现了“华龙一号”主管道及波动管、主泵泵壳、“国和一号”稳压器支撑等核级设备与蒸汽发生器、稳压器、主泵电机轴等锻件的供货，包括“国和一号”示范 1 号和 2 号机组稳压器支撑、主蒸汽安全阀支管扩管、三门核电机组堆芯补水箱筒体锻件、中广核太平岭核电主管道及波动管、ACPR50S 实验堆套管壳锻件、三澳核电 1 号机组主管道配套见证件、宁德核电 5 号和 6 号机组稳压器锻件、中核漳州核电 1 号和 2 号机组主泵及泵壳配套见证件、昌江核电 3 号和 4 号机组主泵电机锻件、蒸汽发生器锻件及核能开发项目主管道及波动管设备的交付；常规岛部分陆续完成了三澳核电 1 号机组、惠州核电 1 号和 2 号机组、漳州核电 2 号机组、霞浦核电项目、田湾核电 7 号机组等共计 40 余台套汽轮机核级铸锻件的交付；核废料处理容器设备部分实现了玻璃固化产品容器 597 套的交付。

二、核能产品科研开发

2022 年，在核能装备研发方面，二

重装备科技创新取得重要成就，多个项目取得新进展。组织编写了冷、热加工和检验检测等系列公司内部培训教材，公司多年形成的技术积累得到有效固化传承；积极参与核电新技术新产品研发，在中国自主三代核电技术“华龙一号”首堆工程研制工作中做出了重大贡献，获得中核集团科学技术特等奖；完成了高放废物储运容器的功能试验数值模拟及耐热不锈钢材料研制；完成了《高放废液玻璃固化容器通用技术规范》编制；成功开展了“华龙一号”主管道用奥氏体不锈钢组织性能演化规律研究及“华龙一号”反应堆压力容器顶盖组件模拟体研制。

2022 年，二重装备自主研发制造的“华龙一号示范工程福清 6 号机组 ACP1000 主管道项目”荣获“全国质量奖 - 卓越项目奖”。近年来，二重装备不断加强科技创新，以系列核心专有技术完成我国三代核电主管道全系列产品研制：2012 年，成功研制整体锻造、一体成形的世界首套 AP1000 主管道；2018 年，成功研制我国具有完全自主知识产权的“华龙一号”ACP1000 主管道；2019 年，成功研制目前全球尺寸规格最大、技术要求最高、制造难度最大的不锈钢管道——“国和一号”CAP1400 主管道；2022 年，成功研制融合“华龙一号”主管道，实现了国内第三代压水堆核电主管道制造技术及业绩全覆盖。

在核电常规岛铸锻件研发方面，2022 年，二重装备加大 1 000 MW 及以上核电机组汽轮机焊接转子锻件优势产品的科研投入，《大型核电低压焊接转子锻件研制》申报了四川省重点研发项目，核电低压焊接转子取得新进展。实现了漳州和田湾核电 4 套核电低压焊接转子交付，具备了该类型转子批量化制造能力。三澳核电 2 号核电低压转子第 2、第 3 段叶轮通过专家鉴定，各项性能指标达到了国外同类产品先进水平，锻件晶粒度、冲击功数据均优于进口产品。

2022 年，二重装备依靠自身研发实力，不断挑战新材料新领域，攻坚克难，先后在中核集团 ACP100 多用途模块式小型堆波动管设备、中广核集团 ACPR50S 实验堆套管壳锻件方面下大力气投入，取得了新的成果。所研发的 ACP100 多用途模块式小型堆波动管、ACPR50S 实验堆套管壳管嘴段锻件、法兰段锻件均取得满意研发成果，为助力国内核能装备小型化发展稳步实施做出了应有贡献。

2022 年，二重装备核聚变堆低温超导磁体用线圈盒材料研制取得新突破。TF（环向场）线圈是 CRAFT 超导磁体研究关键环节，要求工艺技术不仅满足大型专用构件极限制造需求，还要保证产品的非磁物理特性，结构尺寸精度高，且要求在 4.2 K 的温度下具有高强度高韧性。研究并掌握 CFETR 核聚变堆低温超导磁体用线圈盒全流程制造技术，具有填补我国核聚变低温超导磁体线圈制造技术空白的重要意义。

二重装备通过探索掌握了性能满足高温使用条件的 CFETR 核聚变堆低温超导磁体材料的冶炼、锻造、热处理、焊接制造技术，性能指标达到国内外同类产品先进水平，为公司拓展高端材料市场、助力CFETR核聚变装置稳步推进做好了技术储备。

三、核能质量保证体系建设

二重装备是中国最早开始推行全面质量管理和实施ISO9000族标准的企业之一，建立了以GJB9001C为核心的质量管理体系，为满足民核、特种设备等法规产品特殊要求，二重装备还分别构建了海军核安全设备制造质量保证体系、军工核安全设备制造质量保证体系、民用核安全设备制造质量保证体系、特种设备质量保证体系等，经过学习、消化、吸收国内外同行业质量管理经验，二重装备目前已构筑了一个过程严密、职责明确、运行高效、信息畅通，具有自我改进和完善机制的文件化、高可操作性的质量管理体系。

四、核电人力资源培养方面

2022年，二重装备通过内部技能人才选拔和技能大师工作室师资力量的集训，组织参加了2022年四川省青年职业技能竞赛，公司选派的铣工组选手获得2022年四川省青年职业技能大赛一金一银的好成绩、公司选派的电工组选手获得2022年四川省青年职业技能大赛银牌的好成绩。通过以上竞赛的组织，在职工中形成了比技能、比业绩的良好氛围。

大事记

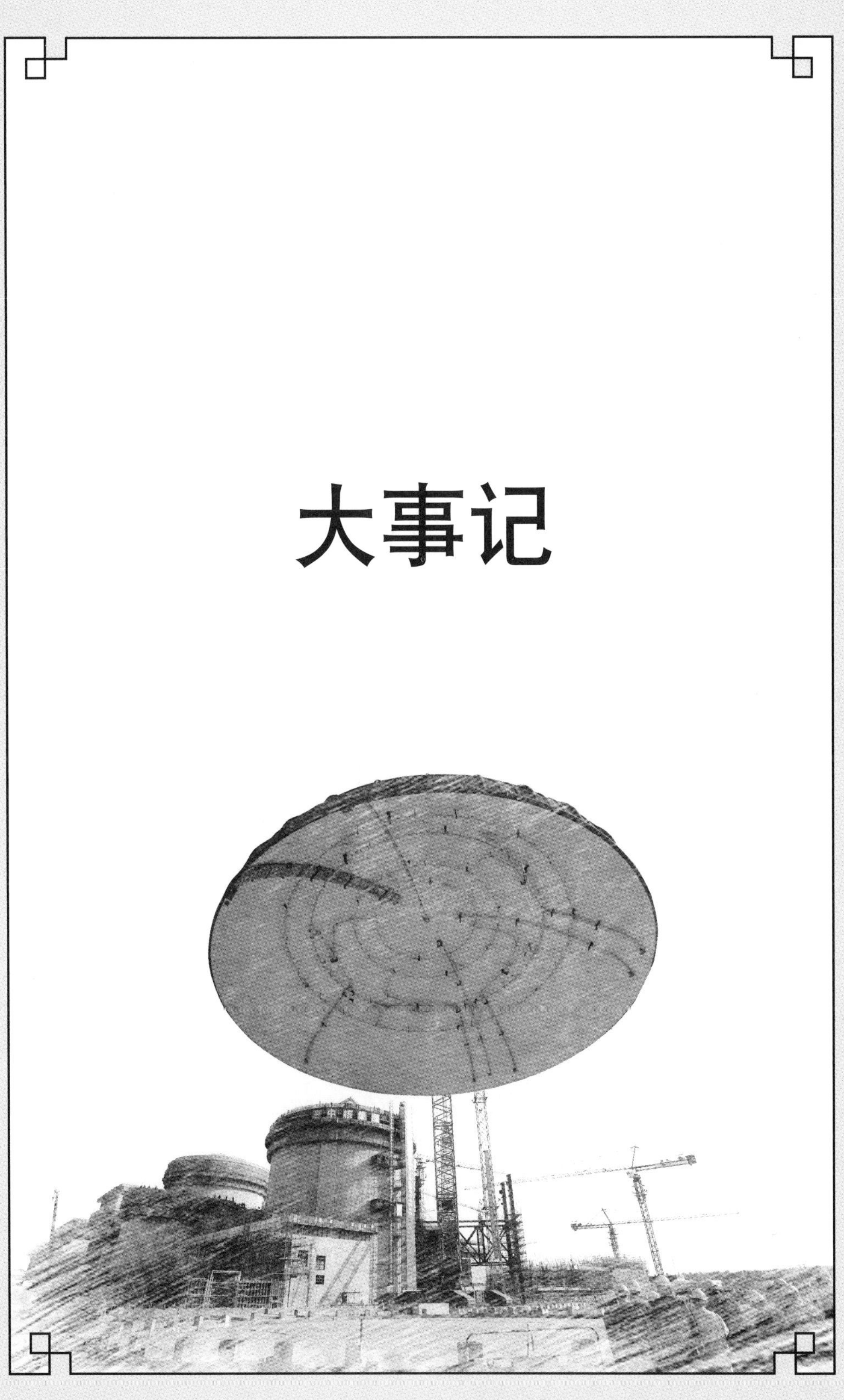

2022 年中国核能行业十大新闻

一、习近平列举核电技术等成果表明我国进入创新型国家行列

1 月 24 日，习近平总书记在政治局就努力实现碳达峰、碳中和目标进行第三十六次集体学习时发表重要讲话，提出要积极安全有序发展核电。10 月 16 日，在党的二十大报告中习近平阐述核电技术等 10 方面重大成果，表明我国进入创新型国家行列。（来源：新华社）

二、国务院全年核准 10 台核电机组开工创历史新高

4 月 20 日与 9 月 14 日，国务院常务会议先后决定，对经过多年准备和全面评估审查，已纳入国家规划、条件成熟的浙江三门二期、山东海阳二期、广东陆丰、福建漳州二期、广东廉江一期核电项目予以核准。至此，2022 年共核准开工 10 台机组，是核准开工机组最多的一年。（来源：新华社、央视新闻）

三、《“十四五”现代能源体系规划》强调积极支持核能发展

1 月 29 日，国家能源局发布《“十四五”现代能源体系规划》，强调要积极有序推动沿海核电项目建设，积极推动高温气冷堆、快堆、模块化小型堆、海上浮动堆等先进堆型示范工程，推动核能在清洁供暖、工业供热、海水淡化等领域的综合利用，推进三代核电关键技术优化升级示范应用，支持受控核聚变的前期研发，积极开展核能国际合作。（新闻来源：国家能源局）

四、“华龙一号”首批国内外 4 台机组全面建成投产

3 月 25 日与 4 月 18 日，随着福清核电 6 号机组投入商运，和巴基斯坦卡拉奇 K3 机组通过临时验收，标志着“华龙一号”首批国内外 4 台机组全面建成投产，为 2 月 1 日阿根廷核电企业与中核集团有关企业正式签署“华龙一号”机组总包合同奠定了坚实基础。（来源：中核集团）

五、中国首套全国产化 CAP1000 模拟燃料组件成功下线

4 月 26 日，我国首套全国产化 CAP1000 模拟燃料组件在中核包头核燃料元件公司生产线成功下线，各项指标满足技术条件要求，为保障 CAP1000 核燃料组件供货能力奠定了基础，是全面实现我国 CAP1000 燃料组件制造技术国产化的重要里程碑。（来源：中核北方核燃料元件公司）

六、我国核能供热供汽综合利用呈现良好发展势头

继海阳核电、秦山核电实现核能供暖之后，5 月 27 日，以田湾核电 3、4 号机组蒸汽为热源的工业供汽工程在田湾核电全面开工；11 月 1 日，红沿河核电站向附近两万城镇居民供暖，石岛湾高温气冷堆示范工程向公司生产厂区及办公区进行核能供暖；12 月 15 日，我国首个核能工业供热项目开始向海盐县多家工业企业供热。（来源：中核集团、中国广核集团、国家电投、中国华能）

七、我国医用同位素生产迎来快速发展新阶段

10 月 28 日，我国最大的同位素生产基地在秦山核电开工建设，规划建设五条同位素生产线，包括钴 -60（^{60}Co）、碳 -14（^{14}C）、碘 -131（^{131}I）和锶 -89（^{89}Sr）等同位素；12 月 16 日，国家电投医用同位素生产项目在重庆高新区启动，项目立足自主研制先进的强流加速器，批量生产镥 -177（^{177}Lu）、锕 -225（^{225}Ac）、镭 -223（^{223}Ra）、锗 -68（^{68}Ge）等新型医用同位素。（新闻来源：中核集团、国家电投）

八、中国新一代“人造太阳”装置科学研究取得新突破

10 月 19 日下午，中国新一代“人造太阳”装置（HL-2M）等离子体电流突破 100 万安培（1 兆安），创造了中国可控核聚变装置运行新纪录，标志着我国核聚变研发向聚变点火又迈进重要一步，跻身国际第一方阵，技术水平居国际前列。（来源：新华网）

九、中国核能行业协会成为民政部首批推介 10 家典型协会商会之一

中国核能行业协会再次荣获民政部“全国先进社会组织”称号并在表彰大会上做经验交流发言，作为民政部首批推介的 10 家行业协会商会典型，在“中国社会组织动态平台”推送，接受民政部对全国 5A 级社会组织的首家跟踪评估。协会在全国性社会组织中的先进地位更加巩固。（来源：中国核能行业协会）

十、石岛湾高温气冷堆双堆首次达到初始满功率运行

12 月 9 日，华能石岛湾高温气冷堆示范工程反应堆达到初始满功率，实现了“两堆带一机”模式下的稳定运行，验证了示范工程所有系统满足设计功能，为工程投产运行奠定了基础。（来源：中国华能）

2022 年中国核能行业大事记

1 月 1 日，福清核电 6 号机组首次并网成功，开始向电网送出第一度电，成为全球第三台、我国第二台“华龙一号”并网发电机组。

1 月 5 日，中核集团携手清华大学成立清华大学—中国宝原粒子医疗技术联合研究院。

1 月 8 日，中国环境文化促进会 2022 年全国会员代表大会在北京召开，生态环境部副部长、国家核安全局局长叶民出席大会并致辞。会议决定正式成立“中国环境文化促进会核安全分会”。

1 月 10 日，中核秦山同位素有限公司宣告正式设立。该公司由中国同辐会同中核运行、海盐国投三家单位联合投资设立，承担中核秦山同位素生产基地建设项目的投资、建设及后续运营管理。

1 月 10 日，中核集团发布消息，原子能院完成多功能高通量辐照研究堆方案论证与研究，从堆化一体角度提出我国高通量堆解决方案。

1 月 11 日，国家电投与二重装备签订《“国和一号”产业链联盟共建协议》和《乏燃料贮运容器联合研发协议》。

1 月 12 日，国内核电领域首个结合 5G 技术的智能仓库——“国和一号”智慧仓储项目“慧仓一号”投用。

1 月 14 日，中国华能发布消息，第二十八届全国企业管理现代化创新成果、2021 年度电力创新奖评选结果相继揭晓，中国华能集团有限公司共有 23 项管理成果获奖。

1 月 18 日，中核核信（计算机所）自主研发的“核 + 北斗”融合应用平台在中核集团公司商网正式部署上线，标志着北斗系统在核工业领域的应用达到新高度，进入新阶段。

1 月 19 日，国家能源局党组成员、副局长余兵一行到中国核能行业协会调研指导工作。协会副理事长兼秘书长张廷克详细汇报协会总体情况及过去五年的主要工作成果。

1 月 24 日，中共中央政治局就努力实现碳达峰碳中和目标进行第三十六次集体学习。习近平在主持学习时发表了重要讲话。其中提到，要加快发展有规模有效益的风能、太阳能、生物质能、地热能、海洋能、氢能等新能源，统筹水电开发和生态保护，积极安全有序发展核电。

1 月 25 日，由上海电气核泵公司承制的“国和一号”示范工程首台反应堆冷却剂泵正式发运。

1 月 28 日，东华理工大学铀资源勘查与开发教师团队荣获第二批“全国高校黄大年式教师团队”。

1 月，中国核能行业协会在民政部启动的第四次“全国先进社会组织”评选表彰活动中，获评“全国先进社会组织”称号。

2 月 1 日，阿根廷核电公司与中核集

团以及中核集团所属的中国中原、中国中原阿根廷分公司正式签署阿根廷阿图查3号核电站项目设计采购和施工合同。根据总承包合同约定，中核集团将通过工程总承包方式，以“交钥匙”模式，为阿根廷建设一座“华龙一号”压水堆核电站。

2月2日，《中巴深化核能合作框架协议》在巴基斯坦驻华大使馆正式签订。根据协议内容，中核集团与巴独家开展后续M-1/M-2和K-4/K-5四台“华龙一号”核电机组合作。协议还约定中巴双方将继续深化运维服务、核燃料、研究堆、核环保、核技术应用等方面的合作。

2月4日，北京2022冬奥会开幕之际，由中核集团旗下中国核电冠名的以“核能助力双碳目标、清洁赋能美好生活”“核力碳达峰、助力碳中和”为主题的“零碳号”高铁冬奥线专列发车。

2月6日，国家主席习近平在北京人民大会堂会见阿根廷总统费尔南德斯。双方发表《中华人民共和国和阿根廷共和国关于深化中阿全面战略伙伴关系的联合声明》。声明指出，双方积极评价在和平利用核能方面开展的战略合作，重申该领域签署的相关政府间合作协议，鼓励开展核医学、放射性同位素及其他核技术领域的新项目。

2月7日，由中广核牵头的我国自主核电技术“华龙一号”通过英国通用设计审查（GDA），并于当日在伦敦为“华龙一号”颁发设计认可确认（DAC）和设计可接受性声明（SoDA）证书。

2月7日，“华龙一号”全球首堆福清核电5号机组首次大修装换料工作完成。

2月7—11日，由EPRI（美国电力研究院）举办的2021NPCAM（核能委员会咨询会）在美国佐治亚州查塔姆首府萨凡纳市举行。会议为全球12个TTA（技术成果转化奖）颁奖，海阳核能技术成果Living PM项目及SG管理项目斩获其中两项。

2月8日，中核集团核安全与核应急基地在青岛中核科技园正式开工建设。

2月9日，国核锆业主导制订的国际标准ISO10270:2022《金属和合金腐蚀-核反应堆用锆合金水溶液腐蚀试验》由国际标准化组织（ISO）正式发布。该标准是我国核电用锆材检测领域首个正式发布的ISO国际标准。

2月22日，中核集团在京举办综合智慧能源发展论坛暨同方智慧能源集团成立大会。

2月23日，我国首个工业用途核能供汽工程在田湾核电基地打下第一根桩基，项目建设拉开序幕。这是中核集团继在浙江海盐开展南方核能供暖之后，在核能综合利用领域又一新探索。

2月25日，田湾核电8号机组核岛反应堆厂房筏基底板开始浇筑第一罐混凝土，8号机组主体工程开工。这是2022年我国开工建设的首台核电机组。

2月28日，国家电投主办的“国和一号”产业链联盟成立大会暨首届会员大会在上海举办，大会发布产业链联盟宣言。

2月，佳木斯核能供热示范项目总体

技术方案通过评审。中国核能行业协会受上海核工院委托，在北京组织召开了佳木斯核能供热示范项目总体技术方案专家评审会，为佳木斯核能供热示范项目“两评”报告批复奠定坚实基础。

2月，北京冬奥赛期，中核集团中国同辐辐照技术作为冬奥期间北京海关口岸消毒处理的紧急备选技术。中核集团携手相关单位开展研究的辐照消杀病毒技术成果已在海关领域得到认可，口岸辐照消杀病毒已具备推广技术条件。

3月17日，国家能源局《2022年能源工作指导意见》提出，有序推进水电核电重大工程建设。建成投运福清6号、红沿河6号、防城港3号和高温气冷堆示范工程等核电机组，在确保安全的前提下，积极有序推动新的沿海核电项目核准建设。

3月21日，中国核能行业协会在新的办公地址——中核100号首次举行升旗仪式。协会副理事长兼秘书长张廷克致辞表达追求“服务、创新、共享、卓越”理念和创建世界一流协会信心。

3月22日，国家发展和改革委员会、国家能源局正式发布《“十四五”现代能源体系规划》。规划提出，积极推动模块化小型堆、海上浮动堆等先进堆型示范工程；推进海上浮动式核动力平台等技术攻关及示范应用等。规划强调，积极安全有序发展核电，在确保安全的前提下，积极有序推动沿海核电项目建设，保持平稳建设节奏，合理布局新增沿海核电项目；开展核能综合利用示范，积极推动高温气冷堆、快堆、模块化小型堆、海上浮动堆等先进堆型示范工程，推动核能在清洁供暖、工业供热、海水淡化等领域的综合利用。

3月22日，中国仪器仪表学会在上海召开我国首款自主核级无纸记录仪产品发布会。该款核级无纸记录仪由上海中广核工程科技有限公司和重庆川仪自动化股份有限公司联合研发。

3月24日，中核集团、团中央青年志愿者行动指导中心、中国青年志愿者协会秘书处联合开展“强国有我‘核’你一起”大学生志愿宣讲活动，面向全国高校遴选出1 000支大学生志愿宣讲团队，向大学生、社会公众讲述党领导下中国核工业发展的伟大成就和精神密码，打造“两弹一星”精神宣讲品牌。

3月25日，“华龙一号”示范工程第2台机组——福清核电6号机组正式具备商运条件。至此，“华龙一号”示范工程全面建成投运。

3月28日，国家原子能机构在京举办首届季度论坛，围绕“核科技引领未来”进行交流研讨。论坛上发布了2021年核领域十件大事，并向五个国家原子能机构技术研发中心授牌。

3月28日，中广核研究院有限公司自主研发的ANT-12A型新型燃料运输容器的专利申请通过哈萨克斯坦共和国国家专利注册局审查，获得发明专利证书。

3月，历时211天研发、安装、调试的核电数字化防异物管理系统在秦山核电秦一厂121大修期间实现首次成功应用。

4 月 1 日，国家“十四五”规划重点工程、山东海阳核能综合利用示范项目——国家电投“暖核一号”海阳核能供热二期工程超额完成首个供暖季任务，持续安全稳定供热 143 天，供热面积近 500 万平方米。

4 月 2 日，中国科学技术协会官网发布《2021—2025 年第一批全国科普教育基地名单》，中国核工业科技馆、中核辽宁核电公司宣传展览中心、江苏核电田湾核电基地、秦山核电科技馆、三门核电有限公司公众科普展厅、中核集团中国核工业科技馆（福建）、核工业西南物理研究院、中广核红沿河核电基地、中广核宁德核电基地、中广核大亚湾核电基地、中广核阳江核电基地、国家电投新能源科技馆、华能石岛湾核电科技馆、核资源与环境国家重点实验室（东华理工大学）等成功入选。

4 月 2 日，东方电气提供“国和一号”两台蒸汽发生器的第二台装船发运，至此，东方电气按目标制造完成“国和一号”两台蒸汽发生器。

4 月 7 日，海南昌江多用途模块式小型堆科技示范工程“玲龙一号”（ACP100）反应堆厂房内部结构堆坑一体化钢模吊装就位，开创全球首个模块式小型堆一体化、模块化施工优化新篇章。

4 月 9 日，2022 年美国临床肿瘤学会年会评审结果揭晓，由中核集团核工业总医院（苏州大学附属第二医院）领衔开创的四项“布拉格治疗”系列研究成功入选。

4 月 11 日，国家电投海阳核电“核能＋光伏”工程正式投运。该工程是海阳核电探索核能与新能源耦合，实现多能互补，提高能源资源利用率的又一创新实践。

4 月 13 日，中核集团援沪疫情防控医疗队 131 人集结出征。此前，4 月 10 日，中国核建下属单位中核五公司紧急支援建设上海方舱医院金山项目，仅用 72 小时就快速安全完成 5 个方舱生活用水管道施工、全场生活给排水施工、卫生洁具安装等建设任务，有效保障 5 000 人隔离需要。

4 月 18 日，我国自主三代核电“华龙一号”全球第四台、海外第二台机组——巴基斯坦卡拉奇 K3 机组通过临时验收。至此，“华龙一号”海外首个工程两台机组全面建成投产。

4 月 20 日，国务院总理李克强主持召开国务院常务会议。会议指出，要在严格监管、确保绝对安全的前提下有序发展核电。对经过多年准备和全面评估审查，已纳入国家规划的浙江三门二期、山东海阳二期、广东陆丰三个核电新建机组项目共 6 台机组予以核准。

4 月 26 日，在上海核工程研究设计院和国核铀业代表全程见证下，我国首套全国产化 AP1000 模拟燃料组件在中核包头核燃料元件股份有限公司生产线成功下线，各项指标满足技术条件要求。这为建设完整的 AP1000 核燃料组件国产化制造体系，保障 AP1000 核燃料组件供货能力奠定基础。

4 月 26 日，全球首批商用堆碳 -14（^{14}C）辐照生产靶件在秦山核电三厂 2 号重水堆机组入堆，开始商用堆生产碳 -14（^{14}C）

同位素，并预计将在2024年开始向市场供货，产量可充分满足国内需求。

4月28日，中华全国总工会召开大会表彰2022年全国五一劳动奖和全国工人先锋号获得者，华能山东石岛湾核电有限公司被授予“全国五一劳动奖状”荣誉称号。

5月10日，在中国品牌日来临之际，中国广核集团核心品牌商标“中广核”，被北京市高级人民法院以司法裁判方式认定为“驰名商标”。

5月11日，上海电气上海发电机厂年度重点项目漳州核电1号机充氢试验结束，于5月14日包括电机参数测量在内的全部型式试验项目顺利完成，标志着上海电气集团首台1 300 MW级核电发电机研制取得成功。

5月16日，生态环境部副部长、国家核安全局局长叶民应邀与国际原子能机构总干事拉斐尔·马里亚诺·格罗西举行视频会见，共商小型模块化反应堆“核能发展协同和标准化倡议”。

5月18日，中国一重承制的太平岭核电2号机组反应堆压力容器调配至太平岭核电1号机组后，顺利完工发运。

5月19日，辽宁徐大堡核电4号机组开工建设。

5月23日，中国一重承制的防城港核电4号机组稳压器顺利完工发运。

5月27日，江苏田湾核电蒸汽供能项目能源站正式浇筑第一罐混凝土，标志着全国首个工业用途核能供汽工程全面拉开建设帷幕。

6月4日，以“推动中国放射医学体系建设与发展”为主题的首届“中国放射医学大会”通过线上方式召开。国家原子能机构副主任董保同出席大会并致辞。

6月8日，生态环境部等五部委联合印发《“十四五”核安全与放射性污染防治规划》。

6月15日，中广核技中标我国首个电子束处理城镇污水示范项目，标志着中广核联合清华大学自主研发的电子束处理特种废物技术实现应用领域的新突破。

6月17日，中国一重承制的漳州核电2号机组反应堆压力容器完工发运。

6月20日，由上海电气核泵公司承制的“国和一号”示范工程1号机组的第3、4台湿绕组主泵及配套组件共30余箱货物，完成出厂前验收及包装，具备发运条件。

6月20日，中国核能行业协会成功入选首批26家全国性行业协会商会“品牌协会成长计划”。

6月22日，哈电集团（秦皇岛）重型装备有限公司承制的漳州核电2号机组蒸汽发生器顺利发货。

6月23日，辽宁红沿河核电6号机组正式具备商业运行条件。至此，红沿河核电一期和二期工程共6台机组全面投产。

6月27日，国家原子能机构在京举办2022年第二季论坛。与会专家学者围绕“核燃料赋能发展”主题，深入交流，为核燃料循环产业发展建言献策。

6月27日—7月8日，国家核安全局

副局长、辐射源安全监管司司长刘璐率中国代表团赴维也纳参加《乏燃料管理安全和放射性废物管理安全联合公约》缔约方第七次审议会议，中国履约情况获各缔约方高度肯定。

6 月 28 日，三门核电 3 号机组核岛反应堆浇筑第一罐混凝土，三门核电二期工程正式开工。

6 月 30 日，海盐县同位素产业园首批入园项目集中签约仪式在秦山街道核电科技馆举行，开启海盐打造同位素国产自主供应体系序幕。

7 月 4—8 日，全国核能系统核燃料操作职业技能竞赛在大亚湾核电基地举行。福清核电何泰烽、中核核电运行杨鹏、江苏核电郑海全 3 人荣获个人奖项一等奖。

7 月 5 日，中核碳资产经营有限公司在京揭牌成立。这是中核集团立足“三新一高”，实现高质量发展的内在要求和重要举措。

7 月 6 日，中广核工程公司设计院与 BILFINGER PIPING TECHNOLOGIES UK LIMITED 公司正式签署关于英国欣克利角 C 核电站项目 HK4291 核岛管道支吊架设计合同。

7 月 7 日，山东海阳核电 3 号机组开工建设。

7 月 8—9 日，国家原子能机构核能开发“球墨铸铁乏燃料运输容器研制”科研项目成果完成首台百吨级原型容器样机力学试验，这是我国首台百吨级球墨铸铁乏燃料运输容器研制取得的关键突破和重要里程碑。

7 月 13—14 日，由中国核能行业协会主办，中国核能电力股份有限公司承办，三门核电有限公司协办的 2022 年核电工程建设经验交流会议在宁波顺利召开。行业各工程建设有关单位及专家共计 240 余人参加了本次交流活动，同时开启线上直播，300 余人通过直播平台参加了会议。

7 月 14 日，国务委员、国务院党组成员王勇在四川调研检查安全生产和防汛减灾工作期间赴中核四川环保有限公司“飞行”检查，现场查看了高放废液玻璃固化设施运行情况，充分肯定了玻璃固化设施维修运行、老旧核设施退役治理等相关工作。

7 月 14 日，中国核能行业协会与阿根廷原子能委员会以视频方式召开中国—阿根廷小堆与研究堆经验交流会，来自中阿双方机构的 81 名专家参加会议。

7 月 14 日，国家电投举行海阳核电二期工程暨 900 MW 远距离跨区域核能供热工程启动仪式，标志着海阳核电两项重大工程正式开工。

7 月 15 日，华能海南昌江核电二期工程 3 号机组燃料厂房 3KA002 房间首个支吊架焊接完成，标志着 3 号机组核岛安装工作正式开始。

7 月 18 日，民政部社会组织管理局公布 2021 年荣获“全国先进社会组织”称号的 10 家全国性行业协会商会，中国核能行业协会被列入该推介名单中。

7 月 21 日，中国核能行业协会和英国国际贸易部联合举办的中英核设施退役治理合作可能性研究课题报告发布会以线上线下相结合的方式召开。

7 月 21—22 日，国防科工局副局长董保同在绵阳组织召开反应堆退役暨核退役治理经验交流会，总结交流反应堆退役治理经验，部署“十四五”时期核退役治理重点工作，保障核工业绿色可持续发展。

7 月 22 日，中核集团发布首份生物多样性保护实践报告《核谐之美、万物共生——中国核电 2022 生物多样性保护实践》及中国核电 2021 年度社会责任报告、ESG 报告英文版。

7 月 22 日，由中国工程院主办、中核集团承办的“高水平核科技自立自强院士行”活动走进我国核电的启航地——秦山核电。

7 月 22 日，国核铀业与西部（重庆）科学城管委会签署重庆创新医用同位素项目的落地协议。该项目被重庆市列为市级重大项目，建成后将填补国内空白。

7 月 27 日，国家电投集团所属上海核工院完成增资引战项目签约，正式引入中国国有企业混合所有制改革基金有限公司等 5 家战略投资人，释放出约 18% 股权，募集资金 11 亿元。

7 月，山东省印发《山东省核能发展建设工程行动方案》，提出到 2025 年，全省在运装机 570 万千瓦；核能供暖面积力争达到 3 000 万平方米；核能产业规模突破 1 000 亿元。到 2030 年，全省在运装机容量 1 300 万千瓦以上；核能供暖面积力争达到 2 亿平方米；核能产业规模突破 5 000 亿元。

8 月 2 日，生态环境部发布关于批准《2 MWt 液态燃料钍基熔盐实验堆调试大纲》（V1.3 版）的通知。

8 月 5—8 日，中国核能行业协会组织开展通辽铀矿大基地院士专家考察活动。活动中，院士专家们就有关内容进行深入座谈交流，并开展实地调研。

8 月 8—12 日，由中国核学会、美国机械工程师学会（ASME）、日本机械工程师学会（JSME）联合主办的以“核能创新助力碳中和未来”为主题的第二十九届国际核工程大会在北京、深圳两地召开。中广核研究院舒睿获本届国际核工程大会“长期杰出贡献奖”。会议为期四天，来自 20 多个国家的 1 200 余名专家学者参会。

8 月 9 日，由人民日报社与陕西省委、省政府共同举办的 2022“一带一路”倡议媒体合作论坛在陕西西安举办。中核集团自主研发的三代核电“华龙一号”项目入选 2022“一带一路”倡议企业建设案例。

8 月 18 日，在四川成都举行的 2022 年中国同位素与辐射产业峰会上，同位素及药物国家工程研究中心正式揭牌，系中核集团全力推进核技术应用产业高质量发展具体举措。

8 月 23 日，中核集团漳州核电 2 号机组内穹顶提前成功吊装，创下“开顶法”实施前提下“华龙一号”单台机组从 FCD 到内穹顶吊装工期最短新纪录。

8 月 23 日，中广核燃料棒性能分析软件（JASMINE）、自主堆芯入口温度分布分析软件（WILLOW）许可应用范围涵盖防城港核电 3、4 号机组（“华龙一号”），正式通过国家核安全局审查，并获批在“华龙一号”设计中使用。

8 月 24 日，秦山核电与浙江海盐共同谋划的《零碳未来城发展规划》，获浙江省发展和改革委员会正式批复，标志着国内首个依托核能综合利用打造的零碳高质量发展示范区规划正式亮相浙江。

8 月 25 日，为促进我国天然铀产业发展和技术创新，由中核集团发起、依托中国铀业有限公司，联合国内 50 家单位组建的天然铀产业技术创新联合体成立。

8 月 25—26 日，由中国核能行业协会主办，华能山东石岛湾核电有限公司承办的中国核能可持续发展论坛——第五届核能公众沟通交流大会在山东荣成顺利召开。

8 月 29 日，国家原子能机构主任张克俭和俄罗斯国家原子能集团公司总经理利哈乔夫以视频连线方式，共同主持召开中俄总理定期会晤委员会核问题分委会第二十六次会议。

8 月 29 日，海阳核电 3 号机组核岛最重结构模块 CA20 顺利吊装就位，标志着海阳核电二期工程开工后第一个关键里程碑节点顺利实现。

9 月 7 日，国家发展改革委、国家能源局、生态环境部、国资委、国防科工局联合召开核电安全质量工作会议暨新一轮核电行业安全质量提升行动动员会议。

9 月 8 日，广东陆丰核电 5 号机组开工建设。

9 月 9 日，国家航天局、国家原子能机构联合在京发布嫦娥五号最新科学成果：中核集团核工业北京地质研究院在月球样品研究中发现新矿物，被命名为“嫦娥石”，并获国际矿物协会新矿物分类及命名委员会批准。

9 月 13 日，李克强主持召开国务院常务会议，核准已列入规划、条件成熟的福建漳州二期、广东廉江一期核电项目。福建漳州二期、广东廉江一期核电项目各有两台核电机组。漳州二期使用“华龙一号”三代核电技术，廉江一期使用 CAP1000 三代核电技术。

9 月 14 日，中国核能行业协会发布中国核能发展报告（2022）蓝皮书。

9 月 15—16 日，由中国核能行业协会主办，中核国电漳州能源有限公司承办的“华龙一号”工程建设经验交流会议在福建省漳州市召开，助推工程质量持续提升。

9 月 16 日，漳州核电 3 号机组核岛工程负挖工作正式启动。

9 月 16—18 日，由国家原子能机构与广西壮族自治区人民政府共同主办的首届中国—东盟和平利用核技术论坛以线上线下结合方式在广西南宁正式召开。

9 月 19 日，“魅力之光”十周年暨首届核工业核科普创意大赛正式启动。

9 月 20 日，国家能源局印发《能源碳达峰碳中和标准化提升行动计划》，要求进一步完善核电标准体系。

9 月 21 日，国家原子能机构 2022 年第三季论坛在京举办，发布了核技术应用领域十件大事，展示了核技术近年来在国民经济领域的重大应用成果。

9 月 21 日，全球首个“核热光储”

多能互补示范项目陆上工程开工建设——中核田湾200万千瓦滩涂光伏示范项目(陆上部分)，在江苏省连云港市连云区举行开工仪式。

9月24日,全球首台“玲龙一号”——海南昌江小堆示范工程反应堆压力容器水压试验取得圆满成功。

9月25日，中广核广东太平岭核电项目2号机组顺利完成穹顶吊装，项目从土建施工阶段全面转入设备安装阶段。

9月26日，东方电气承制的“华龙一号”漳州核电1号机组堆内构件顺利发运。

9月，哈电集团（秦皇岛）重型装备有限公司承制的惠州核电1号机组蒸汽发生器顺利发货，承制的宁德核电5号机组蒸汽发生器完成全部制造工作并具备发货条件。

10月11日，第十六届世界核电运营者协会（WANO）双年会召开，会上公布了2022年WANO核能卓越奖获奖名单，国家电投集团核能发展总工程师、山东核电党委书记、董事长荣膺奖项。

10月16日，习近平总书记在党的二十大报告中阐述过去五年工作和新时代十年伟大变革时列举载人航天、探月探火、核电技术等方面重大成果，表明我国进入创新型国家行列。

10月19日，中国新一代“人造太阳”装置（HL-2M）等离子体电流突破100万安培（1兆安），创造中国可控核聚变装置运行新纪录，标志着我国核聚变研发距离聚变点火迈进重要一步，跻身国际第一方阵，技术水平居国际前列。

10月20日，由上海电气核泵公司承制的“华龙一号”漳州核电1号机组首台主泵顺利发运。

10月21日，“国际原子能机构放药及放射源协作中心”正式落地中国同辐。这是国际原子能机构在法国、俄罗斯、葡萄牙之后建立的第四个、也是亚洲地区首个放药领域的协作中心。

10月24日，由中国核能行业协会联合日韩和台湾地区核能产业协会共同策划召开的第九届东亚核能论坛召开。

10月25日，国家能源局综合司发布关于建立《“十四五”能源领域科技创新规划》实施监测机制的通知,以确保能源领域科技创新任务“攻关有主体、落地有项目、进度可追踪、动态化调整”。

10月26日，由国际原子能机构主办的第五届21世纪核能部长级大会在美国首都华盛顿开幕。中国国家原子能机构秘书长邓戈率团出席大会，并代表中方作主旨发言。

10月27—28日，2022年“中国工业互联网安全大赛——核能行业赛道”在福建省福清市开赛。受中国信息通信研究院委托,本次竞赛由中国核能行业协会主办。

10月28日，中核秦山同位素生产基地建设项目在浙江海盐开工建设。项目建成投产后，将成为国内最大同位素生产基地。项目总投资4.6亿元，规划建设五条同位素生产线。

10月28日，由鞍钢股份生产的130 mm特厚安全壳用钢板SA-738Gr.B实现全球首发，率先在“国和一号”示范项目上应用，并独家供货海阳核电 3 号机组反应堆安全壳用钢，解决国家重大工程关键材料急需。

10 月 31 日，漳州核电首台全范围模拟机现场验收会在核电现场召开，会议认为漳州核电首台全范围模拟机具备操作人员 M0、M1 培训条件，标志着漳州核电 1、2 号机组首批操作人员模拟机培训正式启动。

10 月，董保同任生态环境部副部长、党组成员，国家核安全局局长。

11 月 1 日，第 23 届太平洋地区核能大会（PBNC）在北京、成都两地同时开幕，国务院总理李克强向大会致贺信。李克强在贺信中表示，核能是安全、稳定、高效的清洁能源。中国政府坚定支持在确保绝对安全的前提下积极有序发展核能。

11 月 1 日，辽宁红沿河核电站核能供暖示范项目正式投运供热，该项目规划供热面积 24.24 万平米，最大供热负荷为 12.77 兆瓦，是东北地区首个核能供暖项目。

11 月 3 日，三澳核电项目 1 号机组顺利完成穹顶吊装，标志着 1 号机组从土建施工阶段全面转入设备安装阶段。

11 月 6—18 日，联合国在埃及沙姆沙伊赫召开《联合国气候变化框架公约》缔约方会议第 27 届会议（COP27）。秦山核电实施的我国南方核能供暖项目案例入选《2022 企业气候行动案例集》，在 COP27 中国角企业日活动中正式发布。

11 月 9 日，中国铀业旗下的中核通辽铀业有限责任公司在钱Ⅳ块原地浸出采铀项目联动调试成功，标志着我国第二座集约化、规模化、高质量千吨级铀矿大基地取得重大突破。

11 月 9 日，中核集团“核蓄一体化”抽蓄项目——福建云霄抽水蓄能电站在云霄县火田镇主体工程开工。

11 月 9 日，二重装备研发的第三代核电高燃耗乏燃料厂外运输容器用 SA-350 Gr.LF3 Cl.2 材料通过中国核能行业协会组织的成果鉴定，解决我国百万千瓦级商用核电站乏燃料厂外运输容器所需特殊性能材料的国产批量化制造难题。

11 月 11 日，华能石岛湾高温气冷堆示范工程首次实现核能供热，供热区域覆盖石岛湾公司生产厂区及厂前办公区。

11 月 14 日，由上海电气承制的南非 Koeberg 核电站 2 号机组最后一台蒸汽发生器顺利发运。至此，与法国法马通签署的南非 Koeberg 核电厂 6 台蒸汽发生器已全部交付。

11 月 15 日，由中国能源研究会、中国广核集团有限公司、深圳市发展和改革委员会主办，中国核工业集团有限公司、国家电力投资集团有限公司、中国华能集团有限公司、中国大唐集团有限公司和国家能源投资集团有限责任公司联合主办的“2022 中国核能高质量发展大会暨深圳国际核能产业创新博览会”在深圳国际会展中心开幕。

11 月 15 日，国内最大核能供热项目——国家电投“暖核一号”正式开始供暖，为全国首个“零碳”供暖城市山东海阳 20 万居民送上冬日的温暖。

11 月 18 日，中国北山地下实验室主体工程建设取得重大阶段性进展。甘肃省肃北县北山现场，全球首台大坡度螺旋隧道硬岩掘进机——“北山一号”步进启动。

11 月 23 日，中核集团在京正式发布中国先进压水堆用户要求文件 (CUR)。这是我国首部具有完整自主知识产权的先进压水堆用户要求文件。

11 月 24 日，龙和国家集中处置场开始接收首批核电废物，标志着我国首个国家级核电废物集中处置场正式投入运行。

11 月 25 日，大亚湾核电中系技术规格书正式上线，标志着我国核电二代运行技术规范先行先试走出自主发展之路。

11 月 26 日，由哈电集团和沈鼓集团联合研制的用于我国大型先进三代核电示范工程首批反应堆冷却剂屏蔽电机主泵，从生产基地顺利运输至电站现场。至此，国内首批具有自主知识产权的、全球最大的第三代核电反应堆冷却剂屏蔽电机主泵正式交付用户。

11 月 26 日，由生态环境部（国家核安全局）指导，中国核能行业协会主办，中广核承办的 2022 年核能行业核级阀门检修职业技能竞赛正式落下帷幕。来自中广核的胡振和、严纪超、樊斌 3 人分别荣获个人奖项一等奖。

11 月 29 日，由中广核苏州院提出的《非能动脉冲冷却方法以及系统》专利收到日本专利厅正式授予的发明专利证书。此前该项技术已获国内发明专利授权，PCT 国际专利申请已在 WIPO（世界知识产权组织）公告，并已收到欧洲专利局授权通知。该项专利技术获得国际认可。

11 月 29 日，华能霞浦核电基地厂外综合配套工程（一期）项目举行开工仪式，标志着华能霞浦核电项目施工准备工作正式启动。

11 月 30 日，海南昌江多用途模块式小型堆科技示范工程 JR110 房间首个支吊架焊接完成，“玲龙一号”全球首堆核岛安装工程正式开始，提前里程碑节点 75 天。

12 月 1 日，中国政府与阿尔及利亚政府签署《中华人民共和国政府和阿尔及利亚民主人民共和国政府关于共同推进“一带一路”建设的合作规划》，提出不断深化两国和平利用核能等领域务实合作。

12 月 1 日，中国核能行业协会与台湾核能科技协进会以视频方式召开年度工作交流会，就共同关心的核能发展问题积极沟通和交流。

12 月 6 日，在美国召开的 PMI 年度峰会上，上海核工院承担工程总承包任务的“三门核电一期工程项目”获年度项目大奖提名奖，展现出上海核工院 AE 项目管理体系建设取得的阶段性成果。

12 月 7 日，中国原子能科学研究院发布消息，原子能院一体化闭式循环快堆核能系统研发项目，顺利通过中国核电组织的首次专项检查，标志着项目关键点和重要控制点已按期完成，取得阶段性研发成果。

12 月 7 日，由中国核能行业协会主办的 2022 年度中国参与 GIF 工作研讨会通过视频会议方式召开，GIF 工作 20 余家参与单位近 50 人参加会议。

12 月 9 日，首届中国—海湾阿拉伯国家合作委员会峰会在利雅得举行。习近平在主旨讲话中提出，设立中海和平利用核技术论坛，共建中海核安保示范中心，为海合会国家培养和平利用核能与核技术人才。

12 月 9 日，国家科技重大专项——华能石岛湾高温气冷堆示范工程反应堆达到初始满功率，实现了“两堆带一机”模式下的稳定运行。

12 月 9 日，国机集团自主研发制造的“华龙一号”示范工程福清 6 号机组 ACP1000 主管道项目”荣获“全国质量奖 - 卓越项目奖”。

12 月 11 日，CAP1000 海阳项目首台主泵耐久试验在沈鼓核电泵业公司现场顺利完成，各项试验指标均满足要求，标志着哈尔滨电气动力装备有限公司已具备 CAP1000 屏蔽电机国产化设计及制造能力。

12 月 12 日，中核集团首个国产化大型商用核电安全级 DCS 设备成功发运交付现场，发运至华龙一号批量化工程——漳州核电 1 号机组使用。

12 月 15 日，恰逢我国大陆首座核电厂——秦山核电厂安全发电 31 周年，我国首个核能工业供热项目在浙江海盐正式建成投用。

12 月 15 日，中广核技与成都兴城在成都就成都医投华西国际肿瘤治疗中心（重离子质子）项目合作签约。该项目是中广核技落地签约的第三个质子治疗系统供货及服务项目。

12 月 16 日，根据 IAEA 提出的核能发展协同和标准化倡议，IAEA 近日在维也纳组织“先进小型模块化反应堆用户需求专家会”，在全球广泛征询先进小型模块化反应堆用户需求，中核集团代表中国参加 IAEA 先进小型模块化反应堆用户需求的编制工作。

12 月 16 日，国家电投发布消息，国电投核素同创（重庆）科技有限公司在重庆市高新区注册成立，标志着国家电投最大的核技术应用项目正式启动，总投资约 18 亿元。

12 月 16 日，我国核电厂首个超大型冷却塔—广东廉江核电项目一期工程 1 号冷却塔顺利完成首段环基混凝土浇筑，标志着广东廉江核电项目实现一个重要工程建设节点。

12 月 22 日，中核集团中国原子能科学研究院与山东省泰安市中心医院正式签署基于硼中子俘获癌症治疗装备（BNCT）的治疗中心建设项目合作协议。

12 月 23 日，中国原子能科学研究院发布消息，原子能院核工程设计研究所和浙江中控联合研制的堆用小型化 DCS（分布式控制系统），经过运行考验和实验验证，达到设计目标要求，圆满完成工程样机研制。

12 月 27 日，中国一重完成太平岭核电 3 号机组反应堆压力容器国内首台带 DVI 接管的整体接管段锻件制造。

12 月 28 日，作为中国广核集团积极融入国家整体创新战略和粤港澳大湾区发展战略的重大举措，中国南方原子能科学与技术创新中心先进核能研发基地（中广核中山科研基地）在广东省中山市马鞍岛正式开工，标志着该项目进入工程建设阶段。

12 月 29 日，中广核所属核技术公司联合清华大学核能院共同研发的电子束技术在环境污染治理、医疗废物处理，以及快速杀灭新冠病毒研究和应用等 3 个核能开发科研项目通过国家原子能机构验收。

12 月 29 日，中国一重完成世界首台以锻代铸整体不锈钢 CAP1000 屏蔽主泵泵壳的锻件制造。

12 月 30 日，中核集团核工业数据中心正式投用，中国核电安全生产管理平台（ASP-1）正式发布。

附　录

核能行业年度人物及荣誉

核能行业党的二十大代表

中国核工业集团有限公司

1. 余剑锋　中国核工业集团有限公司党组书记、董事长

余剑锋，男，汉族，1965 年 10 月生，甘肃天水人，1988 年 8 月参加工作，1997 年 4 月加入中国共产党，清华大学核反应堆工程专业毕业，大学本科学历，工学学士，教授级高级工程师。现任中国核工业集团有限公司董事长、党组书记。曾获国防科工委“有突出贡献的中青年专家”称号，获国防科学技术进步三等奖。入选国防科技工业“511”人才工程，入选新世纪百千万人才工程，享受政府特殊津贴。中国共产党第二十次全国代表大会代表。

2. 王丛林　中国核动力研究设计院党委副书记、院长

王丛林，男，1965 年 3 月生，四川眉山人，中共党员，毕业于重庆大学，正高级工程师，现任中国核动力研究设计院党委副书记、院长。曾被授予全国优秀共产党员、首届国防科技工业突出贡献奖等荣誉，获国防科技进步一等奖 5 项、国防科技进步二等奖 7 项。中国共产党第二十次全国代表大会代表。

国家电力投资集团有限公司

1. 钱智民　国家电力投资集团有限公司党组书记、董事长

钱智民，男，1960 年 11 月出生，汉族，江苏宜兴人，1985 年 4 月加入中国共产党，1985 年 5 月参加工作，研究员级高级工程师，上海交通大学动力机械系核动力专业硕士研究生。曾任中国广东核电集团有限公司董事长、党组书记，国家能源局副局长、党组成员，中国核工业集团公司董事、总经理、党组副书记，现为国家电力投资集团有限公司党组书记、董事长。政协第十一届全国委员会委员，中国共产党第十八届中央委员会候补中央委员，中国共产党第十九届中央委员会候补中央委员；中国共产党第二十次全国代表大会代表；2023 年 3 月当选第十四届全国政协委员、常委、人口资源环境委员会副主任。

2. 卢洪早　国家电力投资集团有限公司副总经理、党组成员，国家核电技术有限公司、上海核工程研究设计院有限公司董事长（法定代表人）

卢洪早，男，1970 年 10 月出生，江苏淮安人，1992 年 5 月加入中国共产党，1992 年 7 月参加工作，研究员级高级工程师，成都科技大学工业与民用建筑工程专业。现为国家电力投资集团有限公司副总经理、党组成员，国家核电技术有限公司、上海核工程研究设计院有限公司董事长（法定代表人），中国共产党第二十次全国代表大会代表。

中国华能集团有限公司

1. 郜时旺　中国华能集团有限公司清洁能源技术研究院副总工程师

郜时旺，男，1972 年出生，中共党员，工学博士。中国华能集团有限公司清洁能源技术研究院副总工程师兼温室气体减排与清洁燃料技术部主任，煤高效灵活发电及碳捕集利用封存国家重点实验室副主任，是二氧化碳减排和电力环保专家。中国共产党第二十次全国代表大会代表。

2. 纪洁虹　中国华能集团有限公司汕头海门发电厂检修部主任助理

纪洁虹，女，1987 年 9 月生，中共党员。中国共产党第二十次全国代表大会代表，中国华能集团有限公司汕头海门发电厂检修部主任助理兼热控专工，曾荣获 2020 年广东省劳动模范、汕头市建功立业女能手、广东省技术能手等称号。

中国东方电气集团有限公司

俞培根　中国东方电气集团有限公司董事长、党组书记

俞培根，1962 年 11 月 25 日出生，汉族，籍贯浙江海宁。1984 年 8 月参加工作，1995 年 1 月加入中国共产党。毕业于浙江大学热能动力专业，教授级高级工程师，EMBA。现任第十四届全国政协委员，中国东方电气集团有限公司董事长、党组书记，中国共产党第二十次全国代表大会代表。

中国一重集团有限公司

刘伯鸣　中国一重集团有限公司铸锻钢事业部水压机锻造厂副厂长

刘伯鸣，1971 年 5 月出生，是我国第一台 12 500 吨自由锻造水压机和世界先进的 15 000 吨级自由锻造水压机的操作者，从事锻造工作 33 年，累计锻造各类产品 22 000 余件，总重量超过 60 万吨。先后获得全国劳动模范、全国技术能手、2019 年大国工匠年度人物、第五批全国岗位学雷锋标兵、央企楷模、龙江大工匠等荣誉称号。中国共产党第二十次全国代表大会代表。

2022 年核能行业技能人才

中国核工业集团有限公司

一、中华技能大奖

1. 戚宏昶，中核核电运行管理有限公司 核反应堆级设备检修工 高级技师

中核集团首席技师，20 多年来，他一直从事核反应堆级设备检修工作，开发反应堆辐照监督管支撑定位结构的拆除方法，攻克了一系列特种维修技术难题，填补了我国核电多项维修领域的技术空白，为我国核电维修事业作出突出贡献。

曾获 7 项省部级科学技术奖及 53 项国家专利授权，荣获“全国技术能手”、“浙江省劳动模范”等荣誉，享受国务院政府特殊津贴。

2. 张世军，核工业理化工程研究院 数控车工高级技师

中核集团首席技师，30 多年来，他一直从事核燃料领域多种专用设备关键部件工艺研究和生产试制，练就零件加工绝技，打通了核燃料循环领域产业链创新链中的重要环节，为我国核事业发展做出突出贡献。

获得国家专利 8 项，曾获得全国技术能手、全国知识型职工先进个人等荣誉，天津市技能大师工作室带头人，享受国务院政府特殊津贴。

二、全国技术能手

1. 廖长城，三门核电有限公司　核反应堆级机械设备检修工　技师

13 年来，他始终扎根生产一线，潜心钻研，扎实提升检修技能，逐渐成长为独当一面的水泵检修核心技能人才，以突出的业绩生动展现了新时代中核维修工匠的风貌。

曾获得浙江工匠、中核集团青年技术岗位能手、中核集团技术能手、中央企业青年岗位能手、中央企业技术能手等荣誉。

2. 单东波，核工业理化工程研究院　钳工　高级技师

30 年来，他始终在科研、生产一线从事钳工工作。从事核工业专用设备中多种关键件和重要件的工艺研究和生产工作，积累了丰富的实践经验。在科研生产中发挥自身技术优势，多项技术革新及合理化建议被采纳并应用于实际生产中，提高了生产效率及产品质量，创造了上百万元的经济效益，在节能增效及提高质量等方面做出突出贡献。

曾获得中核集团技术能手、天津市五一劳动奖章、天津市技术能手、天津市国防工业工会“国防工匠”等荣誉。

3. 唐建，中核陕西铀浓缩有限公司铀浓缩生产供取料操作工　高级技师

20 多年来，他长期在核品生产线供取料系统一线岗位从事运行、维护管理工作，善于解决生产过程中的疑难问题。他以“择一事终一生”的执着专注，“干一行专一行”的精益求精，为我国核工业高质量发展贡献着自己的智慧和力量。

曾获得陕西省“三秦工匠”、“劳动模范”、中核集团“技术能手”等荣誉。

4. 郑秀华，中国核工业第二二建设有限公司　焊工　高级技师

入职十余年，他立足岗位、任劳任怨，坚持科技创新推动工艺精进，苦练本领四海为家从不言弃，他就是核电站的“钢铁裁缝”，为中国的核电建设做出了应有的贡献。

曾被评为中央企业技术能手、湖北省技能大师、“荆楚工匠”，享受国务院政府特殊津贴。

5. 晏义军，中国核工业第二三建设有限公司 焊工 高级技师

从业十余年来，他不断在技术上精益求精、超越自我，从一名普通管道焊工逐步成长为核级管道焊工，方家山、福清等重点工程，都留下了他奋斗的足迹，每项工程保持焊接合格率 100% 是他交出的最美答卷。

曾获得“国际焊接优秀选手”“中央企业技术能手”“江苏省技术能手”“中央青年岗位能手”“河北军工大工匠”等荣誉，享受国务院政府特殊津贴。

6. 孙平平，中国核工业第五建设有限公司 钳工 高级技师

从业 30 多年，他积累了丰富的管道安装经验，凭借高超技艺成为 AP1000 主管道安装联合工作团队核心成员，带领团队自主设计制作了快速组对便捷工装系统，此项自主研究设计安装工艺于 2011 年 8 月 30 日正式对外发布，成功应用于 AP1000 三门、海阳核电四台机组。

曾获得上海市首席技师、上海市杰出技术能手、核工业技术能手等荣誉，获得实用新型专利授权 3 项，获省部级科学技术一等奖 2 项，享受国务院政府特殊津贴。

7. 王国强，中核四川环保工程有限责任公司　钳工　高级技师

深耕检修技术二十九个春秋的他，干一行爱一行、钻一行精一行，在企业的检修维护、工艺优化、技术革新等工作中发挥了重要作用，为企业安全平稳推进退役治理工作、确保国家核安全、发展核环保事业做出了突出贡献。

曾获得三项实用新型国家专利，入选核工业 111 人才工程，荣获中核集团公司技术能手、四川工匠称号，享受国务院政府特殊津贴。

8. 李洁，中国核动力研究设计院　核燃料元件性能测试工　技师

多年来，她以一颗爱岗敬业之心，刻苦钻研业务，围绕核燃料及材料中成分含量跨度达 11 个数量级的微量、痕量及超痕量元素分析，突破了关键分析技术研究及体系构建，赢得了广泛赞誉。

曾获得国防科技进步二等奖、中核集团科学技术一等奖、中核集团“技术能手”等荣誉；完成国家级标准 4 份，企业标准 40 余份，在国内外发表各类文章 50 余篇，撰写各类分析检测规程 60 余份。

中国广核集团有限公司

全国技术能手

王文奎　大亚湾核电运营管理有限责任公司 机械设备修理人员 高级技师

王文奎同志是我国核电行业管阀维修领域的领军人物，30 年来，全身心奋战在维修一线，在业内被誉为“管阀名医”。有着多年“临床经验”的他，拿手绝活是预防和治疗核电机械管阀设备。他始终践行执着专注、精益求精、一丝不苟、追求卓越的工匠精神，不断自我超越，树立了新时代产业工人的典范，为我国核电发展做出了重要贡献。

曾获省部级及以上奖项和荣誉 12 项，发明和实用新型专利 30 多项。2020 年获“广东省劳动模范”荣誉称号，2022 年获“全国技术能手”称号。

2022 年核能行业逝世院士

1. 中国核工业集团有限公司潘自强院士（1936.6.1—2022.1.19）

潘自强，湖南省益阳市人，我国著名的辐射防护专家，1957年毕业于北京大学。1996 年获摩尔根学者奖。1997 年当选为中国工程院院士。历任中国科学院原子能研究所研究室副主任、主任、研究员，核工业部安防环保卫生局副局长、局长，中国核工业总公司安防环保卫生部主任、科技委副主任，兼任中国原子能研究院研究员、博士生导师等职。

2. 东方电气合作院士潘际銮（1927.12. 24—2022.4.19）

潘际銮，出生于江西瑞昌，1944 年考入国立西南联合大学机械系；1946 年转入清华大学机械系继续学习；1948 年从清华大学毕业后留校任教，焊接工程专家，中国科学院院士，清华大学教授、博士生导师，东方重机合作院士。主要研究内容为：焊接工艺、焊接自动化、焊接电源、可焊性，是中国焊接学科创始人之一，参与创建中国高等院校中第一批焊接专业。

中国核能行业协会秘书处 2022 年工作十大亮点

2022 年作为中国核能行业协会执行力提升年，面对复杂严峻的疫情形势，协会在科学做好疫情防控的同时，扎实稳步推进各项工作，圆满完成年度重点工作目标任务，取得可喜成果，令人倍受鼓舞。结合协会秘书处 2022 年度重点工作任务完成情况，梳理出“中国核能行业协会秘书处 2022 年工作十大亮点”。

1. 协会再次荣获民政部“全国先进社会组织”称号并在表彰大会上做经验交流发言，作为民政部首批推介的 10 家行业协会商会典型在“中国社会组织动态平台”推送，接受民政部对全国 5A 级社会组织的首家跟踪评估，协会在全国性社团组织中的先进地位更加巩固。

2. 完成核电数字化转型发展关键问题重大课题联合研究，课题形成的《核电行业数字化转型发展指引》核心成果得到国家能源局的充分肯定，为能源局制定出台核电数字化转型发展指导意见提供了重要支撑，为推动我国核电数字化转型发展发挥了重要作用。

3.《中国核能发展报告 2022》蓝皮书首次在央视《新闻联播》中成功发布，这是蓝皮书第五次在央视发布。蓝皮书的社会影响力及行业权威性地位进一步加强。

4. 协会团体标准建设保持良好发展态势，全年新增立项团体标准 120 项，累计立项标准 349 项，新增发布标准 69 项，累计发布标准 171 项。其中，《华龙系列用户要求文件》出版发布，填补了国内行业空白。

5.《核电厂建设指标体系》实施方案提交协会核电运行分会理事会审议通过，全面启动指标体系数据统计报送工作，填补了国内乃至国际空白，为深度开展核电行业核电厂建设指标分析、对标及评价等应用奠定了坚实基础。

6. 全面完成碳达峰碳中和目标下我国核能发展关键问题重大课题研究，课题形成的《关于碳达峰碳中和目标下我国核能发展的意见建议》得到相关政府部门及行业各方的高度认可，为确立我国核能未来可持续发展的目标、方向和路径提供了重要参考。

7. 精心策划并成功举办 2022 年核电工程建设交流大会，并首次配套组织核电建设五新成果发布展示，召开“华龙一号”工程交流等专题会，连续举办 11 期核电建设大讲堂活动，首次举办核电建设质量月知识竞赛，核电建设经验交流活动行业影响力和关注度显著提升。

8. 首次组织完成全国核能系统核燃料操作（国家级）、核级阀门检修（行业级）职业技能竞赛活动，制订《中国核能行业协会全国核能系统职业技能竞赛工作指导意见》。

9. 精心策划并成功举办 2022 年核安全文化建设交流大会，其规格、规模均创历史新高。高标准推进多场核电厂核安全文化评估，分领域建设核安全文化专家组，并持续开展核安全文化建设培训，协会核安全文化建设品牌效应进一步显现。

10. 强化党建引领，制定《中国核能行业协会党支部2022年党建重点工作安排意见》《中国核能行业协会党建工作质量攻坚三年行动实施方案》《协会党支部开展党组织换届选举工作实施方案》，行之有效地做好落实工作。

2022 年度中国核能行业协会科学技术奖获奖项目名单

一、科技进步奖获奖项目

序号	项目名称	主要完成单位	主要完成人	获奖等级
一等奖项目 6 项				
1	高温气冷堆蒸汽发生器制造技术研究及工程应用	哈电集团（秦皇岛）重型装备有限公司，清华大学，中核能源科技有限公司，华能山东石岛湾核电有限公司	张　军　吴莘馨　雒晓卫　汪　垠　胡守印　王佐森　邱振帮　张　慧　郑明涛　张建磊　王　莉　宿静静　高安津　许　鹏　黄银平　包士梅　王荣双　余金涛　徐建梅　伦辛杰	一等奖
2	“国和一号”（CAP1400）湿绕组电机主泵研制及工程应用	上海电气凯士比核电泵阀有限公司，上海核工程研究设计院有限公司，国核示范电站有限责任公司	朱向东　夏志定　汤磊波　郑明光　严锦泉　李天斌　刘新利　马　林　钟　云　邱　健　夏　迪　卢熙宁　马　涛　王　飞　于　慧　金　乐　程　剑　刘学赓　王亚松　陈　奇	一等奖
3	蒸汽发生器热工水力多尺度设计分析技术、试验验证及工程应用	上海交通大学，上海核工程研究设计院有限公司，中国核动力研究设计院，中广核研究院有限公司，核动力运行研究所	顾汉洋　肖　瑶　严锦泉　刘茂龙　丛腾龙　林绍萱　田雅婧　张　利　施慧烈　刘　莉　巢孟科　姚彦贵　刘利民　陈　聪　应秉斌　胡艺嵩　刘立志　张菲茜　张　雯　张丰收	一等奖
4	核电厂运行许可证延续（OLE）安全评估技术研究与应用	中核核电运行管理有限公司，中核武汉核电运行技术股份有限公司，上海核工程研究设计院有限公司	孔德萍　陶　钧　桂　春　韩镇辉　姜　赫　许　锋　马回明　蔡达华　张　锋　梁兵兵　康云鼎　赵传礼　李志华　黄红科　陶宏新　栾兴峰　陶　革　张江涛　高　轩　张益舟	一等奖

续表

序号	项目名称	主要完成单位	主要完成人	获奖等级
5	压水堆失水事故条件下燃料包壳性能评价技术研究	中国原子能科学研究院	季松涛 刁均辉 张宝亮 许 倩 何晓军 王 辉 王卫军 涂蒙河 武 琦 高永光 李 凯 李靖国 张 征 关玺彤 李 燊	一等奖
6	CAP1400 核电站 SC 结构施工技术研究与应用	中国核工业华兴建设有限公司，中国核工业二三建设有限公司，山东核电设备制造有限公司，上海核工程研究设计院有限公司	陈 勇 吴 伟 储艳春 范 凯 程小华 李 成 修延飞 吴 硕 陶玉平 王暖暖 赵 宇 崔纯明 葛鸿辉 马富巧 宋 平 别刚刚 蔡加友 吴 虞 马桥石 钱伏华	一等奖
二等奖项目 20 项				
7	VVER 反应堆压力容器辐照与热老化脆化评价技术与应用	中国原子能科学研究院，江苏核电有限公司	杨 文 杨兴旺 张长义 孙 征 马连骥 宁广胜 胡兆祥 王成龙 魏国军 白 冰 施春丰 贺新福 鱼滨涛 李清泉 林 虎	二等奖
8	基于大数据的核电站典型关键设备（SPV）健康管理系统	三门核电有限公司，杭州安脉盛智能技术有限公司，上海交通大学，核电运行研究（上海）有限公司	俞建明 蔡一彪 马仕洪 翟小飞 魏士源 田 禾 陈春华 倪 军 孙丰诚 陆智勇 吕元亮 赵庆兵 薛 承 范 凯 杨 瑞	二等奖
9	核设施放射性废金属熔炼再利用技术开发与应用	生态环境部核与辐射安全中心，中国核能行业协会，湖南核工业宏华机械有限公司，江苏核电有限公司，中核核电运行管理有限公司，大亚湾核电运营管理有限责任公司，中国辐射防护研究院	刘新华 祝兆文 杨 波 华云飞 姚 刚 徐春艳 蒋 婧 雷 强 汪 萍 代旭之 恽为荣 赵 滢 刘胜龙 李 洋 张 宇	二等奖
10	华龙系列用户要求文件	华龙国际核电技术有限公司，中国核能电力股份有限公司，中国广核电力股份有限公司	高立本 咸春宇 霍建明 魏智刚 陈映坚 赵光辉 郑俊铭 唐 辉 张瑞萍 郑之寿 孔翔程 马兹容 梁松林 王 玉 胡凌生	二等奖

续表

序号	项目名称	主要完成单位	主要完成人	获奖等级
11	全球首台大型先进压水堆“国和一号”蒸汽发生器研制	上海电气核电设备有限公司，上海核工程研究设计院有限公司，国核示范电站有限责任公司	江才林 应秉斌 邓建国 刘新利 张茂龙 林绍萱 和广庆 罗吾希 孙志远 浦晨皓 刘立楠 周 强 吴新华 罗 庆 谈文龙	二等奖
12	CF3燃料组件设计	中国核动力研究设计院	肖 忠 李 庆 陈 平 蒲曾坪 茹 俊 张 坤 杜思佳 吕亮亮 陈 杰 郎雪梅 吴 磊 钱立波 郑美银 蔡逢春 谢士杰	二等奖
13	百万等级自主半速核电汽轮机研制及应用	东方电气集团东方汽轮机有限公司，福建福清核电有限公司	李曦滨 宋 林 李 进 李 林 曹 林 陈 新 段增辉 廖兴宝 闵济东 欧楚雄 李继朝 卢 平 张增明 邱 健 于新娜	二等奖
14	CAP1400屏蔽泵电机轴承研制及产业化应用	哈尔滨电气动力装备有限公司，国核示范电站有限责任公司	李梦启 李藏雪 索文旭 王伟光 吕向平 杨立峰 刘新利 黄秀波 张贵滨 于 勇 张金慧 胡 雷 郑 维 柴文虎 曲 建	二等奖
15	示范快堆相关组件无损检测系统及检测方法建立	中核北方核燃料元件有限公司	汤 慧 邹本慧 申俊华 王靳瑶 成志飞 朱永利 雷金艳 张小刚 倪彦松 张 愿 任玉洁	二等奖
16	核反应堆计算不确定性分析关键技术及应用	哈尔滨工程大学，中国核电工程有限公司	郝 琛 刘国明 袁 媛 王毅箴 易 璇 赵 强 彭敏俊	二等奖
17	核电站海水循环泵关键技术研究及工程应用	上海阿波罗机械股份有限公司，中国核电工程有限公司，江苏大学，中广核工程有限公司，福建福清核电有限公司，江苏核电有限公司，海南核电有限公司，福建宁德核电有限公司，中核霞浦核电有限公司	陆金琪 邢 继 王宝树 宋建军 宋 林 白 玮 郑海霞 张荣勇 朱荣生 易 琳 杜鹏程 张 弩 陈建新 蔡成润 何朝辉	二等奖

续表

序号	项目名称	主要完成单位	主要完成人	获奖等级
18	磁约束聚变超声分子束注入关键技术及应用	核工业西南物理研究院	段旭如 钟武律 肖国梁 陈程远 冯北滨 余德良 严龙文 许 敏	二等奖
19	非能动核电厂安全壳内冷凝回流问题关键技术研究及应用	上海核工程研究设计院有限公司，上海交通大学，西安交通大学	严锦泉 张 迪 杨小杰 王国栋 潘新新 陈 松 佟立丽 胡 珀 陈荣华 杨杏波 刘 洁 王 喆 郭丹丹 刘立欣 宋春景	二等奖
20	核岛结构抗震精细化弹塑性分析关键技术	上海核工程研究设计院有限公司	葛鸿辉 褚 濛 黄江德 丁振坤 田 华 袁 芳 黄小林 王 凯 曹 舟 凌 云 胡文添 杨 杰 王晓雯 孙渝刚 豆 燚	二等奖
21	秦山重水精馏设施项目工艺流程及参数研发	中核核电运行管理有限公司	邹正宇 熊小红 姚照红 郑 奕 李世生 郑懂明 吴明亮 尚宪和 郑永祥 陈明军 田养权 潘 强 牛 鹏 孙 雷 孙大千	二等奖
22	核电厂汽轮发电机耦合振动溯源分析与治理技术研究及应用	西安热工研究院有限公司，中国核动力研究设计院，海南核电有限公司	张 恒 胡启龙 何 超 鲍 宇 何国安 卫大为 赵 博 陈旭东 朱建斌 张 宇 王 丹 张卫军 张 军 袁少波	二等奖
23	ACPR1000 机组调试技术创新及应用实现最优调试工期	中广核工程有限公司	郭东辉 王志明 惠珑伟 李继兵 胡建华 高 原 王 珂 罗 昊 王亚飞 柳继坤 张云龙 宋文奎 周创彬 章松林 桑钱锋	二等奖
24	铀矿山保有资源储量动态监测技术	中核第四研究设计工程有限公司，中国铀业有限公司，核工业北京化工冶金研究院，核工业北京地质研究院，新疆中核天山铀业有限公司	苏学斌 肖诗伟 吴卫芳 朱鹏飞 霍晨琛 李友良 阙为民 杨润生 张丽丽 刘晓明 陈 帅 崔玉峰 张玉升 于宝民 孔维豪	二等奖

续表

序号	项目名称	主要完成单位	主要完成人	获奖等级
25	三门核电 AP1000 核电机组严重事故仿真及专家决策支持系统研发	三门核电有限公司，中核武汉核电运行技术股份有限公司	范福平 马国扬 黄伟兵 黄 雄 陶殷勇 谢政权 陈伦寿 魏 巍 叶天波 刘 伟 周 健 侯雪燕 张 俊 骆 云	二等奖
26	田湾核电站 5、6 号机组调试创新及优化	江苏核电有限公司	洪源平 谢江红 薛长江 纪 涛 刘得印 张宝龙 孙学强 彭立新 万玉晶 黄奇峰 杨 杰 朱金雄 傅建军 任 苹 彭雄伟	二等奖
三等奖项目 49 项				
27	低放废物岩洞处置安全全过程系统分析关键技术研究	中国核电工程有限公司，中核霞浦核电有限公司	王旭宏 杨球玉 吕 涛 李星宇 刘兴伟 王 馨 夏加国 李 昶 康宝伟 刘翔宇	三等奖
28	铀浓缩供取料系统自动净化装置研制	中核陕西铀浓缩有限公司	张进荣 方溪阔 关成明 田巨云 钟红芳 孙 丹 唐 建 邹星明 杨 艳 魏 侨	三等奖
29	地浸采铀井网密度优化及单元流量调控模拟技术	核工业北京化工冶金研究院	谢廷婷 甘 楠 谭亚辉 胥国龙 胡柏石 张 翀 李建华 牛玉清 丁 叶 李召坤	三等奖
30	包覆燃料颗粒包覆层厚度和密度自动检测系统的研制及应用	中核北方核燃料元件有限公司，清华大学	杨志远 申俊华 刘小雪 张靖雪 王佳晨 李自强 赵宏生 孙建宇 田 凡 张凯红	三等奖
31	压水堆核电厂燃料组件全寿期抗震性能评价技术	上海核工程研究设计院有限公司，中国水利水电科学研究院，上海交通大学	景 益 孙靖雅 徐时吟 朱丽兵 干富军 郑轶雄 汤微建 张艳红 赵晶晶 蔡晓静	三等奖

续表

序号	项目名称	主要完成单位	主要完成人	获奖等级
32	湖南省汝城县中山地区铀矿成矿规律研究及找矿突破	核工业二三〇研究所	欧阳平宁　王前林　黄宏业　张　宇　蒋红安 张　文　颜　越　李　鲲　李　杰　刘建伟	三等奖
33	大型露天铀矿矿石品位控制技术研究	中广核铀业发展有限公司，中南大学，东华理工大学	董文明　史秀志　汤　彬　蔡兴琪　郝金龙　谭期仁 荣建锋　喻　智　肖树青　张怀峰	三等奖
34	离心级联工艺调节器电动伺服装置研制	中核兰州铀浓缩有限公司	孔　炜　吴宏伟　王永贤　李　睿　于金光　刘伟民 陈　涛　徐建国　武建成　孙　芳	三等奖
35	基于纵深防御理念的核电厂大修配置风险管理技术研究及应用	三门核电有限公司，中核核电运行管理有限公司	范福平　李　乐　黄伟兵　陈洪浩　王珍琪　邹胜佳 陈伦寿　李　跃　金　毅　曹　勇	三等奖
36	二次源用于压水堆机组首循环启动的关键技术研究与应用	中广核研究院有限公司，辽宁红沿河核电有限公司，广西防城港核电有限公司，中广核铀业发展有限公司，中广核工程有限公司，大亚湾核电运营管理有限责任公司	李志军　何　洋　包鹏飞　胡汝平　李金光　曹　萌 苏耿华　付学峰　张海州　石夏青	三等奖
37	高温气冷堆蒸汽发生器换热管氦质谱检漏系统开发	华能山东石岛湾核电有限公司，中核武汉核电运行技术股份有限公司，华能核能技术研究院有限公司，核动力运行研究所	王庆武　汪兆军　徐　安　蔡家藩　孙海漩　赵　玄 贾晶晶　李志容　高厚秀　李　铮	三等奖
38	核电冷源管理研究和实践应用	海南核电有限公司，中国核电工程有限公司，中国船舶集团有限公司第七一九研究所，自然资源部第三海洋研究所	陈建新　张　煜　赵　龙　赖世富　白　玮　魏　华 林和山　陈海桥　赵　涛　李建业	三等奖

续表

序号	项目名称	主要完成单位	主要完成人	获奖等级
39	核电机组性能试验实施技术创新与应用	中广核工程有限公司	杨双涛 卜玉兵 徐宗富 高明 宋文奎 张国军 王佳蒙 仝勇博 贾俊杰 金圣隆	三等奖
40	核电厂安全壳钢衬里自聚焦相控阵快速超声检验技术研究及应用	核动力运行研究所，中核武汉核电运行技术股份有限公司	何 海 蔡家藩 邱进杰 葛 亮 聂 勇 成照宇 杨 勇 张 帅 胡 啸 丁冬平	三等奖
41	核电厂大型液压阻尼器缺陷处理成套技术	中广核核电运营有限公司，大亚湾核电运营管理有限公司	王 松 李 杰 陈英杰 黄开凯 王 凯 丁远毅 孙士杰 鲍昌健 李文渊 莫玉峰	三等奖
42	核电厂仪控系统模拟卡件检测及可靠性评估技术研究	核动力运行研究所，中核武汉核电运行技术股份有限公司	秦 凤 钱玉刚 尚宪和 康澄杰 周宇 朱桂霞 周田蜜 金跃明 聂 卫 刘丙月	三等奖
43	滨海核电厂冷却取水堵塞物防控措施的系统性研究	中国核电工程有限公司，江苏核电有限公司	白 玮 张荣勇 杨 嘉 张文杰 姜佳音 菅佳乐 宋建军 顾 磊 赵 龙 于志成	三等奖
44	核电厂海水取水口冷源保障关键技术研究及应用	国核电站运行服务技术有限公司，中核核电运行管理有限公司	孙 浈 张 维 冯利法 边春华 管正刚 樊鹏飞 简海林 尚宪和 关 光 李邱达	三等奖
45	基于一回路钝化温控的核电厂电源可靠性协同研究及应用	中广核工程有限公司	张立强 朱孟子 赵 岩 颜 旭 甘 龙 王 辰 张 颢 周创彬 陈晓义 姜 涛	三等奖
46	基于 FPGA 技术的核安全级控制系统研制及应用	中核控制系统工程有限公司	王 冬 刘志凯 钱一名 李朝历 胡义武 孙 武 冷 强 冯勋亮 张 源 梁嘉琳	三等奖

续表

序号	项目名称	主要完成单位	主要完成人	获奖等级
47	核电厂阀门柔性远传机构工程研发及安全监管研究	生态环境部核与辐射安全中心，中国核电工程有限公司，上海凯研机械设备有限公司	房永刚　王晓江　初起宝　刘　刚　车树伟　易永柳 曾　珍　马若群　徐　宇　吴彩霞	三等奖
48	基于一体化设计技术的先进压水堆堆顶装置研制	中国核动力研究设计院	何培峰　罗　英　何大明　余志伟　蒋兴钧　李　燕 许　斌　黄宗仁　张　翼　沈平川	三等奖
49	核电站专用仪控系统仿真平台 SpeedySim 产品研制与应用	北京广利核系统工程有限公司	王桂兰　王文涛　吕慧娟　白　涛　李明钢　张春雷 石桂连　马建新　彭　立　胡　俊	三等奖
50	华龙一号新型堆内构件先进制造技术研发	上海第一机床厂有限公司，中广核工程有限公司	张　伟　刘鸣宇　龚宏伟　郭宝超　蒋　恩　徐　杰 邹小平　朱　勃　张　亮　蒋　伟	三等奖
51	大型非能动余热排出热交换器设计制造关键技术及应用	上海核工程研究设计院有限公司，东方电气（广州）重型机器有限公司，哈电集团（秦皇岛）重型装备有限公司	景　益　张振华　黄　庆　杨　星　蒋　兴　贺寅彪 王苗苗　于均刚　李　煜　冯葵香	三等奖
52	示范快堆气液联动快速隔离阀研制	中国核电工程有限公司，中核苏阀科技实业股份有限公司	朱京梅　陈时健　杨理烽　倪项斌　张为荣　张　卫 吴　辉　张　楠　王志敏　刘飞雪	三等奖
53	华龙一号控制棒驱动机构先进制造技术研发	上海第一机床厂有限公司，中广核工程有限公司	楼杭飞　刘鸣宇　李　翔　龚宏伟　郭宝超　米大为 朱　勃　邹小平　卫晓春　王肃鹏	三等奖
54	狭长空间自动化无轨焊接机器人	山东核电设备制造有限公司	刘　伟　阳作勇　姜爱宁　李世波　王如亮　李少华	三等奖

续表

序号	项目名称	主要完成单位	主要完成人	获奖等级
55	我国自主化三代核电安全审评校核计算分析模型库	生态环境部核与辐射安全中心	张春明　左嘉旭　靖剑平　高新力　石兴伟　贾　斌　刘福东　庄少欣　安婕铷　田欣鹭	三等奖
56	“华龙一号”反应堆厂房薄壁柔性大直径钢衬里结构全模块化建造成套技术研究与应用	中核国电漳州能源有限公司，中国核工业二四建设有限公司，中国核电工程有限公司，中核工程咨询有限公司	宋丰伟　陈国才　邹德麟　郭东利　向世文　林科坚　毕　晶　陈友谊　吴　敏　王旋旋	三等奖
57	严重事故条件下安全壳内气溶胶再悬浮和再夹带试验技术和分析模型	中国原子能科学研究院	季松涛　魏严凇　陈林林　史晓磊　刁均辉　何晓军　郑光宗　胡　真　高永光	三等奖
58	核电厂结构基底隔震关键技术研究及应用	上海核工程研究设计院有限公司，上海大学	李韶平　夏祖讽　杨　杰　刘文光　黄小林　葛鸿辉　叶元伟　王　凯　何文福　褚　濛	三等奖
59	华龙一号反应堆及反应堆冷却剂系统力学关键技术研究及应用	中国核动力研究设计院	曾忠秀　张毅雄　王新军　白晓明　冯志鹏　沈平川　艾红雷　黄　旋　郑连纲　邵雪娇	三等奖
60	核电大厚度钢板焊接应力和变形超声冲击调控技术开发与应用	中国核工业华兴建设有限公司	程小华　张吉斌　马桥石　曾顺发　顾　霞　别刚刚　杨建福　童守明　刘　扬　陈波涛	三等奖

续表

序号	项目名称	主要完成单位	主要完成人	获奖等级
61	华龙一号主设备预引入（安全壳开顶吊装）关键技术研究	中国中原对外工程有限公司	宋丰伟 陈友谊 刘明辉 严洪成 韩春雨 任阿琦 李文锋 卢金明 黄诚 肖洪涛	三等奖
62	华龙一号双层安全壳先进试验技术研究	中国核电工程有限公司	吴希盼 田齐伟 赵 侠 钟小华 尚 臣 彭巧云 刘 勇 唐世延 李志勇 赵金涛	三等奖
63	非基岩场地核设施地震安全评价技术及应用	生态环境部核与辐射安全中心，北京工业大学，南京航空航天大学	唐 晖 荣棉水 李小军 周国良 陈少林 依 岩 李 春 王晓辉 潘 蓉 魏 超	三等奖
64	核电厂人因工程信息识别与持续改进技术研究与应用	核动力运行研究所，中核武汉核电运行技术股份有限公司，生态环境部核与辐射安全中心，上海核工程研究设计院有限公司	李红波 冯 燕 宋 霏 李金珂 沈 阳 谢 睿 耿 波 夏立民 张 平 董晓璐	三等奖
65	核电施工大数据平台分析与应用暨“智慧华龙”大数据平台	中核国电漳州能源有限公司，北京中核华辉科技发展有限公司，清华大学	陈国才 李 彬 邢一杰 甘 川 彭科夫 朱章南 熊伊琳 张成德 张红兵 林全兵	三等奖
66	核与辐射安全公众沟通系列科普丛书编制	生态环境部核与辐射安全中心	王晓峰 刘瑞桓 戴文博 李炜炜 王桂敏 柴建设 宋培峰 张 瀛 同 舟 史 强	三等奖
67	核电工控网络安全防护系统研制及应用	上海中广核工程科技有限公司，北京广利核系统工程有限公司，中国广核集团有限公司，中广核工程有限公司，辽宁红沿河核电有限公司，华能山东石岛湾核电有限公司，北京威努特技术有限公司	刘 元 江国进 邹来龙 白 涛 孙永滨 张焕欣 张黎明 李 柯 江 辉 张天元	三等奖

续表

序号	项目名称	主要完成单位	主要完成人	获奖等级
68	核电工程项目后评价标准化体系	中核工程咨询有限公司	赵一兵 樊柳言 孟现珂 谷秀萍 陈建民 张广建 谢敏旭	三等奖
69	CNEA 国际天然铀价格预测指数研究	中广核铀业发展有限公司，华中科技大学	王照良 陈 絮 杨 硕 孙焱林 马绍雄 陈 煜	三等奖
70	核动力厂风险指引型设计监管要求及设计体系研究	生态环境部核与辐射安全中心，中国核电工程有限公司，中核能源科技有限公司	宫 宇 田秀峰 孙 凤 柴国旱 李 军 石 琦 王小海 邓 伟 孙运轮 张佳佳	三等奖
71	民用核安全设备焊接人员资格管理优化研究	生态环境部核与辐射安全中心	黄炳臣 胡安中 赵立彬 李海涛 张意腾 邓 冬 张发云 姜述杰 贺振宇 袁 喆	三等奖
72	核电站反应堆关键设备远程智能诊断平台	中国核动力研究设计院	刘才学 杨泰波 简 捷 罗 婷 李朋洲 王广金 赵海江 庞天枫 李 芸 者 娜	三等奖
73	华龙一号三维布置协同设计平台及其体系研发与应用	中广核工程有限公司	田立成 何炜亭 魏 伟 王增琛 胡佳堃 林信军 王若冰 周向阳 汤昌文 刘晏平	三等奖
74	田湾核电站 5、6 号机组核岛厂房无线网建设	江苏核电有限公司	贾 岩 谢金平 苏本新 曾海云 曹晟龙 杨海峰 万玉晶 杨锡宏	三等奖
75	核电知识管理研究与应用	上海核工程研究设计院有限公司	郭 俞 王馨莹 林 超 陆 辉 沈 军 万 峻 冯 凯	三等奖

二、技术发明奖获奖项目

序号	项目名称	主要完成单位	主要完成人	获奖等级
二等奖项目 1 项				
76	地空尺度岩石 SiO_2 含量高光谱定量识别技术	核工业北京地质研究院	王俊虎　张杰林　郭帮杰　刘洪成　武　鼎　周　觅	二等奖
三等奖项目 1 项				
77	核电预埋件自动埋弧螺柱焊焊接工作站研发与应用	中国核工业华兴建设有限公司	别刚刚　王暖暖　王志勇　蔡加友　许开勋　程小华	三等奖

三、企业技术创新工程奖获奖项目

序号	项目名称	完成单位
78	中核武汉核电运行技术股份有限公司先进在役检查技术与装备研发创新工程	中核武汉核电运行技术股份有限公司
79	中国核动力研究设计院压水堆核电燃料研发技术创新工程	中国核动力研究设计院
80	综合热工水力与安全实验室建设与应用	中广核研究院有限公司

四、创新团队奖获奖项目

序号	团队名称	主要支持单位	团队主要成员
81	上海核工程研究设计院有限公司核电设备关键材料设计研发团队	上海核工程研究设计院有限公司	景　益　林绍萱　陈　煜　王永东　张俊宝　黄逸峰　刘晓强　顾国兴　王弘昶　孟凡江　贺寅彪　王秉熙　刘润发　应秉斌　梅　乐
82	中国核动力研究设计院“龙”系列反应堆结构及设备研发创新团队	中国核动力研究设计院	罗　英　杜　华　彭　航　曹　锐　张显均　于天达　余志伟　钟元章　邱　阳　陈训刚　杨立才　安彦波　唐　源　李　浩　谭　波

五、青年优秀创新人物奖获奖人

序号	人物姓名	所在单位
83	田文喜	西安交通大学
84	马　权	中国核动力研究设计院
85	刘夏杰	中广核研究院有限公司
86	郭宝超	上海第一机床厂有限公司
87	夏　冰	清华大学

2022 年中国核能行业协会组织的科技成果鉴定项目

序号	鉴定证书号	成果项目名称	申请单位（人）	鉴定日期
1	核协鉴字〔2022〕001 号	核岛鉴定润滑脂国产化	中广核核电运营有限公司	2022 年 2 月 25 日
2	核协鉴字〔2022〕002 号	核电张拉设备	柳州欧维姆机械股份有限公司	2022 年 3 月 9 日
3	核协鉴字〔2022〕003 号	高温气冷堆反应堆压力容器检查系统研制	中核武汉核电运行技术股份有限公司	2022 年 4 月 8 日
4	核协鉴字〔2022〕004 号	高温气冷堆热气导管马鞍形焊缝超声检验系统研制	中核武汉核电运行技术股份有限公司	2022 年 4 月 8 日
5	核协鉴字〔2022〕005 号	燃料组件真空离线啜吸检测技术研究	中核武汉核电运行技术股份有限公司	2022 年 4 月 8 日
6	核协鉴字〔2022〕006 号	核电数字化工作包研制与应用	中核武汉核电运行技术股份有限公司	2022 年 4 月 8 日
7	核协鉴字〔2022〕007 号	核电厂一回路及辅助系统水过滤器低硅滤芯国产化项目	西西埃热能（南京）有限公司	2022 年 4 月 12 日
8	核协鉴字〔2022〕008 号	国际热核聚变堆（ITER）超导极向场线圈柔性支撑系统设计及关键制造技术	贵州航天新力科技有限公司	2022 年 4 月 19 日
9	核协鉴字〔2022〕009 号	朗盛核电用精处理树脂和除盐水树脂	朗盛化学（上海）有限公司	2022 年 4 月 20 日
10	核协鉴字〔2022〕010 号	核工业领域放射性污染物防护手套国产化研发	成都盛帮密封件股份有限公司	2022 年 4 月 25 日

续表

序号	鉴定证书号	成果项目名称	申请单位（人）	鉴定日期
11	核协鉴字〔2022〕011 号	高温气冷堆蒸汽发生器关键核心制造技术研究及工程应用	哈电集团（秦皇岛）重型装备有限公司	2022 年 4 月 27 日
12	核协鉴字〔2022〕012 号	核电厂原型材料熔融物相互作用试验研究	上海核工程研究设计院有限公司	2022 年 4 月 28 日
13	核协鉴字〔2022〕013 号	非能动核电厂氢气风险全面分析及缓解措施优化	上海核工程研究设计院有限公司	2022 年 4 月 28 日
14	核协鉴字〔2022〕014 号	核电流体动力学软件开发	上海核工程研究设计院有限公司	2022 年 4 月 28 日
15	核协鉴字〔2022〕015 号	非能动核电厂钢制安全壳水膜覆盖率自动识别及监测平台开发	上海核工程研究设计院有限公司	2022 年 4 月 28 日
16	核协鉴字〔2022〕016 号	核电知识管理平台	上海核工程研究设计院有限公司	2022 年 4 月 28 日
17	核协鉴字〔2022〕017 号	核电厂三维可视化进度管理系统	上海核工程研究设计院有限公司	2022 年 4 月 28 日
18	评审会，无编号	系统安全分析与模拟仿真	西北核技术研究院	2022 年 4 月 29 日
19	核协鉴字〔2022〕018 号	高性能乏燃料贮存中子吸收材料制备技术及应用	中广核工程有限公司	2022 年 5 月 12 日
20	核协鉴字〔2022〕019 号	核电高可靠性数字化仪控系统关键技术及应用	中广核工程有限公司	2022 年 5 月 12 日
21	核协鉴字〔2022〕020 号	核电站安全运行与核事故处理高可靠性监控设施研究与应用	中广核工程有限公司	2022 年 5 月 12 日
22	核协鉴字〔2022〕021 号	核电厂数字化控制保护系统工程验证关键技术研发与产业化应用	中广核工程有限公司	2022 年 5 月 12 日
23	核协鉴字〔2022〕022 号	核电厂火灾数值模拟方法的研究与工程应用	中广核工程有限公司	2022 年 5 月 12 日
24	核协鉴字〔2022〕023 号	华龙一号核电厂通风系统控制设计研究及应用	中广核工程有限公司	2022 年 5 月 12 日

续表

序号	鉴定证书号	成果项目名称	申请单位（人）	鉴定日期
25	核协鉴字〔2022〕024 号	核电厂内外部电源断相分析及监测技术应用研究及应用	中广核工程有限公司	2022 年 5 月 12 日
26	核协鉴字〔2022〕025 号	大型发电机励磁系统绝缘故障分析及解决对策	中广核工程有限公司	2022 年 5 月 12 日
27	核协鉴字〔2022〕026 号	核电厂抵御重大灾害特殊结构的研发与应用	中广核工程有限公司	2022 年 5 月 12 日
28	核协鉴字〔2022〕027 号	核电厂燃料包壳破损在线诊断装置研制及应用	中广核工程有限公司	2022 年 5 月 12 日
29	核协鉴字〔2022〕028 号	华龙一号抗飞机撞击关键技术研究与应用	中广核工程有限公司	2022 年 5 月 12 日
30	核协鉴字〔2022〕029 号	ACPR1000 机组调试技术创新及应用实现最优调试工期	中广核工程有限公司	2022 年 5 月 12 日
31	核协鉴字〔2022〕030 号	核电机组性能试验实施技术创新与应用	中广核工程有限公司	2022 年 5 月 12 日
32	核协鉴字〔2022〕031 号	基于一回路钝化温控的核电厂电源可靠性协同研究及应用	中广核工程有限公司	2022 年 5 月 12 日
33	核协鉴字〔2022〕032 号	核反应堆先进计算不确定性分析关键技术及应用	哈尔滨工程大学	2022 年 5 月 20 日
34	核协鉴字〔2022〕033 号	新型华龙一号堆内构件先进制造技术研发	上海第一机床厂有限公司	2022 年 5 月 24 日
35	核协鉴字〔2022〕034 号	华龙一号控制棒驱动机构先进制造技术研发	上海第一机床厂有限公司	2022 年 5 月 24 日
36	核协鉴字〔2022〕035 号	“华龙一号”联合泵房 PX 蜗壳区高耐久性混凝土技术	中核华辰建筑工程有限公司	2022 年 5 月 30 日
37	核协鉴字〔2022〕036 号	精确控制爆破对已建厂房、设备扰动研究	中核华辰建筑工程有限公司	2022 年 5 月 30 日
38	评审会，无编号	轻量化关键设备方案及其可靠性研究	上海核工程研究设计院有限公司	2022 年 5 月 31 日

续表

序号	鉴定证书号	成果项目名称	申请单位（人）	鉴定日期
39	评审会，无编号	空间堆电源总体方案设计与实验验证研究	中国科学院合肥物质科学研究院	2022 年 6 月 1 日
40	核协鉴字〔2022〕037 号	核电厂建构筑物服役安全及寿命评估与提升关键技术研究	中冶建筑研究总院有限公司	2022 年 6 月 2 日
41	核协鉴字〔2022〕038 号	海阳核电核能综合利用创新实践	山东核电有限公司	2022 年 6 月 7 日
42	核协鉴字〔2022〕039 号	AP1000 一回路部件超声化学联合去污方法研究及应用	山东核电有限公司	2022 年 6 月 7 日
43	核协鉴字〔2022〕040 号	AP1000 全回路多点接入式棒位探测器电阻测试箱	山东核电有限公司	2022 年 6 月 7 日
44	核协鉴字〔2022〕041 号	AP1000 放射性废水中胶体核素的絮凝处理净化技术及应用	山东核电有限公司	2022 年 6 月 7 日
45	核协鉴字〔2022〕042 号	AP1000 堆内核测仪表拔出设备及存储容器开发	山东核电有限公司	2022 年 6 月 7 日
46	核协鉴字〔2022〕043 号	华龙一号（中广核）首台套全厂数字仪控系统(DCS)的研制	北京广利核系统工程有限公司	2022 年 6 月 8 日
47	核协鉴字〔2022〕044 号	首台套数字化核级冷水机组控制系统自主化研制与应用	北京广利核系统工程有限公司	2022 年 6 月 8 日
48	核协鉴字〔2022〕045 号	商品级数字化设备适用性确认研究与应用	北京广利核系统工程有限公司	2022 年 6 月 8 日
49	核协鉴字〔2022〕046 号	核电站专用仪控系统仿真平台 SpeedySim 产品研制及应用	北京广利核系统工程有限公司	2022 年 6 月 8 日
50	核协鉴字〔2022〕047 号	华龙一号首套全范围模拟机关键技术研发及应用	中广核（北京）仿真技术有限公司	2022 年 6 月 8 日

续表

序号	鉴定证书号	成果项目名称	申请单位（人）	鉴定日期
51	核协鉴字〔2022〕048 号	事故及事故后安全壳 Y 剂量率监测道国产化研制	中国核电工程有限公司	2022 年 6 月 9 日
52	核协鉴字〔2022〕049 号	高温气冷堆蒸汽发生器传热管氦质谱检漏系统开发	华能山东石岛湾核电有限公司	2022 年 6 月 10 日
53	核协鉴字〔2022〕050 号	高温气冷堆一回路压力试验技术研究	华能山东石岛湾核电有限公司	2022 年 6 月 10 日
54	核协鉴字〔2022〕051 号	高温气冷堆示范工程汽轮机非核蒸汽冲转技术研究	华能山东石岛湾核电有限公司	2022 年 6 月 10 日
55	核协鉴字〔2022〕052 号	高温气冷堆二回路水化学控制关键技术研究	华能山东石岛湾核电有限公司	2022 年 6 月 10 日
56	核协鉴字〔2022〕053 号	高温气冷堆核岛设备冷却水系统化学控制关键技术研究	华能山东石岛湾核电有限公司	2022 年 6 月 10 日
57	核协鉴字〔2022〕054 号	高温气冷堆一回路系统振动和变形多场原位监测关键技术研究	华能山东石岛湾核电有限公司	2022 年 6 月 10 日
58	核协鉴字〔2022〕055 号	高温气冷堆螺旋管式直流蒸汽发生器热工水力及其工程验证试验项目	清华大学	2022 年 6 月 13 日
59	核协鉴字〔2022〕056 号	核设施退役安全分析报告的格式与内容研究	生态环境部核与辐射安全中心	2022 年 6 月 14 日
60	核协鉴字〔2022〕057 号	核动力厂风险指引型设计监管要求及设计体系研究	生态环境部核与辐射安全中心	2022 年 6 月 14 日
61	核协鉴字〔2022〕058 号	非基岩场地核设施地震安全评价技术及应用	生态环境部核与辐射安全中心	2022 年 6 月 14 日
62	核协鉴字〔2022〕059 号	民用核安全设备焊接人员资格管理优化研究	生态环境部核与辐射安全中心	2022 年 6 月 14 日

续表

序号	鉴定证书号	成果项目名称	申请单位（人）	鉴定日期
63	核协鉴字〔2022〕060 号	专业化核安全设备 鉴定机构组建运行机制及资质认证体系研究	生态环境部核与辐射安全中心	2022 年 6 月 14 日
64	核协鉴字〔2022〕061 号	核电厂阀门远传机构核安全监管研究及工程研发	生态环境部核与辐射安全中心	2022 年 6 月 14 日
65	核协鉴字〔2022〕062 号	我国自主化三代核电安全审评校核计算分析模型库	生态环境部核与辐射安全中心	2022 年 6 月 14 日
66	核协鉴字〔2022〕063 号	核与辐射安全公众沟通科普系列材料编制	生态环境部核与辐射安全中心	2022 年 6 月 14 日
67	核协鉴字〔2022〕064 号	核电厂风险指引型核安全监督管理探索与实践	生态环境部核与辐射安全中心	2022 年 6 月 14 日
68	核协鉴字〔2022〕065 号	固态熔盐堆关键热工限值及事故工况验收准则研究	生态环境部核与辐射安全中心	2022 年 6 月 14 日
69	核协鉴字〔2022〕066 号	非能动堆芯冷却系统载热能力验证及评价技术	生态环境部核与辐射安全中心	2022 年 6 月 14 日
70	核协鉴字〔2022〕067 号	自主化核电管道系统分析法设计与评定软件	上海核工程研究设计院有限公司	2022 年 6 月 14 日
71	核协鉴字〔2022〕068 号	核电设备振动噪声控制设计和抑制措施研究	上海核工程研究设计院有限公司	2022 年 6 月 14 日
72	核协鉴字〔2022〕069 号	多结构耦合式弯管流动调整器设计分析关键技术及应用	上海核工程研究设计院有限公司	2022 年 6 月 14 日
73	核协鉴字〔2022〕070 号	核电厂大型轴流风机节能降噪关键优化设计技术	上海核工程研究设计院有限公司	2022 年 6 月 14 日
74	核协鉴字〔2022〕071 号	蒸汽发生器热工水力精细化模型及多尺度设计分析程序开发与工程应用	上海交通大学	2022 年 6 月 14 日
75	核协鉴字〔2022〕072 号	核电厂堆芯仪表系统关键设计及设备研发	上海核工程研究设计院有限公司	2022 年 6 月 15 日

续表

序号	鉴定证书号	成果项目名称	申请单位（人）	鉴定日期
76	核协鉴字〔2022〕073 号	辐照监督中子探测用高纯度铌片	上海核工程研究设计院有限公司	2022 年 6 月 15 日
77	核协鉴字〔2022〕074 号	防城港二期事故后安全壳和厂房环境条件优化及应用	中广核研究院有限公司	2022 年 6 月 16 日
78	核协鉴字〔2022〕075 号	华龙一号核电厂主参数提升和安全系统改进研究和应用	中广核研究院有限公司	2022 年 6 月 16 日
79	核协鉴字〔2022〕076 号	二次源用于压水堆机组首循环启动的关键技术研究与应用	中广核研究院有限公司	2022 年 6 月 16 日
80	核协鉴字〔2022〕077 号	核电站冷源安全系统研发及应用	中广核研究院有限公司	2022 年 6 月 16 日
81	核协鉴字〔2022〕078 号	自主化核心燃料软件 JASMINE 1.0 开发与工程应用	中广核研究院有限公司	2022 年 6 月 16 日
82	核协鉴字〔2022〕079 号	智能备件编码机器人在核电厂生产准备领域的应用	中广核研究院有限公司	2022 年 6 月 16 日
83	核协鉴字〔2022〕080 号	大亚湾核电站 DCS 改造项目虚拟主控室技术研究与应用	中广核研究院有限公司	2022 年 6 月 17 日
84	核协鉴字〔2022〕081 号	核电厂放射性污染废油处理技术研究及工艺设备研发与工程应用	中广核研究院有限公司	2022 年 6 月 17 日
85	核协鉴字〔2022〕082 号	核电厂汽水管道水锤监测分析与治理技术开发及应用	中广核研究院有限公司	2022 年 6 月 17 日
86	核协鉴字〔2022〕083 号	大亚湾核电厂应急柴油发电机励磁调节系统改造关键技术研究	中广核研究院有限公司	2022 年 6 月 17 日

续表

序号	鉴定证书号	成果项目名称	申请单位（人）	鉴定日期
87	核协鉴字〔2022〕084 号	百万千瓦级核电厂热疲劳敏感管道监测系统的建立与应用	中广核研究院有限公司	2022 年 6 月 17 日
88	核协鉴字〔2022〕085 号	中国自主化商业闭式核燃料循环发展模式和路径的研究与探索	中广核研究院有限公司	2022 年 6 月 17 日
89	核协鉴字〔2022〕086 号	高温气冷堆系统模块化动态仿真软件开发及应用	西安交通大学	2022 年 6 月 17 日
90	核协鉴字〔2022〕087 号	双振源激励下核电发电机振动治理技术研究与应用	西安热工研究院	2022 年 6 月 20 日
91	核协鉴字〔2022〕088 号	高温气冷堆二回路清洁技术研究及工程应用	西安热工研究院	2022 年 6 月 20 日
92	核协鉴字〔2022〕089 号	RPV 辐照损伤状态智能监督和评价系统	国核电站运行服务技术有限公司	2022 年 6 月 21 日
93	核协鉴字〔2022〕090 号	RPV 辐照监督试验数据自动处理平台	国核电站运行服务技术有限公司	2022 年 6 月 21 日
94	核协鉴字〔2022〕091 号	EVND 放射性样品活度测量和分析系统	国核电站运行服务技术有限公司	2022 年 6 月 21 日
95	核协鉴字〔2022〕092 号	AP/CAP 机组移动式燃料组件离线啜吸检查装置	国核电站运行服务技术有限公司	2022 年 6 月 21 日
96	核协鉴字〔2022〕093 号	核电贯穿件试验气法检漏装置	国核电站运行服务技术有限公司	2022 年 6 月 21 日
97	核协鉴字〔2022〕094 号	核电厂海水取水口冷暖保障关键技术研究及应用	国核电站运行服务技术有限公司	2022 年 6 月 22 日
98	核协鉴字〔2022〕095 号	冷阴极 X 射线数字成像技术研究及应用	国核电站运行服务技术有限公司	2022 年 6 月 22 日
99	核协鉴字〔2022〕096 号	断路器在线监测技术	国核电站运行服务技术有限公司	2022 年 6 月 22 日
100	核协鉴字〔2022〕097 号	先进堆运行验证关键技术研究	中国核电工程有限公司	2022 年 6 月 21 日

续表

序号	鉴定证书号	成果项目名称	申请单位（人）	鉴定日期
101	核协鉴字〔2022〕098 号	福清核电 5、6 号机组 SEOP 事故处理规程独立验证和确认方法研究	中国核电工程有限公司	2022 年 6 月 21 日
102	核协鉴字〔2022〕099 号	田湾核电站 5、6 号机组事故运行规程优化改进研究项目	中国核电工程有限公司	2022 年 6 月 21 日
103	核协鉴字〔2022〕100 号	国家核应急救援总体方案研究项目	中国核电工程有限公司	2022 年 6 月 21 日
104	核协鉴字〔2022〕101 号	国家核应急救援队指挥协调力量建设方案研究	中国核电工程有限公司	2022 年 6 月 21 日
105	核协鉴字〔2022〕102 号	国家核应急救援队应急处置力量建设方案研究	中国核电工程有限公司	2022 年 6 月 21 日
106	核协鉴字〔2022〕103 号	核电厂重特大事故场景及救援脚本研究	中国核电工程有限公司	2022 年 6 月 21 日
107	核协鉴字〔2022〕104 号	核电厂智慧水务系统研究	中国核电工程有限公司	2022 年 6 月 22 日
108	核协鉴字〔2022〕105 号	安全生产管理信息系统研究	中国核电工程有限公司	2022 年 6 月 22 日
109	核协鉴字〔2022〕106 号	数字化核电厂运行辅助系统改进研究	中国核电工程有限公司	2022 年 6 月 22 日
110	核协鉴字〔2022〕107 号	国家电投集团数据资产目录实施项目	国家电投集团科学技术研究院有限公司	2022 年 6 月 22 日
111	核协鉴字〔2022〕108 号	CAP1400 屏蔽泵电机轴承研制及产业化应用	哈尔滨电气动力装备有限公司	2022 年 6 月 23 日
112	核协鉴字〔2022〕109 号	核设施放射性废金属熔炼再利用技术开发与应用活动项目	生态环境部核与辐射安全中心	2022 年 6 月 23 日
113	核协鉴字〔2022〕110 号	核电系统用特种橡胶气膜式吸能元件研制	陕西特种橡胶制品有限公司	2022 年 6 月 23 日
114	核协鉴字〔2022〕111 号	防酸型碘 I-129 连续监测仪和中子计数率仪	陕西卫峰核电子有限公司	2022 年 6 月 24 日

续表

序号	鉴定证书号	成果项目名称	申请单位（人）	鉴定日期
115	核协鉴字〔2022〕112 号	大型露天铀矿矿石品位控制技术研究	中广核铀业发展有限公司	2022 年 6 月 27 日
116	核协鉴字〔2022〕113 号	CNEA 国际天然铀价格预测指数研究	中广核铀业发展有限公司	2022 年 6 月 27 日
117	核协鉴字〔2022〕114 号	百万千瓦级核电站 DCS 改造全闭环验证系统自主研发及应用	中广核核电运营有限公司	2022 年 6 月 27 日
118	核协鉴字〔2022〕115 号	带毛细管线核级变送器抽真空充液关键技术研究及应用	中广核核电运营有限公司	2022 年 6 月 27 日
119	核协鉴字〔2022〕116 号	安全壳试验工艺优化	中广核核电运营有限公司	2022 年 6 月 27 日
120	核协鉴字〔2022〕117 号	QFSN-1100-4 型 llOOMW 级核电汽轮发电机不抽转子处理端盖密封胶硬化研究与应用	中广核核电运营有限公司	2022 年 6 月 27 日
121	核协鉴字〔2022〕118 号	ALSTOM 半速机汽轮机高中压阀门定期试验异常问题研究及治理	中广核核电运营有限公司	2022 年 6 月 28 日
122	核协鉴字〔2022〕119 号	电子元器件老化机理及寿命预测研究在核电厂核岛整流和逆变设备中的应用	中广核核电运营有限公司	2022 年 6 月 28 日
123	核协鉴字〔2022〕120 号	核岛 K1 级电动执行机构检修工艺提升	中广核核电运营有限公司	2022 年 6 月 28 日
124	核协鉴字〔2022〕121 号	阀门密封面缺陷三维扫描成像专用工具	中广核核电运营有限公司	2022 年 6 月 28 日
125	核协鉴字〔2022〕122 号	主泵 3 号轴封水系统微生物治理技术研究及应用	中广核核电运营有限公司	2022 年 6 月 28 日
126	核协鉴字〔2022〕123 号	核主泵静压轴封全范围试验台架系统	中广核核电运营有限公司	2022 年 6 月 28 日
127	核协鉴字〔2022〕124 号	防火金属复合板系统研制	江苏金环科技有限公司	2022 年 7 月 4 日

续表

序号	鉴定证书号	成果项目名称	申请单位（人）	鉴定日期
128	核协鉴字〔2022〕125号	核级压力及温度开关	常州天利智能控制股份有限公司	2022年7月21日
129	核协鉴字〔2022〕126号	核反应堆保护系统FPGA芯片自动化仿真验证装置	国核自仪系统工程有限公司	2022年7月22日
130	核协鉴字〔2022〕127号	基于深度学习及OCR技术的图形用户界面自动测试平台	国核自仪系统工程有限公司	2022年7月22日
131	核协鉴字〔2022〕128号	基于国产FPGA芯片的信息安全加强型反应堆保护系统平台	国核自仪系统工程有限公司	2022年7月22日
132	核协鉴字〔2022〕129号	具备纵深防御信息安全防护体系的核电站控制系统平台	国核自仪系统工程有限公司	2022年7月22日
133	核协鉴字〔2022〕130号	大型先进压水堆核电站堆外核测仪表设备	国核自仪系统工程有限公司	2022年7月22日
134	核协鉴字〔2022〕131号	基于国产FPGA芯片的多样化驱动系统	国核自仪系统工程有限公司	2022年7月22日
135	核协鉴字〔2022〕132号	核电厂紧固件用润滑油脂国产化研制	重庆常升里科技有限公司	2022年7月26日
136	核协鉴字〔2022〕133号	核级温度传感器	中广核工程有限公司	2022年8月4日
137	核协鉴字〔2022〕134号	多种核级信号传输电（光）缆及附件	中广核工程有限公司	2022年8月4日
138	核协鉴字〔2022〕135号	新型热阱技术及装备研发	中广核工程有限公司	2022年8月4日
139	核协鉴字〔2022〕136号	核电厂在役部件智能增材修复技术研究	中广核工程有限公司	2022年8月4日
140	核协鉴字〔2022〕137号	核电厂复杂环境条件下典型耐辐照智能仪表研发	中广核工程有限公司	2022年8月4日
141	核协鉴字〔2022〕138号	LOCA水力载荷分析软件	中广核工程有限公司	2022年8月4日

续表

序号	鉴定证书号	成果项目名称	申请单位（人）	鉴定日期
142	核协鉴字〔2022〕139号	控制棒驱动线落棒时间计算软件	中广核工程有限公司	2022年8月4日
143	核协鉴字〔2022〕140号	智能化人机界面（iHMI）设计平台	中广核工程有限公司	2022年8月4日
144	核协鉴字〔2022〕141号	基于先进工具的电气系统仿真平台	中广核工程有限公司	2022年8月4日
145	核协鉴字〔2022〕142号	高可靠性软件综合验证平台研发	中广核工程有限公司	2022年8月4日
146	核协鉴字〔2022〕143号	核电厂热力系统在线性能监测与故障预警平台研发	中广核工程有限公司	2022年8月4日
147	核协鉴字〔2022〕144号	高湿度惰性气体活度监测仪	陕西卫峰核电子有限公司	2022年6月24日
148	核协鉴字〔2022〕145号	双拱形核级橡胶膨胀节	江苏永和高分子技术有限公司	2022年8月15日
149	评审会，无编号	华龙一号预应力张拉设备小型化研究	柳州欧维姆机械股份有限公司	2022年8月23日
150	核协鉴字〔2022〕146号	主给水超声波流量计	美核电气（济南）股份有限公司	2022年9月14日
151	核协鉴字〔2022〕147号	核电厂海水系统用超级奥氏体不锈钢无缝管道及管件国产化研制	扬州诚德钢管有限公司、上海核工程研究设计院有限公司	2022年9月16日
152	核协鉴字〔2022〕148号	高温气冷堆示范工程主氦风机调试技术研究	华能山东石岛湾核电有限公司	2022年9月26日
153	核协鉴字〔2022〕149号	高温气冷堆启停堆调试技术研究	华能山东石岛湾核电有限公司	2022年9月26日
154	核协鉴字〔2022〕150号	高温气冷堆一回路加热除湿技术研究	华能山东石岛湾核电有限公司	2022年9月26日
155	核协鉴字〔2022〕151号	铀矿定量核测井关键技术与仪器装备及其应用	东华理工大学	2022年9月27日
156	核协鉴字〔2022〕152号	严苛辐照环境用光纤传输系统及其国产化	长飞光纤光缆股份有限公司	2022年10月10日

续表

序号	鉴定证书号	成果项目名称	申请单位（人）	鉴定日期
157	核协鉴字〔2022〕153 号	基于 CPS 的智慧能源寻优系统	国家电投集团科学技术研究院有限公司	2022 年 10 月 19 日
158	核协鉴字〔2022〕154 号	CAP1400 主蒸汽隔离阀驱动装置研制	中核苏阀科技实业股份有限公司	2022 年 10 月 31 日
159	核协鉴字〔2022〕155 号	大型先进非能动压水反应堆本体设备研制	上海核工程研究设计院有限公司	2022 年 11 月 8 日
160	核协鉴字〔2022〕156 号	耐辐照及耐高温新型控制棒驱动机构线圈研制	上海核工程研究设计院有限公司	2022 年 11 月 8 日
161	核协鉴字〔2022〕157 号	大型先进核电厂高温高辐照环境关键设备振动状态智能监测与诊断系统	上海核工程研究设计院有限公司	2022 年 11 月 8 日
162	核协鉴字〔2022〕158 号	大型先进压水堆稳压器研制	上海核工程研究设计院有限公司	2022 年 11 月 8 日
163	核协鉴字〔2022〕159 号	基于国产高性能膜的废液处理技术	上海核工程研究设计院有限公司	2022 年 11 月 8 日
164	核协鉴字〔2022〕160 号	基于交流电磁场感应和激光焊接的核设施水下缺陷检测和维修技术	上海核工程研究设计院有限公司	2022 年 11 月 8 日
165	核协鉴字〔2022〕161 号	核岛厂房屋顶水箱 TMD 减隔振关键技术	上海核工程研究设计院有限公司	2022 年 11 月 8 日
166	核协鉴字〔2022〕162 号	带直管段管件研制	上海核工程研究设计院有限公司	2022 年 11 月 8 日
167	核协鉴字〔2022〕163 号	第三代核电厂高燃耗乏燃料厂外运输容器外壳 SA-350 Gr.LF3 Cl.2 锻件研制	上海核工程研究设计院有限公司	2022 年 11 月 8 日
168	核协鉴字〔2022〕164 号	蒸汽发生器电离除盐装置（MS22)	上海核工程研究设计院有限公司	2022 年 11 月 8 日
169	核协鉴字〔2022〕165 号	高温气冷堆配置风险管理体系研究及工具开发	上海核工程研究设计院有限公司	2022 年 11 月 8 日

续表

序号	鉴定证书号	成果项目名称	申请单位（人）	鉴定日期
170	核协鉴字〔2022〕166 号	AP1000 非能动核电厂运行阶段内部事件 PSA 模型开发	上海核工程研究设计院有限公司	2022 年 11 月 8 日
171	核协鉴字〔2022〕167 号	PSA 设备可靠性数据管理系统开发及应用	上海核工程研究设计院有限公司	2022 年 11 月 8 日
172	核协鉴字〔2022〕168 号	反应堆冷却剂系统水力载荷分析软件开发及工程应用	上海核工程研究设计院有限公司	2022 年 11 月 8 日
173	核协鉴字〔2022〕169 号	核电厂关键变送器响应时间测试装置	上海核工程研究设计院有限公司	2022 年 11 月 8 日
174	核协鉴字〔2022〕170 号	一体化核电工程信息管理系统研究及应用	上海核工程研究设计院有限公司	2022 年 11 月 8 日
175	核协鉴字〔2022〕171 号	SnerdiCloud 核电行业云	上海核工程研究设计院有限公司	2022 年 11 月 8 日
176	核协鉴字〔2022〕172 号	非能动核电厂一回路长寿命水过滤器滤芯	上海核工程研究设计院有限公司	2022 年 11 月 8 日
177	核协鉴字〔2022〕173 号	复杂成分化学废液水泥固化技术	上海核工程研究设计院有限公司	2022 年 11 月 9 日
178	核协鉴字〔2022〕174 号	核电站 CI/BOP 无石棉密封垫片材料	浙江国泰萧星密封材料股份有限公司、中广核核电运营有限公司	2022 年 11 月 17 日
179	核协鉴字〔2022〕175 号	核电站 CI/BOP 改性聚四氟乙烯密封垫片材料	浙江国泰萧星密封材料股份有限公司、中广核核电运营有限公司	2022 年 11 月 17 日
180	核协鉴字〔2022〕176 号	核级富集 IOB 酸生产技术	中国核动力研究设计院、辽宁鸿昊化学工业股份有限公司	2022 年 11 月 20 日
181	核协鉴字〔2022〕177 号	核电用新燃料升降机及燃料运输设备	中国船舶集团有限公司第七二五研究所	2022 年 11 月 25 日

续表

序号	鉴定证书号	成果项目名称	申请单位（人）	鉴定日期
182	核协鉴字〔2022〕178号	核电设备可靠性数字化管理系统（ERMs）	核电运行研究（上海）有限公司	2022年11月18日
183	核协鉴字〔2022〕179号	消防系统抗震类雨淋阀组制造技术研究	华能核能技术研究院有限公司	2022年12月6日
184	核协鉴字〔2022〕180号	高温气冷堆核级先导式安全阀制造技术研究	华能核能技术研究院有限公司	2022年12月6日
185	核协鉴字〔2022〕181号	铑型自给能中子探测器系统	中国核动力研究设计院	2022年12月9日
186	核协鉴字〔2022〕182号	放射性高盐废液微波干燥成盐工程样机	中国核动力研究设计院	2022年12月9日
187	核协鉴字〔2022〕183号	涂硼型堆外核测量探测器	中国核动力研究设计院	2022年12月9日
188	核协鉴字〔2022〕184号	核电厂征兆导向数字化事故规程技术开发与应用	江苏核电有限公司	2022年12月16日
189	核协鉴字〔2022〕185号	核电厂电气主设备关键试验技术的创新研究及应用	江苏核电有限公司	2022年12月16日
190	核协鉴字〔2022〕186号	柴油机全过程自主调试及运行可靠性提升	江苏核电有限公司	2022年12月16日
191	核协鉴字〔2022〕187号	核电厂全数字化仪控系统信号回路故障检测与诊断 技术研究及应用	江苏核电有限公司	2022年12月16日
192	核协鉴字〔2022〕188号	田湾核电3、4号机组大型水泥蜗壳泵检修工艺研究	江苏核电有限公司	2022年12月16日
193	核协鉴字〔2022〕189号	基于5G AI的田湾核电站智慧工地创建及应用	江苏核电有限公司	2022年12月16日
194	核协鉴字〔2022〕190号	核介质管道高效窄间隙TIG焊接机器人	中国核工业第五建设有限公司	2022年12月13日
195	核协鉴字〔2022〕191号	核电组合式空调机组	石家庄先楚核能装备股份有限公司	2022年12月15日

续表

序号	鉴定证书号	成果项目名称	申请单位（人）	鉴定日期
196	核协鉴字〔2022〕192 号	新型格栅除污机	中国核电工程有限公司	2022 年 12 月 28 日
197	核协鉴字〔2022〕193 号	冷源水下清污巡检机器人研究	中国核电工程有限公司	2022 年 12 月 28 日
198	核协鉴字〔2022〕194 号	鼓型滤网底部清淤装置	江苏电力装备有限公司	2022 年 12 月 29 日
199	核协鉴字〔2022〕195 号	先导式安全阀电磁执行机构	中国核电工程有限公司	2022 年 12 月 29 日
200	核协鉴字〔2022〕196 号	阀位传感器	中国核电工程有限公司	2022 年 12 月 29 日
201	核协鉴字〔2022〕197 号	压差调节阀及平衡阀	中国核电工程有限公司	2022 年 12 月 29 日
202	核协鉴字〔2022〕198 号	汽水分离系统调节阀	中国核电工程有限公司	2022 年 12 月 29 日
203	核协鉴字〔2022〕199 号	VDA 主蒸汽释放调节阀	中国核电工程有限公司	2022 年 12 月 29 日
204	核协鉴字〔2022〕200 号	核级阀门附件	中国核电工程有限公司	2022 年 12 月 29 日
205	核协鉴字〔2022〕201 号	非热老化敏感马氏体不锈钢阀杆成果	上海一核阀门股份有限公司	2022 年 12 月 20 日

中国核能行业协会

协会治理及组织架构

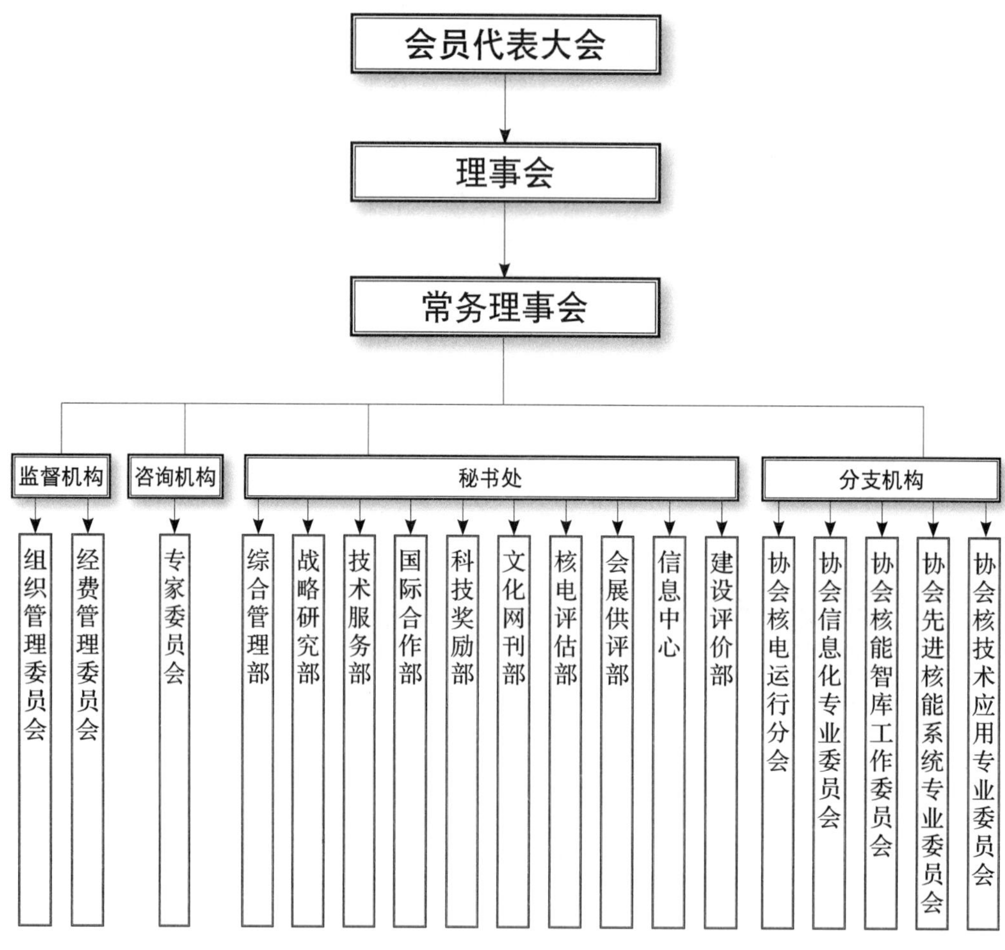

第三届理事会成员名单（截至 2022 年底）

轮值理事长：（空缺）

副理事长兼秘书长：张廷克

副理事长（16 名，按姓氏笔画为序）：

王文宗　王凤学　王丛林　卢洪早　卢铁忠　李卫东
陈宝智　张作义　张　诚　张海权　邵建明　高　峰
高　嵩　高立刚　曹述栋　蒋兴华

常务理事（26 名，按姓氏笔画为序）：

尹卫平　刘兆华　庄建新　安军靖　孙玉良　汤　勇
邹正宇　汪映荣　张东辉　张仕兵　陆金琪　陈　涛
陈映坚　杜忠明　和建生　庞　可　尚宪和　胡守印
赵一兵　姚照红　徐鹏飞　徐开云　邱志强　黄文有
戴金华　魏其岩

理事（84 名，按姓氏笔画为序）：

万　骥　上官斌　孔学峰　王　健　王秀启　王永福
王德桂　王贵洪　邓正平　冯守佳　田佳树　田辉宇
龙茂雄　朱向东　刘伟瑞　师庆维　池雪丰　关先林
吕宏伟　孙永滨　苏立新　李江颖　李苏甲　辛　锋
杨　波　吴秀江　吴　放　吴美景　吴贲华　吴郁龙
邹树梁　张金涛　张文辉　张福海　张乐福　高宏树
陆冬青　陈　文　陈　凯　陈鉴平　陈伟仲　陈伟杰
陈国才　陈小强　陈周晓　陈义学　但　军　范福平
周　永　周建平　郑建能　郑砚国　郑伟平　孟琰彬
单建强　胡国峰　赵　虎　钟宏亮　柯国土　柳和生
唐　宇　夏　虹　柴国旱　秦余新　徐利根　徐浏华
高海潮　郭爱华　黄　飞　梁光扶　梁志强　袁　毅
谌继明　葛　飞　董宏亮　韩恩厚　阙为民　曾　浩
路云岩　廖伟明　薛　松　蔡翔舟　潘风国　戴忠华

中国核能行业协会会员名录

一、副理事长单位

1. 中国核工业集团有限公司
2. 中国广核集团有限公司
3. 国家电力投资集团有限公司
4. 中国华能集团有限公司
5. 中国大唐集团有限公司
6. 国家能源投资集团有限责任公司
7. 中国长江三峡集团有限公司
8. 哈尔滨电气集团有限公司
9. 中国东方电气集团有限公司
10. 上海电气集团股份有限公司
11. 清华大学
12. 国家核电技术有限公司
13. 中国核能电力股份有限公司
14. 中国核工业建设股份有限公司
15. 中国核动力研究设计院
16. 大亚湾核电运营管理有限责任公司
17. 中核北方核燃料元件有限公司

二、常务理事单位

1. 核电秦山联营有限公司
2. 广东核电合营有限公司
3. 华能山东石岛湾核电有限公司
4. 华能核电开发有限公司
5. 江苏核电有限公司
6. 秦山核电有限公司
7. 秦山第三核电有限公司
8. 香港核电投资有限公司（中电控股有限公司）
9. 中国核工业地质局
10. 中广核铀业发展有限公司
11. 电力规划总院有限公司

12. 中国核电工程有限公司
13. 中广核研究院有限公司
14. 中广核工程有限公司
15. 中国核工业华兴建设有限公司
16. 宝银特种钢管有限公司
17. 广东省能源集团有限公司
18. 清华大学核能与新能源技术研究院
19. 国核示范电站有限责任公司
20. 上海阿波罗机械股份有限公司
21. 中国船舶重工集团公司第七一九研究所
22. 江苏海龙核科技股份有限公司
23. 中核战略规划研究总院有限公司
24. 中核工程咨询有限公司
25. 中国电力建设集团有限公司
26. 中国能源建设集团有限公司

三、理事单位

1. 中国核工业第二三建设有限公司
2. 上海市核电办公室
3. 海盐县核电产业发展服务局
4. 山东核电有限公司
5. 三门核电有限公司
6. 辽宁红沿河核电有限公司
7. 阳江核电有限公司
8. 福建宁德核电有限公司
9. 福建福清核电有限公司
10. 中核四 0 四有限公司
11. 中核陕西铀浓缩有限公司
12. 中核建中核燃料元件有限公司
13. 中国电力工程顾问集团华东电力设计院有限公司
14. 中国原子能科学研究院
15. 中核第七研究设计院有限公司
16. 国防科工局核技术支持中心

17. 生态环境部核与辐射安全中心
18. 核工业北京化工冶金研究院
19. 核工业理化工程研究院
20. 核动力运行研究所
21. 深圳中广核工程设计有限公司
22. 中国中原对外工程有限公司
23. 中国核工业第二二建设有限公司
24. 中国核工业二四建设有限公司
25. 中国核工业第五建设有限公司
26. 中国一重集团有限公司
27. 二重（德阳）重型装备有限公司
28. 上海电气核电设备有限公司
29. 上海自动化仪表有限公司
30. 上海第一机床厂有限公司
31. 东方电气（广州）重型机器有限公司
32. 西安核设备有限公司
33. 中核苏阀科技实业股份有限公司
34. 哈尔滨工程大学
35. 东华理工大学
36. 南华大学
37. 中国原子能工业有限公司
38. 上海工业自动化仪表研究院有限公司
39. 海南核电有限公司
40. 中国科学院金属研究所
41. 台山核电合营有限公司
42. 苏州热工研究院有限公司
43. 广东正超电气有限公司
44. 成都海光核电技术服务有限责任公司
45. 华龙国际核电技术有限公司
46. 核工业井巷建设集团有限公司
47. 中核控制系统工程有限公司
48. 中核检修有限公司
49. 江苏铁锚玻璃股份有限公司

50. 上海核工程研究设计院有限公司
51. 大全集团有限公司
52. 浙江宏伟供应链集团股份有限公司
53. 中核（上海）供应链管理有限公司
54. 中核辽宁核电有限公司
55. 中核国电漳州核电有限公司
56. 兴原认证中心有限公司
57. 中核能源科技有限公司
58. 中核兰州铀浓缩有限公司
59. 中广核核电运营有限公司
60. 广西防城港核电有限公司
61. 北京广利核系统工程有限公司
62. 国家电投集团科学技术研究院有限公司
63. 华能霞浦核电有限公司
64. 西安热工研究院有限公司
65. 上海电气凯士比核电泵阀有限公司
66. 上海交通大学
67. 西安交通大学
68. 核电运行研究（上海）有限公司
69. 核工业西南物理研究院
70. 中核环保有限公司
71. 陕西卫峰核电子有限公司
72. 中广核陆丰核电有限公司
73. 中国科学院上海应用物理研究所
74. 华能海南昌江核电有限公司
75. 中核霞浦核电有限公司
76. 中国宝原投资有限公司
77. 中电投广西核电有限公司
78. 江西核电有限公司
79. 国核湛江核电有限公司
80. 国核铀业发展有限责任公司
81. 同方知网数字出版技术股份有限公司
82. 上海腾志能源共性技术研究院

83. 中国大唐集团核电有限公司

四、会员单位

1. 岭澳核电有限公司
2. 岭东核电有限公司
3. 中国能源建设集团广东省电力设计研究院有限公司
4. 上海发电设备成套设计研究院
5. 中国核工业中原建设有限公司
6. 北京和利时系统工程股份有限公司
7. 东方电气集团东方锅炉股份有限公司
8. 哈尔滨锅炉厂有限责任公司
9. 哈尔滨汽轮机厂有限责任公司
10. 上海电气电站设备有限公司—上海电站辅机厂
11. 上海电气电站设备有限公司—上海发电机厂
12. 上海电气电站设备有限公司—上海汽轮机厂
13. 上海电气上重铸锻有限公司
14. 四川三洲川化机核能设备制造有限公司
15. 国家电力投资集团有限公司人才学院
16. 上海中核浦原有限公司
17. 福建省核电办公室
18. 中核二七二铀业有限公司
19. 新疆中核天山铀业有限公司
20. 湖北三〇三库
21. 广东省核工业地质局
22. 湖南省核工业地质局
23. 吉林省核工业地质局
24. 辽宁省核工业地质局
25. 青海省核工业地质局
26. 中陕核工业集团公司
27. 核工业北京地质研究院
28. 中核第四研究设计工程有限公司
29. 核工业工程技术研究设计有限公司
30. 中核核信信息技术（北京）有限公司

31. 中国辐射防护研究院
32. 核工业西南勘察设计研究院有限公司
33. 中国能源建设集团安徽电力建设第二工程公司
34. 中国能源建设集团广东火电工程有限公司
35. 核工业西南建设集团公司
36. 浙江省火电建设公司
37. 中核投资有限公司
38. 大连宝原核设备有限公司
39. 大连大高阀门有限公司
40. 广东亚仿科技股份有限公司
41. 上海一核阀门制造有限公司
42. 浙江三方控制阀股份有限公司
43. 浙江中控技术有限公司
44. 西南科技大学
45. 沈阳东管电力科技集团股份有限公司
46. 常州八益电缆有限公司
47. 国核电站运行服务技术公司
48. 中国平安财产保险股份有限公司
49. 核工业管理干部学院（核工业培训中心）
50. 大连深蓝泵业有限公司
51. 国核电力规划设计研究院
52. 中国能源建设集团湖南省电力设计院有限公司
53. 上海阀门五厂有限公司
54. 国核宝钛锆业股份公司
55. 江苏华光电缆电器有限公司
56. 安徽电缆股份有限公司
57. 国核自仪系统工程有限公司
58. 烟台台海玛努尔核电设备有限公司
59. 浙江中达新材料股份有限公司
60. 嘉兴多角电线电缆股份有限公司
61. 陕西中环机械有限责任公司
62. 宁波奥崎自动化仪表设备有限公司
63. 中国建筑第二工程局有限公司

64. 中建电力建设有限公司
65. 山东电力工程咨询有限公司
66. 中国核保险共同体
67. 厦门大学能源研究院
68. 通裕重工股份有限公司
69. 江苏神通阀门股份有限公司
70. 上海阀门厂有限公司
71. 常州电站辅机总厂有限公司
72. 哈尔滨天达控制工程有限公司
73. 中联重科股份有限公司
74. 江苏省核应急办公室
75. 中国原子能出版社传媒有限公司
76. 陕西柴油机重工有限公司
77. 江苏申港锅炉有限公司
78. 南京新核复合材料有限公司
79. 浙江电力建设工程咨询有限公司
80. 浙江泰索科技有限公司
81. 江苏华冠电器集团有限公司
82. 苏州宝骅密封科技股份有限公司
83. 上海森林特种钢门有限公司
84. 常熟市辐射技术开发应用研究所
85. 中电华元核电工程技术有限公司
86. 上海申江锻造有限公司
87. 东方电气（武汉）核设备有限公司
88. 湖南核电有限公司
89. 中广核核技术发展股份有限公司
90. 中核河南核电有限公司
91. 中核核电运行管理有限公司
92. 苏州纽威阀门股份有限公司
93. 浙江苍南仪表集团东星能源科技有限公司
94. 上海森永工程设备有限公司
95. 中机生产力促进中心（核设备安全与可靠中心）
96. 中国钢研科技集团有限公司

97. 哈电集团（秦皇岛）重型装备有限公司
98. 中广核久源（成都）科技有限公司
99. 浙江阳光时代律师事务所
100. 国家电投集团电站运营技术中心（北京）有限公司
101. 大连海密梯克泵业有限公司
102. 上海新曼传感技术研究发展有限公司
103. 宁波天生密封件有限公司
104. 浙江久立特材科技股份有限公司
105. 浙江创想节能科技有限公司
106. 中国科学院合肥物质科学研究院
107. 江苏爵格工业集团有限公司
108. 连云港经济技术开发区管理委员会
109. 中国仪器进出口（集团）公司
110. 四川沱江起重机有限公司
111. 上海通用风机股份有限公司
112. 中国船舶重工集团公司第七〇三研究所无锡分部
113. 西陇化工股份有限公司
114. 中国核建高温堆控股有限公司
115. 青岛东卡环保工程技术有限公司
116. 中核嘉华设备制造股份公司
117. 中核华电河北核电有限公司
118. 山东鲁能软件技术有限公司
119. 江苏亨通电力电缆有限公司
120. 武汉力地液压设备有限公司
121. 辽宁伊菲科技股份有限公司
122. 丰泽工程橡胶科技开发股份有限公司
123. 徐工集团工程机械股份有限公司
124. 杭州邦胜自动化科技有限公司
125. 台山平安五金制品有限公司
126. 中广核俊尔新材料有限公司
127. 舟山市正源标准件有限公司
128. 新乡市佳华机械有限公司
129. 浙江咸亨国际通用设备有限公司

130. 中核浙能能源有限公司
131. 北京群源电力科技有限公司
132. 国核华清（北京）核电技术研发中心有限公司
133. 滨州双峰石墨密封材料有限公司
134. 北京优化佳控制技术有限公司
135. 中广核达胜加速器技术有限公司
136. 东莞市基一核材料股份公司
137. 中核四川环保工程有限公司
138. 四川华都核设备制造有限公司
139. 北京雷蒙赛博核装备技术研究有限公司
140. 美核电气（济南）有限公司
141. 河南神州精工制造股份有限公司
142. 中核深圳凯利集团有限公司
143. 成都核新动力科技有限公司
144. 中国电建集团上海能源装备有限公司
145. 上海昱章电气股份有限公司
146. 上海闰铭精密技术有限公司
147. 南京天创电子技术有限公司
148. 河南核净洁净技术有限公司
149. 颂锐机电科技（上海）有限公司
150. 四川汇通能源装备制造股份有限公司
151. 贝谷科技股份有限公司
152. 山东远大特材科技股份有限公司
153. 安徽天康（集团）股份有限公司
154. 河北宏润核装备科技股份有限公司
155. 四川省核工业辐射测试防护院
156. 上海大学
157. 江苏省特种设备安全监督检验研究院无锡分院
158. 中国电建集团核电工程公司
159. 上海材料研究所
160. 保定天威保变电气股份有限公司
161. 国电南瑞科技股份有限公司
162. 江苏焱鑫科技股份有限公司

163. 西安西电变压器有限责任公司
164. 科华恒盛股份有限公司
165. 咸宁核电有限公司
166. 上海凯研机械设备有限公司
167. 河北创科电子科技有限公司
168. 中核启迪科技（北京）有限公司
169. 扬州诚德钢管有限公司
170. 上海纳川核能新材料技术有限公司
171. 南方增材科技有限公司
172. 核安核电装备技术有限公司
173. 厦门融福电子科技有限公司
174. 江苏达科智能科技有限公司
175. 北京博华信智科技股份有限公司
176. 金瑞致达（北京）科技股份有限公司
177. 上海紫德公共战略科技研究院
178. 扬州工业职业技术学院
179. 华北电力大学
180. 工业和信息化部电子第五研究所
181. 清华海峡研究院（厦门）
182. 中冶检测认证有限公司
183. 北京亚明联合技术发展有限公司
184. 洛阳市琦安科技有限公司
185. 沈阳三科泵阀工业有限公司
186. 天津市申科技术开发有限公司
187. 上海纳信实业有限公司
188. 河北亚明塑管有限公司
189. 深圳市创致新能源科仪有限公司
190. 上海核星核电科技有限公司
191. 北京世纪三拓科技有限公司
192. 沈阳中科腐蚀控制工程技术有限公司
193. 德州艾荷过滤设备有限公司
194. 福建省赛科赛思自动化科技有限公司
195. 江苏华洋新思路能源装备股份有限公司

196. 信和新材料股份有限公司
197. 山东伊莱特重工股份有限公司
198. 沈阳三科核电设备制造股份有限公司
199. 中国人民财产保险股份有限公司
200. 西安翌飞核能装备股份有限公司
201. 江苏新华合金电器有限公司
202. 湖南镭目科技有限公司
203. 上海睦诚工程监理有限公司
204. 上海莺千新材料科技发展有限公司
205. 深圳海核实业控股有限公司
206. 纳斯泰克核电技术有限公司
207. 浙江中核金鼎不锈钢有限公司
208. 江苏永和高分子技术有限公司
209. 成都炭素有限责任公司
210. 北京道和汇通科技发展有限公司
211. 万纳神核控股集团有限公司
212. 江苏新恒基特种装备股份有限公司
213. 中国船舶重工集团公司第七一八研究所
214. 湖南工学院
215. 江苏道众能源科技有限公司
216. 白鸽磨料磨具有限公司
217. 中核华纬工程设计研究有限公司
218. 普瑞奇科技（北京）股份有限公司
219. 中广核惠州核电有限公司
220. 中广核苍南核电有限公司
221. 中咨工程管理咨询有限公司
222. 许昌美特桥架股份有限公司
223. 浙江国泰萧星密封材料股份有限公司
224. 中航建设集团成套装备股份有限公司
225. 中核机械工程有限公司
226. 深圳市核鹏工程监理有限责任公司
227. 浙江海盐力源环保科技股份有限公司
228. 浙江爱力浦科技股份有限公司

229. 浙江上风高科专风实业股份有限公司
230. 广东腐蚀科学与技术创新研究院
231. 贵州航天新力铸锻有限责任公司
232. 成都中科合迅科技有限公司
233. 北京中安瑞力科技有限公司
234. 中国能源建设集团浙江省电力设计院有限公司
235. 成都天保节能环保工程有限公司
236. 北京中蓬市政建设有限责任公司
237. 南京凯略能源科技有限公司
238. 中航光电科技股份有限公司
239. 湖南湘投金天科技集团有限责任公司
240. 四川凯满核电设备有限公司
241. 西西埃热能（南京）有限公司
242. 贵州玉屏清洁热能有限公司
243. 中核华辰建筑工程有限公司
244. 浙江远算科技有限公司
245. 山地本防腐工程（江苏）股份有限公司
246. 苏州久美玻璃钢股份有限公司
247. 厦门奥普拓自控科技有限公司
248. 江苏上上电缆集团有限公司
249. 中原运维海外工程有限公司
250. 中国科学院新疆理化技术研究所
251. 重庆市伟岸测器制造股份有限公司
252. 华能信息技术有限公司
253. 中核华兴达丰机械工程有限公司
254. 北京博清科技有限公司
255. 时风工业技术（上海）有限公司
256. 圣同智能机械设备（上海）有限公司
257. 广州华盟信息科技有限公司
258. 北京新创椿树整流器件有限公司
259. 南京奥特自动化有限公司
260. 湖南鑫海股份有限公司
261. 河北军辉安防科技股份有限公司

262. 四川六合特种金属材料股份有限公司
263. 航天晨光股份有限公司
264. 同方威视技术股份有限公司
265. 深圳市宝新宇机电设备有限公司
266. 兰州兰石换热设备有限责任公司
267. 合肥新沪屏蔽泵有限公司
268. 无锡恒业电热电气有限公司
269. 广东本安本质安全研究有限公司
270. 青岛斯坦德检测股份有限公司
271. 上海核原环保科技有限公司
272. 中核港航工程有限公司
273. 上海电器科学研究所(集团)有限公司
274. 中咨工程有限公司
275. 华能核能技术研究院有限公司
276. 苏州雷泰医疗科技有限公司
277. 沈阳鼓风机集团核电泵业有限公司
278. 山东蓝孚高能物理技术股份有限公司
279. 河北玉核科技有限公司
280. 浙江省辐射环境监测站（生态环境部辐射环境监测技术中心）
281. 中国华电集团有限公司
282. 中国广核电力股份有限公司
283. 国电投核能有限公司
284. 兰州大学
285. 一重集团大连核电石化有限公司
286. 核工业华东建设工程集团有限公司
287. 中核燕龙科技有限公司
288. 中核山东核能有限公司
289. 哈尔滨电气动力装备有限公司
290. 浙江浙能电力股份有限公司
291. 国防科工局核应急响应技术支持中心
292. 大连精工自控仪表成套技术开发公司
293. 杭州百子尖科技股份有限公司
294. 上海前山管道技术有限公司

295. 石家庄阀门一厂股份有限公司
296. 北京浩朴科技有限公司
297. 中核同创（上海）科技发展有限公司
298. 中子科学国际研究院
299. 成都盛帮密封件股份有限公司
300. 杭州安脉盛智能技术有限公司
301. 深圳市中电加美电力技术有限公司
302.EDF（中国）投资有限公司
303. 劳氏瑞安咨询（北京）有限公司
304. 日立（中国）有限公司
305. 魏德米勒电联接国际贸易（上海）有限公司
306. 广州司态结构监测技术咨询有限公司
307. 欧安诺（北京）科技有限公司
308. 瓦卢瑞克核电管材（广州）有限公司
309. 合瑞迈（上海）材料科技有限公司
310. 西屋电气（亚洲）有限公司北京代表处
311. 哈蒙冷却系统（天津）有限公司
312. 艾默生电气（中国）投资有限公司
313. 必维质量技术服务（上海）有限公司
314. 富迪斯工程技术（上海）有限公司
315. 北京泰纳通核电安全技术服务有限公司
316. 罗尔夫杰森消防技术咨询（上海）有限公司
317. 法马通（北京）科技有限公司
318. 山东核电设备制造有限公司
319. 中国航发北京航空材料研究院
320. 北京江河润泽工程管理咨询有限公司
321. 杭州灵伴科技有限公司
322. 上海核烨工程技术有限公司
323. 东方法马通核泵有限责任公司
324. 广东建盛高新材料有限公司
325. 观为监测技术无锡股份有限公司
326. 浙江颐核医疗科技有限公司
327. 中广核智能科技（深圳）有限责任公司

图书在版编目（CIP）数据

中国核能年鉴. 2023 年卷 / 中国核能行业协会编
. -- 北京 : 中国原子能出版社 , 2023.11
ISBN 978-7-5221-3185-6

Ⅰ. ①中… Ⅱ. ①中… Ⅲ. ①核能—中国— 2023 —年
鉴 Ⅳ. ① F426.23-54

中国国家版本馆 CIP 数据核字 (2023) 第 253606 号

中国核能年鉴 · 2023 年卷

出版发行	中国原子能出版社（北京市海淀区阜成路 43 号 100048)
特邀编辑	何 玲
责任编辑	胡晓彤
责任校对	冯莲凤
责任印制	赵 明
印 刷	北京中科印刷有限公司
经 销	全国新华书店
开 本	787 mm × 1092 mm 1/16
印 张	15.5 彩插：16 字 数 333 千字
版 次	2023 年 11 月第 1 版 2023 年 11 月第 1 次印刷
书 号	ISBN 978-7-5221-3185-6 定 价 128.00 元

网址：http://www.china-nea.cn/